土器

口絵1-1　かわらけ（江戸式）

口絵1-2　かわらけ（上製／うちぐもり）

口絵2　ホウロク（土師質）

口絵3　火鉢（土師質）

口絵4　焜炉（風炉）

口絵5-1　焼塩壺（コップ形）

土器

口絵5-2　焼塩壺（鉢形）

口絵6　灯火具（瓦灯）

口絵7-1　植木鉢（土師質／無孔）

口絵7-2　植木鉢（瓦質）

口絵8　人形（猿）

口絵9　ミニチュア（塔）

考古調査ハンドブック 19

江戸の土器

―付・江戸遺跡発掘調査報告書一覧―

小川 望
（江戸在地系土器研究会・
中央大学 兼任講師）
編集

ニューサイエンス社

はじめに

　本書は「考古調査ハンドブック」シリーズの1冊として編まれた概説書であり，これから江戸の考古学を学ぶ，あるいは江戸遺跡の発掘調査・報告に初めて携わる，といった立場の方に，そこで出会うであろう「江戸の土器」(＝江戸遺跡出土の土器) についての概要を知っていただく，ということに主眼を置いている。

　したがって，たとえば特定の器種についてなされた議論の詳細や，未だに決着のついていない問題を事細かに論じるのではなく，研究者の間で概ね共有されている名称や用途に関する知識や関連史資料，研究史，年代観，編年，代表的な遺物，出土事例などを取り上げて概観している。

　これは例えば，特定の遺物のどの部分が編年のメルクマールとなっているのか，分類の基準がどこにあるのか，を明示することを通じて，「江戸の土器」を手にし，観察する上での着眼点を指摘するとともに，報告書で抽出するべきものかどうか，報告する際には年代や産地についてどのように記載すべきか，どの部分についての図示，採拓や事実記載を行うべきなのか，を述べた手引きとなることを想定してのことである。

　当初この企画を書肆から依頼されたのは小川であったが，すべての器種等について最近の研究動向や出土事例を熟知しているわけではなく，一人の手には余ることから，小林謙一，小林克の両氏に一部分担をお願いした。そのうちに，江戸在地系土器研究会の活動として進めてはどうかとの提案があり，今回の企画の内容をより充実させるとともに，研究会活動の再開にも資するものとして，この方向で進めて行くこととなった。

　江戸在地系土器研究会は1988年4月に台東区の社会教育会館で「江戸在地系土器勉強会」として開催された勉強会を嚆矢として，149回にわたり勉強会を重ね，この間7冊の論文集と100号までの会報を刊行してきた。しかし2011年8月の勉強会を最後に活動が休眠状態に入っていたものである。

　手分けをして同会のメンバーに声をかけて各項目についての報告と執筆を打診し，2015年9月から2016年12月まで，ほぼ毎月一回勉強会を開催した。会の開催は，江戸遺跡研究会のホームページの情報欄をお借りして周知しただけであったが，江戸の土器について新たに学びたいという方の参加も得て，当初の想定を超える充実した活動となった。

勉強会ではこうしたいわば新人を含めた各々のメンバーに，執筆予定項目についての発表を行ってもらい，これについて発表後に討論を行い，記載内容の訂正や加除を検討した。したがって，各項目について文末に示した執筆者は存在するが，その内容については勉強会での議論を経たものであることをお断りしておく。
　本書の構成は，「Ⅰ.「江戸」の「土器」とは」で，江戸の土器の特徴や用途，分類といった枠組について述べた後，「Ⅱ.「江戸の土器」のいろいろ」で，江戸遺跡で出土する土器のうち，必ずと言って良いほど目にする土器や，年代決定の手がかりとなる重要な遺物であるカワラケ，ホウロク，火鉢，焜炉，焼塩壷，灯火具，植木鉢，人形，ミニチュア類を主要器種とし，そのそれぞれについて，上述のような視点で概説している。また，これに加えて，出土事例は必ずしも多くはなくとも，江戸の土器を論ずる上では注目すべき側面をもった資料15種については，コラムという形で取り上げている。「Ⅲ.「江戸の土器」の生産と流通」では，特定の器種を離れて，文献に現れる江戸の土器，生産から廃棄までのプロセス，近代になってからの土器生産といった，これら「江戸の土器」の生産や流通に関する諸側面を整理する。
　参考文献は巻末にまとめ，また，図版資料を含め出典となる江戸主要部の発掘調査報告書については，巻末の『江戸遺跡発掘調査報告書一覧』に付された区名の頭文字と数字からなる略号を〔　〕に入れて示している。

　さて，本書のタイトルでもある「江戸の土器」という言葉であるが，「土器」については「Ⅰ.「江戸」の「土器」とは」で詳しく述べるので，これに付された「江戸」その意味するところを改めて記しておく。
　言うまでもなく，「江戸」は現在の東京都の一角に存在した土地の名であり，またここに幕府が置かれた時期をも表す言葉である。「江戸遺跡」という言葉と同様，「江戸の土器」という時の「江戸」は，この土地の名と時代の名称の両方を意味し，「江戸時代の土器」を意味するものではない。ちなみに，先に触れた江戸在地系土器研究会では，「江戸在地系土器」の定義を『近世江戸地域において伝統的に生産・消費された土製の器物類』　すなわち「江戸」が時空間の範囲を，「(江戸)在地系」が系統を，「土器」が物質文化の分類単位を第一義的に指示するものであり，同時にこの三側面によって規定されるものである。」として，会報の冒頭に掲げている。
　それでは，この時空間の範囲である「江戸」はどのように規定されるので

あろうか。

　まず時間の範囲を示す「江戸時代」についてみると, 歴史的な事象として, 江戸という土地（江戸城）に幕府が置かれたのは, 徳川家康が征夷大将軍となった慶長8年（1603）2月12日（3月24日）から江戸城が明治政府軍に明け渡された慶応4年（1868）4月11日（5月3日）までであり, これがいわゆる「江戸時代」であるが（他にも諸説あるがここでは詳論しない）, 対象となる物質文化の性格上, こうした厳密な時間幅によって規定されるものではないことは言うまでもない。江戸時代と呼ばれる概ね17世紀から19世紀第3四半期ごろまでを念頭に置いており, やはりその定義には諸論あるものの,「近世」とほぼ同義に用いている。

　空間の範囲を示す「江戸」という語についてみると, 史料上は鎌倉時代の『吾妻鏡』が初見である「江戸」の地名は, 江戸を所領としていた江戸氏の存在から, 平安時代後半～末期までには発生していたと考えられるが, ここではそうした歴史的淵源を辿るのではなく, 近世都市江戸を中核とする一定の領域を念頭に置いている。天正18年（1590）の小田原北条氏滅亡後, 徳川家康の江戸入部を契機に城と城下の建設が始まるが, その後の慶長, 元和, 寛永の天下普請によって江戸城だけでなく, 道路や河川の改修整備が行われ, 近世都市江戸はその姿を整えていく。都市としての空間的な範囲に関しては, 人口の流入や明暦の大火等を契機とした都市改造によって市街地は拡大を続けており, これを時期ごとにであっても, 規定するのは困難である。さらに, 当時の幕府による江戸の範囲の定義も長く存在せず, 支配系統によって区々であった。文政元年（1818）になって作られたいわゆる「江戸朱引図」に示された, 朱引の内側が「御府内」とされたが, ここに墨引で記された町奉行支配域が, むしろ実態としては「御府内」であったとみなされている。しかし, 時間の範囲と同様, 対象となる物質文化の性格上, こうした規定を厳密に考えるのではなく, 近世都市江戸を中心に, その経済的後背地である周辺地域をも含んだ領域を対象としている。

2019年10月

小川　望

目　次

《口絵》江戸の土器 ………………………………………………… Ⅰ～Ⅳ

はじめに（小川　望）……………………………………………… 1～3

Ⅰ．「江戸」の「土器」とは ……………………………………… 7～18
　[1]「江戸の土器」の特徴（小川　望）……………………………… 8
　[2]「江戸の土器」の用途（小川　望）……………………………… 10
　[3]「江戸の土器」の分類（小林謙一）…………………………… 12
　　1．分類の基準 ……………………………………………… 12
　　2．分類方法によるちがい ………………………………… 13
　　3．課題と展望 ……………………………………………… 18

Ⅱ．「江戸の土器」のいろいろ …………………………………… 19～124
　[1] カワラケ（梶原　勝）…………………………………………… 20
　　1．定義 ……………………………………………………… 20
　　2．研究小史 ………………………………………………… 21
　　3．分類 ……………………………………………………… 22
　　4．変遷 ……………………………………………………… 22
　　5．使用例 …………………………………………………… 25
　　6．まとめにかえて ………………………………………… 30
　　　コラム1　筑波山麓から運ばれた土器（鈴木裕子）……… 32
　[2] ホウロク（両角まり）…………………………………………… 34
　　1．はじめに：「ホウロク」とは …………………………… 34
　　2．研究小史 ………………………………………………… 34
　　3．江戸地域で出土するホウロク ………………………… 35
　　4．研究の視点と課題 ……………………………………… 41
　　5．おわりに：「ホウロク」とは …………………………… 44
　　　コラム2　半田焙烙（平田博之）………………………… 47
　　　コラム3　火打箱（小川　望）…………………………… 48
　[3] 火鉢（小川　望）………………………………………………… 50
　　1．概要 ……………………………………………………… 50
　　2．研究史 …………………………………………………… 50
　　3．分類 ……………………………………………………… 51
　　4．変遷 ……………………………………………………… 53
　　5．使用形態 ………………………………………………… 54
　　　コラム4　ボウズ（小林　克）…………………………… 57
　　　コラム5　蚊遣り（小林　克）…………………………… 59

目　次

4　焜炉（小林謙一）……………………………………………61
　　1．概要 …………………………………… 61
　　2．研究のあゆみ ………………………… 61
　　3．定義と分類 …………………………… 62
　　4．年代的な位置づけ …………………… 67
　　5．特記事項と研究の課題 ……………… 68
　　コラム6 瓦漏（小林　克）………………… 71

5　焼塩壺（小川　望）…………………………………………72
　　1．概要 …………………………………… 72
　　2．定義と分類 …………………………… 72
　　3．研究のあゆみ ………………………… 80
　　4．焼塩壺の生産と流通 ………………… 82
　　5．年代的な位置づけ …………………… 84
　　6．研究の意義と課題 …………………… 88

6　灯火具（小林　克）…………………………………………92
　　1．概要 …………………………………… 92
　　2．定義と分類 …………………………… 92
　　3．分類と用途 …………………………… 94
　　4．まとめ ………………………………… 99
　　コラム7「蝋燭形秉燭」について（石井たま子）……… 101

7　植木鉢（鈴木裕子）…………………………………………102
　　1．定義 …………………………………… 102
　　2．研究史 ………………………………… 102
　　3．分類 …………………………………… 102
　　4．変遷と画期 …………………………… 105
　　5．出土様相－植木屋の場合 …………… 106
　　6．生産地 ………………………………… 107

8　人形（中野高久）……………………………………………109
　　1．概要 …………………………………… 109
　　2．分類 …………………………………… 109
　　3．研究史 ………………………………… 110
　　4．生産地 ………………………………… 111
　　5．編年 …………………………………… 114
　　6．研究の意義と課題 …………………… 116
　　コラム8「亀」在印資料（中野高久）……… 118
　　コラム9 ぶら人形について（喜多裕美子）……… 119

9　ミニチュア類（中野高久）…………………………………120
　　1．概要 …………………………………… 120
　　2．分類 …………………………………… 120
　　3．編年 …………………………………… 122
　　4．意義と課題 …………………………… 123
　　コラム10 泥面子－面打－の製作技法（今井美衣）……… 124

目　次

Ⅲ．「江戸の土器」の生産・使用・流通 ············ 125 〜 152
　①　文献・絵画資料にあらわれる江戸の土器（小林　克）········ 126
　　　1．出土する土器と文献資料，絵画資料 ········ 126
　　　2．描かれた今戸焼 ········ 127
　　　3．様々な資料に登場する土器類 ········ 130
　②　江戸の土器にみる使用・転用から廃棄へ（小林謙一）········ 134
　　　1．モノの使用から廃棄 ········ 134
　　　2．江戸在地系土器のライフサイクル ········ 134
　　　3．使用および転用について ········ 135
　　　4．廃棄について ········ 138
　　　5．課題と展望 ········ 140
　③　江戸および周辺地域における近代の土器生産（梶原　勝）········ 142
　　　1．はじめに ········ 142
　　　2．調査・研究の動向と視点 ········ 142
　　　3．製品 ········ 145
　　　4．まとめにかえて －近代土器研究の意義－ ········ 150
　　　コラム11　入谷土器（中野高久）········ 151

Ⅳ．参考文献 ············ 153 〜 184
Ⅴ．江戸遺跡発掘調査報告書一覧 ············ 185 〜 222
Ⅵ．索引 ············ 223 〜 229

おわりに（小川　望）············ 231 〜 232

執筆者
石井たま子〔テイケイトレード株式会社〕
今井美衣
小川　望〔中央大学文学部 兼任講師・小平市地域振興部文化スポーツ課〕
梶原　勝〔江戸遺跡研究会〕
喜多裕美子〔江戸在地系土器勉強会〕
小林　克〔練馬区立石神井公園ふるさと文化館 館長・日本大学兼任講師〕
小林謙一〔中央大学文学部 教授〕
鈴木裕子〔株式会社 イビソク〕
中野高久〔共和開発株式会社〕
平田博之〔株式会社武蔵文化財研究所〕
両角まり〔東京都埋蔵文化財センター〕

I.「江戸」の「土器」とは

1 「江戸の土器」の特徴

　本書で対象とする江戸の土器は粘土を素材とし，小規模な窯で比較的低温で焼成されたものであるために，陶磁器類に較べ，重くて割れやすい。このため，生産地から消費地までの距離が短く，また大規模な施設や多大な労働力の集中を前提としないという生産の容易さから流通過程が単純であると考えられる。したがって江戸の遺跡から出土する土器のほとんどは，江戸市中での消費を前提に江戸やその周辺でつくられたものと考えられるところから，「江戸在地系土器」と呼ばれる。これらの多くは加飾も少なく，陶磁器類に比べ地味であるが，安価で耐火性に優れているところから，日常生活の中で多用され，破損すると簡単な補修が加えられたり転用されたりしながら廃棄されていった雑器として位置づけられる。
　なお，これら江戸で生産された土製品には，瓦や井戸枠，土管などの建築部材に類するものは含まれない。
　こうした特徴を有するために，使用から廃棄までの時間が短いと考えられ，当時の物質文化を知る上での時間的な物差し，指標となることが期待される遺物でもある。
　また，これらの土器の大半は中世以前の在来の土器生産がそのまま近世に至ったものではなく，家康入府以降の都市江戸の成立，およびその後の発展に伴う膨大な需用に対応するために，周辺地域の土器生産が流入し，あるいは新たな生産体制の所産であると考えられる点も大きな特徴ということができる。
　一方，中世から近世への移行に伴う列島全体での社会，経済的な変動の中で，単に需要に対応して生産を行うのではなく，需要を創出するという形での経営戦略を採用する動きもあったと考えられる。18世紀中葉以降の江戸の遺跡できわめて普遍的に見られる土製の植木鉢やロクロ成形の焼塩壺，灯火具におけるヒョウソクやカンテラのような新たな器種の出現は，カワラケの需要の激減という文化的な変動に対応して，それまでロクロ成形によりカワラケの生産を行なっていた工人集団が，生き残りをかけて自らのもつロクロ成形という技術を利用して生産しうる製品を開発していった結果とも考えられる（小川 1992 b）。

このうちの18世紀中葉以降出現するロクロ成形の焼塩壺は，これまでの焼塩壺に見られた刻印の模倣を行って既存の製品の中に埋没しようとしたり，権威づけを行ったりするような意図を全く放棄しているように見受けられる。これも価値観の変動によって，ローカルな分布を示す焼塩壺が各地で成立することによって，それまでのいわば「広域焼塩壺」とでもいうべき，汎列島的な分布を示す焼塩壺が終焉を迎えることになったとも考えられる。さらにこの時期に，火鉢や焜炉では硬質瓦質という新たな素材が多彩な加飾を伴って出現する。これもこれまで主体であった土師質，軟質瓦質の土器のもつ脆弱さと粗末な見た目を克服し，新たな需要を惹起しようという努力の現われとも考えられる。

　さらに，陶磁器をはじめ多くの商品生産地では，近世になって新たに出現した巨大な市場である江戸をターゲットにした生産を行うようになったと考えられるが，一部の焼塩壺や比較的高級な茶道具の類を除けば，相対的に安価で重く脆弱な土器にあってはこうした方向性は見られない。

　このように見てくると，江戸の土器は，その製品の特質を踏まえながらそれぞれの時代の状況に適応し，展開，存続してきた技術体系を示すものということができる。このため陶磁器などとはまた異なった形で当時の物質文化の生産，流通，消費のあり方を反映するものであったと考えられ，江戸の土器の分析は，単なる遺構の年代を推し量るための物差しとして以上の意味をもつことが期待されるのである。

（小川　望）

2 「江戸の土器」の用途

　出土遺物の用途を特定することには，文化の解釈という本質的な問題が横たわっており，江戸の土器に限るものではないが，それについてはここでは措いて，遺物の諸属性から，江戸の土器の用途がどのように推定されるのかについて概略を述べておく。
　前章でも述べたように，粘土を比較的低温で焼成して作られる土器は，多孔質なため水分を浸透させる一方，耐火性があるという素材の特性をもつため，その多くはこれを生かした，火や土に関する用途に用いられたと考えられている。
　火に関するものの代表例としては加熱調理具の一種であるホウロク，壺焼塩の製造用具としての焼塩壺，ヒョウソクやカンテラをはじめとする各種の灯火具，火鉢や焜炉，火容（ひいれ）といった熱源の容器，五徳や十能といった火の管理具の類があり，土に関するものとしては植木鉢の類がある。
　またこれらの中には陶磁器や金属，その他の素材に比べると加工が容易で安価であることから，それらの代用品として作られたものもあり，代用品ではないものの，人形，ミニチュア類の多くは加工が容易で安価であるという特性に対応して作られたものとも言える。
　このほか供膳に用いられるカワラケや焼塩壺など，中世以前に出自が求められる器種の一部には，そうした性格に由来する特異な用途が与えられていたものと考えられる。
　一方で，粘土という素材の性格上，重く脆弱であるばかりか，製造工程上の制約から水甕や井戸枠のような一定以上の法量をもつものは稀であり，また透明釉のような加工を施したものを除けば水や油などの液体を湛えたり貯えたりするのには適さない，という限界もあるが，かつての日常生活の多くの部分で用いられた製品の素材として利用されて来た。このため，江戸の遺跡から出土する土器は極めて多様な目的に対応して作られており，用途が判然としないものも多い。
　しかも陶磁器や金属に比べると敲打や切削，研磨，穿孔などの加工が容易なため，補修したり転用されたりしたと思われる痕跡をもつものも多く，火

鉢の底部が穿孔されて植木鉢に転用された例など数多く見られる。また火鉢や煙草盆に具えられた火容の口縁部に見られる敲打痕はキセルによるもので，灰落としに流用されたことを物語っており，使用痕や出土状況だけでは製作され，購入された際に想定されていた用途を推定するのが困難な場合もある。

　したがって，江戸の土器の呼称や分類を考える時は，こうした限界を内包した用途に基づくのではなく，形態，材質，法量といった観察可能な属性に基づくべきであるが，現在のところ分類や，呼称における大きな枠組みは（推定される）用途に基づいており，これを廃して新たな分類や呼称を設けることは徒らに混乱を招くこととなると考えられるので，本書では基本的にこれまでの習慣に従った用途分類とこれに基づく呼称を前提として記述していくことにしている。

　個々の器種についての用途や使用形態についてはそれぞれの項目に譲り，また当時の使用状態をうかがわせる絵画についても後述するので，そちらを参照願いたい。

（小川　望）

3 「江戸の土器」の分類

1. 分類の基準

　器種分類にはいくつかの方法がある。なお，考古学的には，まず材質分類があるが，ここでは大きくは土器としてまとまっている。ただし，炻器や施釉土器の問題，陶器と土器の本質的区分に関わる問題も存在し，素焼き・透明釉（鉛釉）の区分など属性的な次元での区分，土器の中でも瓦質・土師質に代表される胎質の分類，など材質に係わる論点も認められる。ここでは，まず土器質としてある程度アプリオリにまとめてあることを認める上で，土器としての技術的な製作技術に関わる問題（施釉土器，彩色土器などの区分と瓦質・土師質）と，粘土自体の区分に係わる問題（赤色・白色・橙色粘土の区分。いわゆる田舎型ホウロク・都市江戸型ホウロクの胎質など）に分けて簡単に研究史上の扱いを見るにとどめる。

　また，土器として見ている中に，前提として「器もの」すなわち容器としての物質を見ており，人形・瓦などについては，状況によって土器類に含めたり外したりしている。そもそも用途不明なものは「その他」として含めており，正確を期すには「土器類」ではなく，「土製品」として広く含める必要があるだろう。しかしながら，ここでは深く立ち入らず，まずは基本的に釉薬を用いない（低火度焼成で可能な鉛釉を除く）容器としての素焼きの低火度焼成による土器類を対象に，それらの区分について見ておくこととしたい。

　土器としての分類（おそらくは陶磁器においてもその他の材質の製品についても同様に）おおきく2つの方法，すなわち形態によって分類するか，その機能によってグルーピングするかの違いに分かれる。別の視点として，エミックな分類か，エティックな分類かの視点がある。すなわち，製作者・使用者による区別・名称か，考古学研究者による区分によるかである。前者は基本的に不可知であり，考古学者が前者を推し量って分類しているため，あわせて「民俗分類」と呼ぶことにするが，実際には用途分類との混同が激しい。

　以下に「材質分類」「形態分類」「用途分類」「民俗分類」「技法分類」として，概述する。

2. 分類方法によるちがい
2-1 材質分類

　胎質の分類がまず挙げられるが，素焼きの製品と透明釉（鉛釉）施釉の土器，炻器などをどのように扱うかは，研究者間での相違がある。
　一例として江戸在地系土器の胎質の分類として小林謙一が設定した区分を示す（小林 1986 b）。なお，小川望（1988）による分類を付記しておく。

　g1 型　　軟質厚手瓦質，小川 A1.2
　g2 型　　硬質厚手瓦質，小川 A3
　g3 型　　硬質薄手瓦質
　h1 型　　軟質厚手土師質，小川 B1
　h2 型　　軟質薄手体底部間接合土師質
　h3 型　　硬質薄手土師質
　h4 型　　軟質薄手ロクロ成型
　h5 型　　h2 型に焼成後塗料塗布
　h6 型　　硬質厚手土師質，小川 B2
　h7 型　　軟質厚手土師質・板組つくり技法（タタラ技法と称されることがある），かなり赤く鉱物を含む胎質が多い。
　h8 型　　厚手土師質・型作り成型
　s1 型　　精製白色粘土質，小川 C
　s2 型　　精製橙褐色粘土質に白色粘土化粧掛け，小川 D
　mh 型　　軟質厚手灰褐色土師質，表面は硬質。

　g 型および h 型が江戸在地系土器の粘土（いわゆる今戸土）である。s1 型は京都深草など，s2 型は関西～東海の胎土と考えている。mh 型は三河産と想定している。
　なお，瓦質・土師質の区分については，両角（1994）から批判を受けたように，実態としての資料における炭素の吸着などで区分しているのではなく，窯における焼成時に酸化焼成している（土師質）か，還元焼成している（瓦質）か，を類推することで区分している。実態としての軟質厚手瓦質土器などは，ミガキがされないなどの理由と思われるが，見た目は土師質に見える不十分な瓦質土器が多くみられ，これらは生産体制としてみると瓦質土器とみるべきだからである。

I.「江戸」の「土器」とは

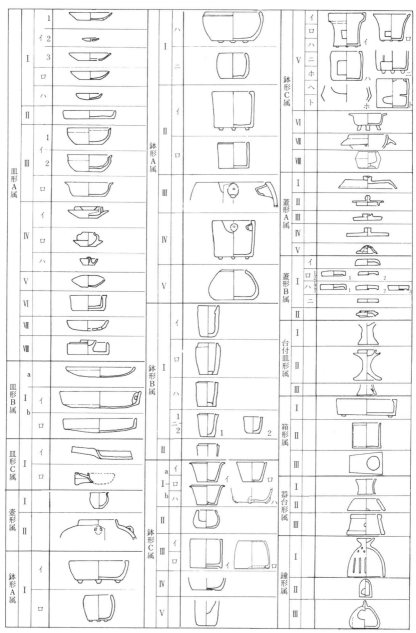

図1　郵政省飯倉分館構内遺跡瓦質・土師質土器形態分類〔港-2〕

2-2 形態分類

　形態分類としては，小林らによる港区麻生台一丁目郵政省飯倉分館構内遺跡〔港-2〕出土土器での形態分類（小林ほか1986）を基本として（図1），両角まりがその時点での江戸遺跡出土土器に対する形態分類をおこなった（両角 1992）。後者の両角による形態分類は多くの紙数を要するため，麻生台一丁目郵政省飯倉分館構内遺跡〔港-2〕での形態分類とその分類に対する推定用途分類一覧（図2）を例示する。ただし，この時点では破片出土資料について全体の形状が不明な土器を分類に加えたが，今日的な知見に従えば，図1の台付皿形属Ⅲ類とした資料は，煎茶焜炉の内部部品の可能性があることを，この場を借りて述べておきたい。

　形態分類は，土器型式論でいうところの「形式」に対応すると考えられるが，実はそうではない。例えば先史土器の「形式」に相当するのは，後述する「用途分類」に近いものとなっている。一方の甲野勇による口径・最大径・器高の比率による区分は機械的なものであり，「深鉢」「鉢」「皿」などは形態分類に相当するが，「壺」などは用途を前提とした分類となっている。「形態分類」は，まずおおよそ閉じた底部と開いた口または胴部の一方に開いた窓をもつ「容器」としての機能をもっているものに限ったうえで（すなわち主要な土製品である人形・玩具類，瓦を除くこととなる），プロポーションや特定部位の特徴によって区分される分類体系である。用途が不可知，または推測の域を出ない近世土器においては，形態による分類が考古学的な物質文化の整理の上での基本となる。

　しかしながら，形態的区分には大きな限界がある。生活経験上，明らかに異なる物品が形態的には同一の範ちゅうに収まることが容易に想定される。ロクロ成形焼塩壺と無穿孔の植木鉢を形態で区別できるかというと，できない場合がある。また，意味としては当然大きく異なるのであるが（また次に

灯火具	灯明皿：皿AⅠ〜Ⅳ，台付皿Ⅰ・Ⅱ，(壺Ⅰ)，瓦燈：鐘Ⅰ−皿AⅧ
暖房具	火鉢：鉢AⅠイ〜ハ，Ⅱイ，Ⅲ，Ⅳ，箱Ⅰ，(鉢CⅥ)，手焙り：鐘Ⅱ，Ⅲ，火消し壺：鉢AⅠニ，V−蓋AⅡ，鉢CⅢ，十能：皿CⅠイ
喫煙具	灰落とし：鉢AⅡロ，鉢CⅢ．
飲食具	盛付具：(皿AⅠイ，ロ，Ⅲ)，耳皿：皿AV
調理具	焙烙：鉢BⅠ−(蓋AⅠ)，(皿CⅠロ)，煨炉・七厘：鉢CVイ−ト−皿AⅦ−器台Ⅱ−箱Ⅲ，(鉢AⅢ，Ⅳ−鉢CⅦ)，濾器：(蓋AV)
貯蔵具	小壺：(壺Ⅰ，鉢BⅡ，鉢CⅡ，Ⅲ，)，箱形容器：(箱Ⅰ)，塩壺：鉢BⅠ−蓋BⅠ，(鉢CⅧ)
その他	植木鉢：鉢CⅠ，茶釜：壺Ⅱ−蓋AⅣ，香炉：(鉢CVト，皿AⅢイ6，Ⅵ，鉢CⅡ，箱Ⅰ)，器台：(器台Ⅰ)

図2　郵政省飯倉分館構内遺跡瓦質・土師質土器形態と用途の対応〔港-2〕

あげる例は材質的に土器ではないのであるが），染井など江戸近郊植木職人の中で当初の植木鉢として用いられた穿孔された半胴甕のように，使用者によって加工された形態は，どのように分類されるかという問題もあろう。

2-3 用途分類

出土土器を用途によって区分する試みは，井汲隆夫による新宿区内藤町遺跡〔新-18〕，や東大分類〔文-36〕が代表例としてあげられる。

以下には，井汲らによる器種分類を小林謙一がまとめたものを例示しておく。

　　江戸土器での器種
　　灯火具（灯明皿，受付皿，ヒョウソク）
　　食器（カワラケ）
　　暖房具（火鉢類・十能・火消し壺）
　　煮沸・炊飯具（焜炉類）
　　煎る調理具（ホウロク）
　　焼塩壷
　　喫煙具（火容・灰落とし）
　　煎茶具（煎茶焜炉）・茶具（土風炉・前カワラケ・炉段）
　　植木鉢（植木鉢）
　　玩具（人形・泥面子・箱庭具）
　　建材（瓦）

これらのうち，玩具や建材は，小林謙一は土器に含めないが，研究者によって土器類に含めている。枠組みをどのように設定するかも，検討していく必要が高い部分である。

2-4 民俗分類

江戸遺跡研究会での大会「考古学と江戸文化」において，多摩地域の民具資料から江戸遺跡出土暖房具を考える機会があった（小林謙 2000 c）が，民具資料と考古資料を対比させる場合の問題点として，時間的・空間的に異なる物質を比較し対比させことは，不明遺物の用途分類などに有効性を示し得たと同時に，対比の上での問題点があることが浮き彫りとなった。第一に，似て非なるものをどのように排除できるのかという点があり，コンテクストの異なる物質を安易に同一化することは危険な場合がある。次に，考古資料

と民具資料が同じ材質・形態を持ち，機能・用途や使い方が同じだとしても，名称は同一化するべきかという問題がある。民具資料には，同一のものでも，地域・時期・個人による微小な差異や，名称の異なりがある場合が多い。民具資料は使用当事者の情報を拾い上げるものであり，エミックな認識を反映する，またはその体系化を図る目的を持って再編される分類体系である。それに対して，考古資料は，その資料自体の時空間的配列や物質文化の中での位置づけを図るためにグルーピングするための分類体系であり，研究者が一定基準を定めて分類するものである。すなわち，分類する目的が異なる。それは裏表の関係として，付随する情報，すなわち資料自体のコンテクストが違うためである。民具資料には，民俗名称のほか来歴や使用方法，使用場所などの情報がともに採取されている場合があるのに対し，考古資料は破片で出土することも多く全体像をまず類推しないとならない場合もあるうえ，全体の形が判明したとしても組み合わせが不明な場合もあり，情報が限られている。当然ながら考古資料は，（墨書されている例などを除く）名称や（特殊な出土状況などを例外として）使用方法などの直接的な情報を伴わない。民具資料とは質的に異なる物質資料であるといえる。従って，民具資料は大きな参考情報になることはあっても，直接的に考古資料の分類体系や名称に適用してはならない。

2-5 産地分類

「今戸」などの産地名は，アプリオリに判明するものではない。調査成果から生産拠点と考えられる地点に対する「入谷土器」などの名称も仮称に過ぎない。便宜的な区分と捉えておくべきである。将来的に生産窯が検出・調査され，胎土分析などと絡めて高精度に産地の窯が同定されれば改めて産地区分が可能となるであろう。

2-6 技法分類（技術体系による区分）

ロクロ成型，型つくり，板つくり（板組つくり），手づくねなど成型時の製作技法による区分である。

小林謙1997aによる分類を部分的に改称したものを，例として示しておく。
薄手ロクロ成型　　　　H2　軟質薄手土師質　江戸式カワラケ　江戸
　　　　　　　　　　　H4　軟質薄手土師質　植木鉢　江戸

Ⅰ．「江戸」の「土器」とは

薄手ロクロ型成型	H5　H2 に透明釉　灯火具　江戸など
	G3　硬質薄手　瓦質植木鉢　江戸
	H11　瓦質・土師質　ホウロク　江戸・近郊
	H3　硬質薄手土師質（カタ打ち含む）
	上製カワラケ　江戸など
厚手瓦質土師質輪積み成型	H1　軟質厚手土師質　火鉢類など　江戸
	H6　硬質厚手土師質　火鉢・瓦　江戸
	G1　軟質厚手瓦質　軟質瓦質火鉢　江戸
	G2　硬質厚手瓦質　硬質瓦質火鉢　江戸
軟質厚手土師質板組作り	H7　タタラ技法　風口など　江戸など
厚手土師質型作り成型	H8　サナなど
手づくね型成型	H9　土師質皿A類
手づくね成型	H10　粘土塊手づくね。膝成形手づくね。
棒巻き成形（袋状）　焼塩壷　近畿	
棒巻き成形（栓）　焼塩壷　近畿	

3．課題と展望

　以上のほかにも細かな調整痕や文様（スタンプによる刻印，ローラー型工具の回転施文，獣足などの型つくり等）の技法についての区分も，レベルが異なるが併せて検討していく場合もあろう。当然であるが，分類体系は目的に応じた使い分けが必要である。

　将来的には，江戸市中における考古学的資料が出そろったと想定された時点で，形態分類を再び体系化し，技法・胎質を加味し「土器型式」としてタイプをまとめるべきである。例えば，カワラケにおける江戸式，ホウロクにおける江戸御府内などの都市江戸型ホウロクと周辺農村部に見られる田舎型ホウロクなどは，江戸在地系土器における型式として整理されていくべき内実を持つと考える。それらの総合体として，（時間的・空間的単位としての）江戸式土器または江戸土器様式が設定されるものと考える（小林謙 2010）。

　　　　　　　　　　　　　　　　　　　　　　　　　　（小林謙一）

Ⅱ.「江戸の土器」のいろいろ

1 カワラケ

1. 定義

　広辞苑（第二版，岩波書店 1969）によれば「かわらけ」とは，漢字で「土器」と記され，「①釉（うわぐすり）をかけぬ素焼きの陶器。②素焼きの盃。転じて酒宴。(後略)」とある。主に考古学研究者の間では土師質の坏形ないし皿形土器を指しているが，伊勢貞丈（1715-1784）が記した『貞丈雑記』によれば様々な形のカワラケが紹介されており，その中に「小壺」と呼ばれるもの，「手壺」あるいは「へいこう」（平壺）と呼ばれるものが解説図付きで記されている（伊勢・島田 1985）。図１がそれであるが，この図をみると「小壺」は，近世都市部の発掘調査で出土する「つぼつぼ」や「でんぼ」（田豊）と呼ばれる土器に形が似ている。「手壺」は小鉢に近い形で，近世社会においては，皿形土器以外のものもカワラケと呼ばれていたのであろう。

　なお，京都を中心とする西日本の考古学研究者の間ではカワラケを「土師器皿」と呼んでいる。この東日本のカワラケ，西日本の「土師器皿」という呼称の違いは，歴史的環境の差が影響していると考えられる。つまり京都を中心とする西日本は古代から土師器が連綿と使われ，発掘調査においてもどの時代からも土師器が出土する。したがって古代の土師器皿と中世・近世の土師器皿を呼び分ける根拠がない。よって「土師器皿」を用いる。一方東日本では11世紀〜12世紀の間に土器が出土しない時期がある。再び出現した以降の土師質坏形土器・皿形土器をカワラケと呼んでいる。

　さて近世都市江戸のカワラケであるが，最終的に「江

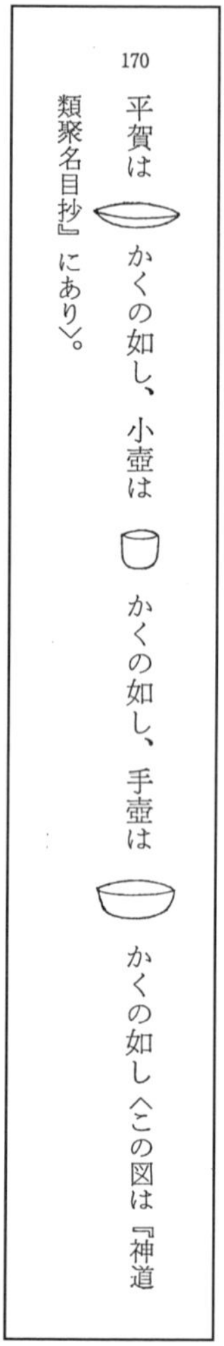

170
平賀は かくの如し、小壺は かくの如し、手壺は かくの如し〈この図は『神道類聚名目抄』にあり〉。

図１　『貞丈雑記』に記されたカワラケ，平賀・小壺・手壺

戸式」と称されるカワラケは，近世の江戸及びその外縁で生産され，土師質の胎土，左回転ロクロ成形（底裏の糸切痕でわかる），内面の底部と体部との境（以下，底体間）に，指で押さえたものか円形の溝が施されるという特徴を有す。この溝の影響か，中には底裏の糸切痕の外側にまで底部が及ぶものがある。こうしたものには糸切痕の外縁に割れ目のようにみえる細い線が廻るものがあり，これを小林謙一は「腰折れ状痕」と呼んでいる（小林1997）。

近世の江戸及びその外縁で生産されたカワラケが，江戸式のカワラケであるとすると，最終的な段階の前にもう一段階あるが，これについては変遷の項で述べる。

2. 研究小史

1980年代後半から90年代にかけて近世江戸におけるカワラケの分類や変遷に関する多くの成果がある。またその後も様々な用途に関する成果もある。ここでは紙面の関係で前者に関する先行研究の概略を紹介するに留める。

上田真は1987年，「上製のかわらけ」の分類のみならず『貞丈雑記』を引用して用途についても言及した。これによれば「これらのかわらけは神への供物，式正の膳，或いは詳細は不明であるが台上に特定の形に盃を並べた特殊な酒席との関連が推測される」としている（上田1987）。

鈴木裕子は1989年，東京大学本郷構内遺跡御殿下記念館地点地点のカワラケに対して「ロクロ成形」・「精製品」・「手づくね」という3分類を示し，これらの変遷を遺構ごとに明らかにした。この報告では中世から続く在地系のカワラケが，新興の「江戸タイプ」と称したカワラケに「凌駕」され，「湮滅」したという「江戸タイプ」のカワラケの成立について言及した（鈴木1989）。

佐々木彰は1990年，近世におけるカワラケの動態と推移に関する論考を発表した（佐々木1990）。

小林謙一は，両角まりとともに江戸在地系土器の研究にとって重要な指摘を，1980年代後半から1990年代にかけて次々と打ち出してきた。その中で小林は1994年，カワラケの分類と変遷を発表し，その成果はカワラケ研究の基本となっている（小林1994）。

2009年から2011年にかけて梶原は，「手づくね型成形」のカワラケや白

色系のカワラケに注目し，その出土地点が豊臣政権に強く加担していた，いわゆる豊臣恩顧の大名に多くみられ，徳川譜代の大名や外様でも遠隔地の大大名にはみられないことから，カワラケと権力の関係について言及した（梶原 2009・2010・2011）。

2012 年には江戸遺跡研究会が各地の研究者とカワラケを集めて江戸式カワラケの成立に関する大会が開催された（江戸遺跡研究会 2012）。ここで明らかになった事実は，今後の研究に大きく影響するだろう。

3. 分類

定義の項で述べた江戸式のカワラケが確立するまでに，徳川家康の江戸入封以降，様々なカワラケが出土している。これらのカワラケの分類について，小林や梶原の案が提示されているが（梶原 2012），2012 年の江戸遺跡研究会第 25 回大会で新たな事実が明らかになったことから，ここではこれを踏まえた分類を提示する。

この期間のカワラケには色調から白色系（Ⅰ群）のものと赤色系（Ⅱ群）のものがある。白色系と言っても灰色なども含み，赤色系と言っても褐色・黄色・橙色などを含むものである。成形技法としては手づくね成形のものと，ロクロ成形のものがある。ロクロ成形のカワラケには，右回転のものと左回転のものがある。さらに細分したものを表1・図2に示す。

4. 変遷

ここでは江戸式のカワラケが確立するまでの変遷を概観する（図3）。

徳川家康の江戸入封以降，しばらくは中世から続く赤色系のカワラケ（Ⅱa群）が若干みられる程度で，出土する量はきわめて少ない。変化が現れるのは 1610 年代からで，江戸城の普請や大名屋敷や城下町の普請が盛んになる頃からである。この頃の種類としては，赤色系ロクロ成形のⅡa群が前代から引き続いてみられるものの，白色系手づくね成形のⅠa1～3・b・c・d・e・f・g・h群，赤色系ロクロ成形のⅡb群が出現する。このⅡb群は胎土や焼成が，後出の江戸式最終形態であるⅡc群と同質であることから，同系統のカワラケとみられる。したがってⅡb群も江戸式の範疇に入るものと考えられ，江戸式の成立を 1610 年代とみることができる。ただしⅡc群と異なり，

表1 カワラケ分類表

色調	成形技法	回転方向	特徴		分類名
白色系	手づくね成形		平底の皿形	内面底体間に棒状工具で円形の沈線を有するもの。京都系、あるいはその模倣。細分可能。	Ⅰa1群
				内面底体間に円形の沈線がないもの。東京大学医学部付属病院地点池遺構から多量出土している(東京大学埋蔵文化財調査室1990)。	Ⅰa2群
				丸みを持って立ち上がり、内面底体間に円形沈線がなく、薄手・硬質なもの。破断面をみると白色の胎土の内部が黒色をしているものが多い。南伊勢系。	Ⅰa3群
			口径10cm以下の小皿。肘にあてて成形したと思われるものを含む。		Ⅰb群
			底部中心が盛り上がるもの。いわゆるヘソカワラケ。		Ⅰc群
	ロクロ成形	左	丸く立ち上がり、口縁部がやや肥厚する。胎土に黒色粒子や赤色粒子を含み粒子の粗いもの。16世紀後半から忍城、後に箕輪城などでもみられ、今のところ利根川流域の何処かが生産地と考えられる。秋本太郎(2012)のD類に相当。時期が下るにしたがって胎土が赤味を増す。		Ⅰd群
		左	形状はⅡb群とほぼ同。		Ⅰe群
		右	口径10cm以下の小皿。内底面に黒色処理され、いわゆる「内曇」の施されたものがある。		Ⅰf群
		右	口径10cm以下の小皿。体部が直線的に立ち上がる猪口に近い形状。		Ⅰg群
		右	精製品。器面が磨かれ、底裏の糸切り痕が消されている。底体間の円形溝はなく、底部から丸く体部が挽き上げられ、口縁端部は尖り気味であ		Ⅰh群
赤色系	ロクロ成形	右	厚手、背高、外反口縁。南武蔵に戦国期からみられる。細分可能。		Ⅱa群
		右→左	薄手、背低、底径大、外反口縁。胎土はⅡc群と同。江戸式の初期段階。細分可能。		Ⅱb群
		左	1の定義で述べた江戸式の最終段階。内面底体間に指ナデによる円形溝。腰折れ技法。		Ⅱc群
		不明	精製品	器面が磨かれ、底裏の糸切り痕が消されている。底体間の円形溝はなく、底部から丸く体部が挽き上げられ、口縁端部は尖る	Ⅱd1群
		不明		背高、体部が湾曲しながら立ち上がる。鉢形に近い。『貞丈雑記』の「へいこう」(平壺)か。	Ⅱd2群
		不明		いわゆる耳カワラケ。	Ⅱd3群

Ⅱb群には左右両方の回転方向がある。

　その後、Ⅰ群、Ⅱa・b群が1650年前後までみられるが、1640年代頃からⅡc群と精製カワラケであるⅡd1〜3群が出現するとⅠ群、Ⅱa・b群は、急速に出土量を減じていく。そして1680年代頃までにはⅡc群が主体を占め、そのほか武家地ではⅡd1〜3群が少量出現するという状況になる。以後、幕末までこの様相は続く。

　Ⅱb群が出現する1610年代を江戸式カワラケの成立期、Ⅱc群とⅡd1〜3群が出現する1640年代〜1650年代を確立期と考えてられる。

Ⅱ．「江戸の土器」のいろいろ

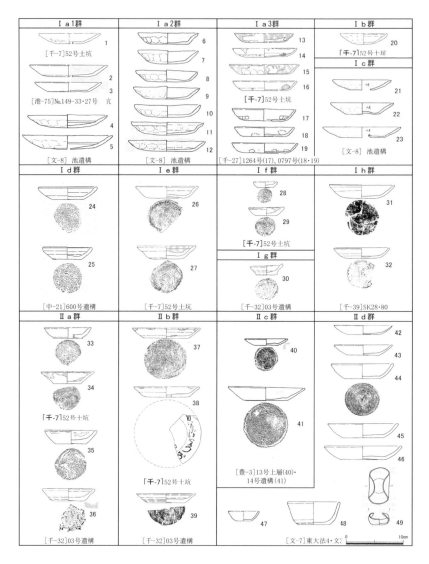

図2　近世・江戸におけるカワラケ分類図

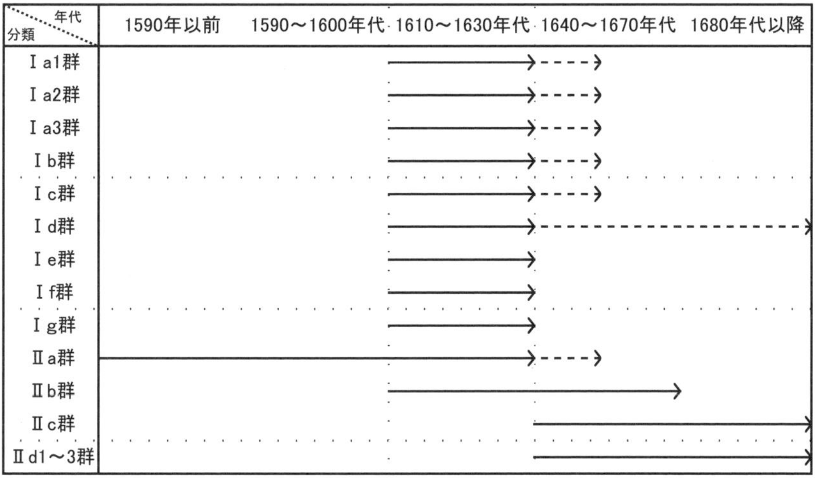

図3 カワラケの消長

5. 使用例

ここではいくつかの使用例を挙げる。

5-1 武家儀礼

　武家儀礼とは，武家が行う形式化した様々な行事である。例えば将軍の御成に伴う饗宴，誕生・生育・元服・婚礼などの人生儀礼，年始御礼（1月1～3日）・謡初（1月3日），左義長（1月15日）・嘉祥（6月16日）・八朔（8月1日）・玄猪（10月1日）などの年中行事，出陣・帰陣に伴う儀礼といった数々の行事が武家儀礼である。この武家儀礼には，様々な道具が用いられるが，その一つに「かわらけ」がある。

　主に中世の事例であるが，二木謙一によれば武家儀礼におけるカワラケは，例えば出陣の門出に際し，「祝いは，銘々に角折敷にすえて出される三種の肴を三度飲み食うのである。角折敷とは檜のへぎで作った縁付きの角盆で，この上に土器に盛った打鮑，勝栗，昆布の三種を，上部左に打鮑，同右に勝栗，下に昆布と鼎（かなえ）に並べ，その真中に三盃を置く。盃といえば通

常には土器（かわらけ）であるが，軍陣ではこれを「へいかう」と称することもある」という。

また酒宴について二木は，「武家社会において，酒は重要な意義を有していた。祝事には酒がつきものであったし，主人・貴人より盃を賜ることは名誉とされた。記録類にみえる「召出し」「御通」「御流」というものも酒盃を賜ることで」あるという。そして「中世の御流れ頂戴といえば，御前にあまた積み置かれている土器にて酒をいただき，土器はそのまま持ち帰るのであった」という（二木1999）。この儀礼は，近世の江戸城正月参賀儀礼である「年始御礼」に通ずるものがある。

以上にみた如く，かわらけを用いる儀礼は枚挙にいとまがない。つまり飲食を伴う武家儀礼では，かわらけは必需品なのである。こうしたかわらけは，一度きりの使用で廃棄される。壊れて廃棄されるものではない。かわらけが武家地において高遺存度で，しかも数多く出土し貝類などの食物残滓も伴う場合，武家儀礼を考える必要がある。

5-2 灯火皿

カワラケは前述の武家儀礼をはじめ，夜間の照明具（灯火皿）としても使用される。これは近世以前から続き，カワラケ本来の用途の一つであろう。こうしたカワラケには，内外面に煤が付着しているもの，口縁部の全周に煤が付着しているもの，口縁部の一部に煤が付着するものなど使用痕は様々であるが，総じて時期が下ると煤の面積が少なくなるようである。また古い時期のものはべっとりとした煤が付着しているのに対し，時期が下ったものは黒ずんだ程度のものである。これは油が違うのであろう。

5-3 地鎮 （図4）

カワラケの内面に輪宝が墨書されて出土した例が，東京大学本郷校内遺跡（大聖寺藩上屋敷）や文京盲学校地点（武家地）などから，数は少ないが報告されている。また，豊島区染井遺跡加賀美家地区（津藩藤堂家下屋敷・抱屋敷）では，上下合わさった下皿に「水・金・火・木・土」と墨書された上に黒砂・白砂・赤砂が置かれ，4点のガラス玉と水晶，ドロマイトを主成分とする白色塊，硫化砒素を主成分とする赤色塊が検出された例が報告されている。これらは地鎮の痕跡と認識されている。

① カワラケ

5-4 胞衣カワラケ（図5）

子供が生まれた時、胎盤を入れ土中に埋めるためのカワラケがある。口径16〜20cmほどの大型のカワラケ2枚を合わせ口にして用いる。18世紀前半からみられ、下皿の底面が白く変色しているのが特徴である。後に「壽」と陽刻されたカワラケもみられるようになる。また胞衣カワラケに隣接して徳利が埋設される例がある。これは徳利をお乳に見立て、母乳が出るようにとの呪いである（図5）。

5-5 盆行事

供物を載せる器に使う例がある。例えば現代の民俗例だが、盆行事の際、盆棚の上に口径10cm以下（5cm以下もあり）のカワラケを数枚置き、供物を載せる（伊藤2000・2004）。こうした祭祀がいつから始まったのか不明だが、カワラケ自体は近代以降の製品である。

5-6 その他

最後に何らかの慶事に使用されたと思われる特殊なカワラケを紹介する。そのカワラケは江戸でも希少なカワラケで、内面に型押しされた陽刻文様が施されている。その文様は、図6にあるように松竹鶴亀文（図6-1）をはじめ図示はできなかったが、「高砂」、「壽」などもあり、また家紋の三柏葉

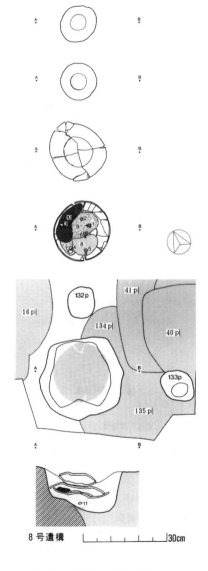

図4 地鎮カワラケ〔豊-3〕

Ⅱ.「江戸の土器」のいろいろ

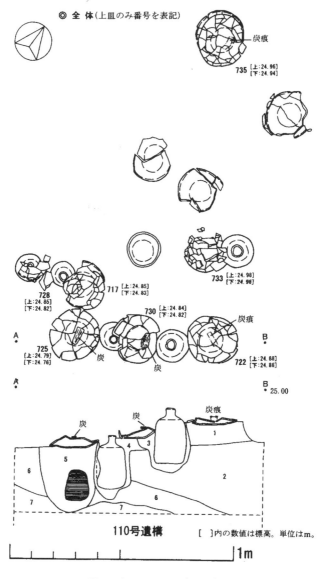

図5　胞衣カワラケ〔豊-22〕

[1] カワラケ

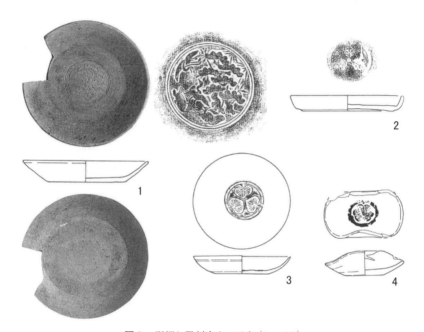

図6 型押し陽刻文カワラケ（S = 1/4）
（1：上野忍岡遺跡群〔台-9〕 2：早稲田南町遺跡〔新-28〕
3：南山伏町遺跡〔新-53〕 4：飯田町遺跡2次〔千-26〕）

（図6-2），三葉葵（図6-3・4）などもある。胎土は精製されているものが多く，白色のものと橙色のものがある。同様のカワラケは，江戸以外で肥前，筑後，土佐などで出土している。筑前の鍋島藩，筑後久留米藩・柳川藩は幕府にカワラケを例年献上しているのであるが（大橋2011），江戸から出土しているこうした型押し陽刻文カワラケが上記の生産品かは不明である。

また図6-3は将軍御目見え以下の御家人屋敷から出土したものであるが，この家の御家人は五代にわたり5人の将軍に御目見えしている（西木1997）。江戸ではこのほかにも御家人の屋敷から三葉葵のカワラケが出土しており，将軍との関係性や入手経路の解明が課題となっている[1]。図6-4の耳カワラケは高松藩の藩邸から出土したもので，親藩大名である高松藩では耳カワラケ以外にも多くの器物で三葉葵を用いている。

型押し陽刻文カワラケは，19世紀前半の遺構から出土する事例が多いの

Ⅱ．「江戸の土器」のいろいろ

だが，明暦の大火後に築造された江戸城梅林坂汐見坂間の石垣裏込めから出土している事例があり，遅くとも17世紀中葉から18世紀，19世紀前半へと使用されていたようである。

　こうした型押し陽刻文カワラケについては，中野高久（2000），三代俊幸・小出匡子（2011），水本和美（2012），石橋新次（2012），熊代昌之（2012）の論考を参照してほしい。

6．まとめにかえて

　前述したように江戸式のカワラケが成立した頃は，京都系・金沢系[2]・南伊勢系・利根川流域系[3]など，各地のカワラケが江戸に搬入されていた。おそらく関ヶ原の戦い以降，徳川氏が覇権を握ると江戸に大名や家臣を含め，商人，職人，僧侶など多くの人々が江戸に集住するようになる。そうなると様々な物資の供給が，地元のみでは追い付かなくなる。そこで各地から搬入ということになり，その一環としてカワラケも在地での生産に加え，各地からの搬入品がもたらされる。東国の中世と近世におけるカワラケの出土量を比べればわかるが，もともと一般庶民までカワラケを使う生活習慣が希薄であった東国であるから，当時の生産量はきわめて少なかった。時期を経て地元での生産が江戸の需要を満たすようになった時，江戸式のカワラケが市場を独占する。

　しかし，なぜ江戸式のカワラケは，底体間に円形の溝をめぐらすような形を採用したのであろうか。ロクロ水挽きで底部から体部へ挽き上げる時，溝を作らずそのまま挽き上げたほうが大量生産には向くはずである。その点に関しては何らかの意思が働いているものと思われる。どのような意思だったのか，誰の意思なのか，こうした問題を解いていくことも今後の課題であろう。

（梶原　勝）

〔註〕
1) 将軍とカワラケの関係については，5-1で述べたような武家儀礼がある。したがって大名や旗本には将軍家のカワラケが所持されてもおかしくはない。しかし御目見え以下の御家人はどこで将軍からカワラケを下賜されるのか，その点は不明である。またどのような形態のカワラケが将軍から下賜されたのかもわかっていない。
2) 東京大学本郷構内（加賀藩邸）医学部付属病院地点の池出土かわらけには国元の金沢からのカワラケが大量に含まれていることが最近わかってきた（堀内秀樹氏・大成可乃氏・小林照子氏のご教示による）。
3) 秋本太郎が「上野の16世紀から17世紀前半のかわらけ」で提唱したD類であるが（秋本2012），小林謙一が提示した分類（小林1994a）のうちD類と同じであった。

Ⅱ.「江戸の土器」のいろいろ

─ コラム ❶

筑波山麓から運ばれた土器

　江戸市中に搬入される土器には，その特徴から産地が特定される一群がある。ここでは胎土に雲母を含み褐色を呈する筑波山西麓を生産地とする土器を紹介する。一見してわかる雲母の混入以外には角ばる白色の長石粒がみられるものもあり，壺類では器面調整は最終的には撫でられるのか，明瞭な痕跡が残らずのっぺりしているものが多い。ものによっては肩部に1, 2条の沈線が施されている。

　まず挙げられる器種は壺である（図1～3, 7）。器形は頸部以上が窄まり，胴部上位に最大径をもつ一般的な壺形である。口縁部は外側に折返しか，断面形三角形で突出する。成形方法は，粘土紐巻き上げで，口縁部・胴部上半・胴部下半以下の3分割である。口縁部と胴部上半の接合部は内面に指頭圧痕が残る。サイズは器高30～80cm以上と，机上で使用するタイプから江戸遺跡で出土する最大級の土器壺のサイズまでみられる。年代は17世紀前半と考えられる。生産地に近い茨城県つくば市や土浦市でこの壺に類似する壺が出土している（図10, 11）。図10は雲母は含まれず，刷毛目調整であり，図11は球形の胴部に，横位の沈線が数条等間隔で廻らされている。図11の年代は16世紀末とされる。

　壺の他にホウロクも出土する。平底で，胴部は口縁部に向けて斜めに立ち上がり，口唇部は平坦である。粘土紐の橋状耳が2耳と1耳で対になり，3耳を貼付ける（図8, 9）。図8, 9とも生産地に近い消費地の出土例であるが，江戸市中では完形例がなかったのでこの例を援用した。年代は17世紀前半である。また，つくば市内に領地をもつ大身の旗本の屋敷地では特注品と思われる焜炉や火鉢が出土している（図4～6）。図4は口縁部に印花文が連続して施される。図6は家紋の石畳文が押される大型火鉢であり，他に類例はない。図4～7は1657年の明暦の大火で廃棄されており，年代は大火直前の17世紀第2四半期に求められよう。

　壺という器種と17世紀前半という年代を考慮する時，これらの土器は17世紀初めに突如出現した大消費都市江戸へ向けてのものの集約を物語る良い例となる。それは同時に筑波山麓の土器生産の様相をも垣間みる資料ともなっている。

（鈴木裕子）

図　筑波山麓から運ばれた土器

1. 八丁堀三丁目遺跡〔中-2〕
2. 丸の内三丁目遺跡〔千-7〕
3. 東大構内病院外来診療棟地点〔文-71〕
4～7. 愛宕下遺跡Ⅱ-3分冊〔港-75〕
8. 葛飾区上千葉遺跡（葛飾区遺跡調査会 1996）
9. 茨城県つくば市上萱丸古屋敷遺跡（茨城県教育財団 1998）
10. 茨城県土浦市般若寺（上高津貝塚ふるさと歴史の広場 2003）
11. 茨城県つくば市雄山寺（森田義文 2008）

コラム①

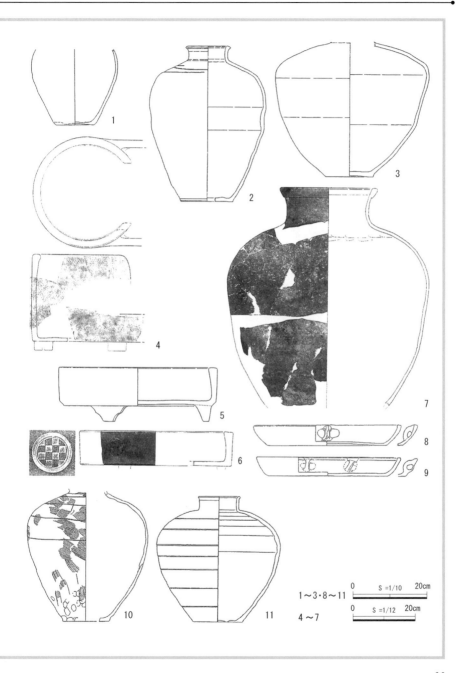

2 ホウロク

1. はじめに：「ホウロク」とは

 「ホウロク」は「焙烙」あるいは「炮烙」と書く。「焙」「炮」は炙ること，「烙」は焼くことを意味する。すなわち字面に鑑みては，炙る・焼くための器物ということになろうか。また，『広辞苑』には，「ほう－ろく【焙烙・炮烙】素焼きの平たい土鍋。火にかけて食品を炒ったり蒸し焼きにしたりするのに用いる。炒鍋。早鍋。」とある。ここでは，炒る・蒸し焼きにするといった用途をもった「平たい土鍋」であるとされ，形態（「平たい」）と材質（「土鍋」＝素焼き土器），そして調理器具であることが規定されている。
 さて，本稿で扱うのは考古資料である。もちろん，遺物に「ホウロク」などと書いてあるわけではなく，「同一形態としてまとめられる平べったい素焼き土器」について，「底にススが付着している」といったような属性分析や現存する土器類との比較などから，上述のような「ほうろく」に相当するであろうと類推した上で，「ホウロク」としてまとめているのである。従って，この「ホウロク」という呼称に到達するまでの間に，①形態分類→②属性の抽出と分析→③機能と用途の類推 という考古学的手続きを踏んでいることを，ここで改めて強調しておきたい[1]。なお，本稿では，器高が口径の概ね1/6以下であることを平べったさの指標とし，呼称については「ホウロク」と表記することとしたい。

2. 研究小史

 ホウロクは，江戸出土土器の中では目に付きやすい遺物である。比較的場所を選ばず，近世を通して途切れることなく，安定的な量が出土するからである。そのため，近世の遺跡が調査されるようになると間もなく研究対象として注目されるようになった。
 以下に，その研究の歩みについて簡単に紹介する。江戸出土のホウロクに平底のものと丸底のものがあることは従前より知られていたが，小林謙一は丸底のものについて編年案を提示した（小林1986a）。辻真人は，さらに平底のものについても編年案を提示し，丸底のものの内耳[2]が次第に消滅する

ことについて，江戸の都市化にともなう囲炉裏の消滅が要因であろうとした（辻 1988）。渡辺ますみも内耳に着目し，近似した形態が中世末の関東には見られないことを指摘，駿河地方の内耳土器に類似性を見出している（渡辺 1989 a）。また，長佐古真也は，丸底はカマドや焜炉に懸けるのに適した都市的な形態，平底は囲炉裏の上に吊すのに適した非都市的な形態として位置付けた上で，カマドや焜炉を指向した都市江戸の市場動向が丸底化と内耳の消滅を引き起こしたと考えた（長佐古 1990）。一方，佐々木彰は，小林，辻，長佐古らと大枠において同様の編年観を提示した上で，丸底の器形を関西のホウロク（丸底）を祖形とするとして説明した（佐々木 1990 d）。平底のものについては，金子宏章が埼玉県川口市の出土資料を検討する中で「上州大極上小泉」の刻印に注目し，群馬県伊勢崎市の小泉焼関係文献との対比を行っている[3]。これらの先行研究を踏まえた上で，両角は，ホウロクを中世の内耳土器に連なるものと捉え，中・近世関東内耳土器および焙烙を集成，丸底のものについては江戸地域独自の土器すなわち江戸在地系焙烙，平底のものについては北武蔵・上野を中心として分布するものが江戸地域へと搬入されたものと解釈した（両角 1996 a，1998）。この際，両角は江戸在地系焙烙の系譜は下総・常陸など東関東の中世在地土器の中に求められると考えたが，これに対しては疑義が提示されている（佐々木 2002 など）。その後，永越信吾は，近世初頭の江戸と近郊地域を対比させながら，江戸在地系焙烙と中世内耳土器の展開状況をまとめている（永越 2008）。

　管見の限りでは，永越の論考以降，江戸地域から出土する内耳土器やホウロクを包括的に扱った論考は見られない。永越の論考が 2008 年の江戸遺跡研究会第 21 回大会の発表要旨に掲載されたものであることを考えると，ほぼ 10 年にわたって「江戸のホウロク」に関しては大きな研究の進展はなかったということになる。

3. 江戸地域で出土するホウロク

　圧倒的多数を占めるのは「江戸在地系焙烙」[4]である。また，散発的にではあるが，他地域から搬入されたと考えられるものも出土する。江戸に近接する地域から搬入されたものとしては，北武蔵・上野を中心として分布するもの，下総・常陸を中心として分布するものが挙げられる。また，関東以外

II. 「江戸の土器」のいろいろ

の遠隔地から搬入されたものとしては，東海地域のもの，関西地域のものなどが挙げられる。

3-1 江戸在地系焙烙（図1）

形態：丸底。胴部はほとんどなく，そのまま口縁へと続く。底部は極めて薄く，胴部へ立ち上がると急激に厚みを増す。口縁端部は丸く玉縁状。口縁直下の相対する二カ所に，一対二の三内耳が付く。内耳の形状は団子状で，孔は断面円形。次第に内耳の付いていないものが出現・増加し，最終的には内耳の付いたものはなくなってしまう。

成形・整形：底部外面には，細かい砂が付着したようなザラザラした痕跡（以下"砂目"）や粘土が縮緬状にひび割れたような痕跡（以下"チヂレ目"）などが見られ，底部内面から口縁部内外面にかけてはロクロによる回転ナデ調整が顕著である。また，体部の立ち上がり部分外面には幅広の工具によるケズリ痕が廻っている。底部外面の痕跡は離材痕と考えられ，外型で成形した底部の縁に太めの粘土紐を輪積みして体部・口縁部を作り，型ごとロクロ上で回転ナデ調整，型からはずした後，立ち上がり部分の外面をケズリ調整したものと推定できる[5]。内耳は団子状の粘土塊を貼り付け，両側から断面円形の棒状工具で突き刺して孔を貫通させたものである。前述したように内耳は次第に見られなくなってゆくが，その過程で，中空のものが見られる時期がある。これは薄く円形に伸ばした粘土を幾分ふくらみをもたせて貼り付け，孔を貫通させたもので，甚だ脆弱，もはや内耳としての機能は期待できない。

胎土：橙褐色。土師質で，粒子は細かく均質，混入物も少ない。

器形の変化：成立期の17世紀中葉から18世紀初頭までは，体部の立ち上がりは直もしくは僅かに開く程度。この時期には形状にややバラつきが見られ，立ち上がり部分の外面にケズリを施していないものなども見られる。18世紀前半，口縁部は内側に向かって肥厚・内湾し，体部は深くなる。中には，器高が口径の1/6以上になるようなものも見られるが，18世紀半ば以降，口縁部が更に内湾するとともに，体部は再び浅くなってくる。更に，18世紀末以降は底部から直接口縁部が立ち上がるような形状になり，19世紀前葉には，ほとんど皿状のようなものも見られるようになる。この間，口縁部が外側に開くような形状を呈すものと，口縁部が底部の縁に乗るような形状を

2 ホウロク

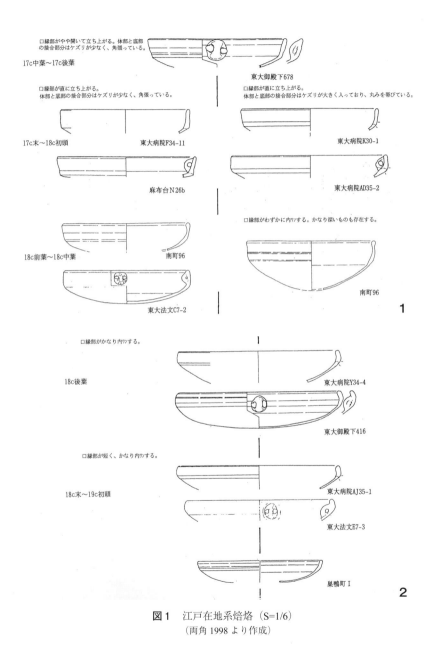

図1　江戸在地系焙烙（S=1/6）
（両角1998より作成）

II.「江戸の土器」のいろいろ

呈すものが見られるようになる。また，内耳の消滅は，成立後早い時期から18世紀第1四半期頃までの間に進行する。

サイズ：高い規格性が認められるが，大・中・小といったような複数のサイズ展開は見られない。成立当初は口径30cm前後だが，口縁が内湾する時期（概ね18世紀中）には全体的にやや大きくなる。浅く，皿状になってくると再び小さくなり，19世紀半ば以降には口径20cm前後にまで小さくなる。

その他：底部内面にスタンプ印刻（陰刻）のあるものが頻繁に見られる（図2）。現在のところ「㊀」と「⿴」[6]が確認されているが，「㊀」が圧倒的に多い。19世紀以降のものと考えられるもの中に，底部外面に「㊀」の陽刻のスタンプ印刻のあるものが数例確認されているが，意図されたものなのか，偶発的なものなのかは不明である。ほとんどの底部には内面・外面ともにススが付着しており，中には体部や口縁部にまで付着範囲が広がっているものもある。一方，内耳については，紐などをかけたために磨滅・破断したと思われるようなものもあるが，総じて使用痕跡は顕著ではない。

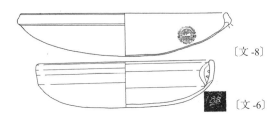

〔文-8〕
〔文-6〕

図2　江戸在地系焙烙の刻印（S=1/6）

3-2 北武蔵・上野のもの（図3－①）

形態：平底。胴部は短く，そのまま直に口縁へと立ち上がる。底部は胴部より薄いが，両者の厚みに著しい差はない。口縁端部は平坦。相対する二カ所に，一対二の三内耳が付く。内耳は，平紐状の粘土を口縁部から底部にかけ渡した橋のような形状。内耳の付かないものはなく，時期が下っても消滅することはない。

成形・整形：底部外面には，砂目やチヂレ目が見られ，体部・口縁部には輪積痕・指頭圧痕が顕著。底部内面はナデ調整されている。底部外面の痕跡は離材痕

と考えられ，離材を敷いた作業台上で，円盤形の底部に粘土紐を輪積みして成形したと推定できる[7]。内耳は平紐状の粘土の上端を口縁直下に，下端を底部に貼り付けて作っている。
胎土：灰褐色で，いわゆる瓦質のものがほとんどである。粒子はやや粗く，ガサガサした印象。石の極小粒子などが入っていることもある。橙褐色で土師質のものが数例報告されているが[8]，胎土はやはり粗く，瓦質のものと同様の印象である。
器形の変化：全体の形状にあまり大きな変化は見られない。江戸在地系焙烙のような斉一性に欠け，個体差がややある。北武蔵・上野での出土例をみると，近世末には，丸底のものが出現するが，年代や平底のものとの連続性などについては明確ではない。江戸地域では，丸底のものは確認されていない。また，内耳の形態には時期差が見られる。体部の立ち上がり部に接着されていた内耳下端が，次第に底部に貼り付けられようになることによって，断面の形状が（　状から「　状へと変化するのである。
サイズ：緩い規格性が認められるが，ばらつきが大きい。時期に関わらず，口径40〜50cmのものが多いが，口径30cm前後のものもある[9]。
その他：江戸地域北西縁辺部にあたる豊島区や新宿区などを中心に出土している。豊島区巣鴨町遺跡では，底部内面に輪花のスタンプ印刻（陰刻）があるものが出土しているが，同様の印刻がある同形態のホウロクが埼玉県ふじみ野市などでも出土している[10]。

3-3 下総・常陸のもの（図3−②）

形態：平底。体部は浅く，大きく開きながら口縁へと立ち上がる。底部は体部より薄いが，両者の厚みに著しい差はない。口縁端部は平坦。相対する二ケ所に，一対二の三内耳が付く。内耳は，丸紐状の粘土を口縁部から底部にかけ渡したような形状。内耳の付かないものはなく，時期が下っても消滅することはない。
成形・整形：底部外面はケズリ調整されており，底部内面から口縁部内外面にかけてはナデ調整が顕著である。円盤形の底部に粘土紐を輪積みして体部・口縁部を作ったと考えられる。内耳は丸紐状の粘土の上端を口縁直下に，下端を底部からの立ち上がり付近に貼り付けて作っている。

Ⅱ.「江戸の土器」のいろいろ

図3　江戸地域出土の搬入焙烙(1)（S=1/6）〔豊-26〕

胎土：やや赤黒い橙褐色で，土師質。粒子はやや粗く，石の極小粒子などの混入物も目立つ。最も大きな特徴は，雲母の破片が顕著に見られることである。また，持ってみると重い。

器形の変化：江戸地域での出土例は少なく，近世の中でも古い時期に偏って出土する傾向があるため，器形の変化を追うことは難しい。下総・常陸での出土例をみると，17世紀後半から18世紀前半の間に丸底のものが出現しているようであるが，江戸地域では丸底のものは確認されていない。

サイズ：下総・常陸での出土例には，ある程度の規格性が認められる。

その他：刻印のあるものは知られてない。江戸地域北東部から中枢部にあたる文京区や中央区などを中心に出土している。

3-4 関東以外のもの

胎土の色調や形状・成形技法が著しく異なる。出土例は少ない。

①東海地域のもの(図4－①)：尾張もしくは三河のものか。胎土は白っぽく，焼きはかたい。丸底。底部から口縁部まで緩やかに丸みを帯びており，把手のない中華鍋といった形状である。体部外面には指頭圧痕が顕著で，底部外面にはケズリ痕が見られる。口縁部はやや肥厚するが，底部から体部にかけ

ての器壁は非常に薄い。外面に残る痕跡を勘案すると，成形後にケズリを施して仕上げたと考えられる。口縁端部は，断面にすると中央が浅く凹み，体部内側へと抜ける小孔が穿たれたものもある。紐などを通して吊り下げるためのものと考えられるが，孔周辺は非常に脆弱で，使用に耐え得るかは疑問である。類例によると，この小孔は口縁部の相対する二カ所に穿たれるようである。江戸地域での出土例は小破片が多く，時期的にはほぼ17世紀中に限られる[11]。

②関西地域のもの（図4－②）：京阪神のもの[12]と考えられる。胎土は乳橙色から明るい橙色。丸底。17世紀代の江戸在地系焙烙とよく似た形状で底部は緩やかな丸みを帯び，体部から口縁部にかけては内弯ぎみに立ち上がる。底部に比して体部はやや厚く，口縁部は肥厚する。口縁端部は玉縁状，高さは一定でなく波を打ったようなものも見受けられる。体部には輪積み痕の残るものもあり，外面には指頭圧痕が顕著，斜線状・格子状・斜格子状などのタタキ目のような痕跡が見られるものが多い。内耳はない。また，江戸地域での出土例は概ね17世紀代に限られる。

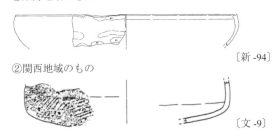

図4　江戸地域出土の搬入焙烙（S=1/6）

4. 研究の視点と課題

　本稿で「江戸の土器」として主体的に扱ったのは江戸地域固有の土器として成立した江戸在地系焙烙であるが，併せて，その成立以降の江戸地域に見られる他地域のホウロクについても言及した。そこで，これらのホウロクを

対比させつつ，江戸在地系焙烙研究における様々な視点に触れておきたい。これらの視点はそのまま，今後の研究の課題でもある。

4-1 形態の特徴とその意味付け　丸底／内耳／規格性と斉一性

　江戸在地系焙烙は丸底である。周辺地域のホウロクが平底を基調とするのと対照的である。本来，ホウロクは内耳を用いて囲炉裏上に吊り下げて使うものだが，囲炉裏のない都市の生活道具として成立した江戸在地系焙烙においては，カマドや焜炉に懸けるための，より好ましい形状が丸底だったと考えられる。また，内耳は必要不可欠な部位ではなく，痕跡器官的である。磨滅などの使用痕の認められるものが少なく，早い段階で形骸化し，ついには消滅してしまったのであろう。

　更に，江戸在地系焙烙に認められる規格性も，カマドや焜炉に懸けて使うことに関連を持っていると考えられる。これらの器物の開口部に対応するサイズが求められるからである。周辺地域のホウロクのサイズにバラつきがあることも，この文脈の中で理解できる。これらのホウロクは囲炉裏の上に吊り下げるので，サイズに関する制約は緩いと考えられるからである。

　最後に，江戸在地系焙烙に認められる斉一性の高さについても触れておきたい。江戸在地系焙烙の器形や成形・調整は極めて同質で，いかにも揃っているという印象を受ける。一方，周辺地域のホウロク，特に北武蔵・上野のホウロクには，そこまでの斉一性が見てとれない。同一遺跡から出土したものについては同質の要素をもって括ることができるが，遺跡間を横断する地域的な特性として捉えられるような「まとまり感」に乏しいのである。このような斉一性のあり方は，広い範囲の中に生産集団が幾つか散在していることによると考えられる。そう考えると，江戸在地系焙烙においては，個々の生産者が製品に対する規範と技術体系をかなり厳密に共有していると考えられる。相当数の生産者が属していながらも，生産集団としては単一であると捉えられよう。

4-2 他地域との関係　入ってくるホウロク／出てゆくホウロク

　江戸地域で消費されるホウロクのほとんどの部分は江戸在地系焙烙で占められていたが，わずかながらも他地域から搬入されたものがある。また，江

戸在地系焙烙のほとんどが江戸地域で消費されたが，わずかながらも他地域へと搬出されたものがある。これらは，偶発的に搬入・搬出されたのであろうか。あるいは何か特別な理由があって搬入・搬出されたのであろうか。また，特別な理由があったとしたら，それは何だったのだろう。

まず，入ってくるホウロクについて。搬入の要因としては，①本来の用途である調理用具として優れていたため　②一般的な調理以外の特定の用途に用いるため　③何かを運ぶための容器として用いられていたため　などの可能性が挙げられよう。関西のホウロクについては，茶道具として搬入されたのではないかとも言われている[13]が，これは②に当たろう。ただし，考古学的根拠はなく，検証が必要である。また，②の中には，特定業種の生産用具[14]という視点も加えておきたい。17世紀代に搬入されたものについては，土器の動きそのものに流動性が残っている時期のことなので，単純に偶発的な事態である可能性もある。

次に，出てゆくホウロクについて。東京都府中宿の事例，神奈川県厚木宿の事例などがある[15]。いずれも主要街道の要所にある宿場である。なお，厚木宿の事例は胞衣埋納容器として用いられており，やや特殊である。

4-3 系譜　成立と終焉／技術／生産集団

江戸在地系焙烙の成立年代は17世紀第2四半期半ば頃と考えられるが，その系譜については見解が分かれている。両角は，その祖形が下総・常陸地域の中世内耳土器の中にあると考えているが，関西のホウロクに系譜をもつとする見解もある。江戸在地系焙烙成立以前の話が中心になるため，本稿では詳細について言及しないが，言うまでもなくこの問題は最重要課題の一つである。また，江戸在地系焙烙の終焉は，数少ない近代の調査事例からすると，19世紀第4四半期（明治10年代）頃と考えられるが，一般論として論じるには，まだ事例が少ない。この終焉の問題もまた，重要な課題である。

系譜の問題に絡んでは，形態に加えて，技術と生産集団という側面についても考えねばならない。江戸在地系焙烙の形態上の特徴は丸底と団子状の内耳である。両角は，これらの形態的特徴を遡ると，丸の内三丁目遺跡資料などに代表される17世紀第2四半期の資料を介して，葛西城周辺地域などを中心に出土する下総・常陸地域の中世内耳土器に辿り着けると考えてい

る。しかし，江戸在地系焙烙において丸底を作るための技術は，下総・常陸地域で用いられてきた外面をけずるという方法ではなく，外型とロクロを併用する技術である。つまり，形態上の系譜と技術上の系譜が一致していないのである。江戸在地系焙烙の系譜問題について複数の見解がある一つの要因は，この部分が整理しきれていないからだと考えている。近年の調査によって，17世紀第2四半期の資料が飛躍的に増えている。今後，この部分をしっかり整理し，論じていきたい。内耳の成形方法[16]では，下総・常陸地域の中世内耳土器と江戸在地系焙烙の間に一貫性が認められることを考え併せると，江戸在地系焙烙の成立時に，異なる技術を持った生産集団の影響を受けたのではないかと考えている。これらの関係性を整理し，より矛盾のない説明をしてゆくことが大切である。

5. おわりに：「ホウロク」とは

　以上，「近世江戸地域で出土するホウロク」について概説してきた。改めて俯瞰してみると，様々な問題を再認識することができる。例えば，最も大きな問題として系譜の問題がある。本稿を草すにあたって，2000年代以降の資料の増加ぶりに刺激を受けた。特に，激増した17世紀前半の資料を集成・整理してゆくことで，積年にわたり系譜の問題の中で保留としてきた部分に新たな展開を見ることができるのではないかと期待が膨らむ。また，江戸地域の土器生産の中で，ホウロクという製品はどのように位置付けられるのか。かつて，両角は「近世を通じての基幹器種であった」と論じたが，「基幹器種」とはどのような評価なのか。再度，問い直す必要がある。最後に「ホウロク」という名称について。

　両角は，江戸出土土器の分類については用途分類ではなく形態分類を基調とすべきであると考えている。同時に，わかりやすい分類名称が好ましいとも考えている。本書でも，「ホウロク」「カワラケ」など，わかりやすくイメージできる分類名称が採用されている。しかし，一般的な言葉としてのこれらの単語には，ある程度の用途が内包されている。この点に意識的に留意しながら，慎重に言葉を使っていきたい。

　「ホウロク」とは。常にこの設問を忘れずにいたいと思う。　　（両角まり）

〔註〕
1) 本書Ⅰ概論「江戸の土器」の分類（担当：小林謙一）に詳しい。また，両角まり 2007 b も参照いただければ幸いである。
2) 把手の一種。一般的に把手は器物の外面に付けられるが，内耳は内面に付けられる。
3) 平底のものの生産地を比定する上で示唆に富んでいる。
4) 両角まり 1996 a を参照いただきたい。
5) 遺物に即して検討すると，外型の底にはかなりの丸みを帯びているはずのものもあり，離材が中央に集まってしまい，底一面に広がらないのではないかなどといった疑問も生じる。成形技法については解明されていない部分も残す。
6) この「鶴」のスタンプ印刻が円盤形の土製品－いわゆる「温石」（懐炉）－にも数例見られることを，梶原喜世子が報告している（梶原喜世子 1995）。
7) 同様の形状の平底ホウロクを作る現存土器職人は，底部を正円に切り出す際や太めの粘土紐を体部に整えてゆく際にもロクロを使用しているが，その導入時期については不明である。本稿では，遺物の底部内面のナデ調整痕の中に同心円を描いていないものが多いこと，体部に指頭圧痕のあるものが多いことなどから，ロクロの使用を想定しなかった。
8) 豊島区遺跡調査会 2004『巣鴨町Ⅴ』〔豊 -26〕。
9) 北武蔵・上野での出土例を見ると，概ね口径 40cm 以上。小破片での出土が多い江戸地域の事例では，器形復元の誤差である可能性も否めない。
10) 埼玉県大井町教育委員会 1997『埼玉県入間郡大井町　町内遺跡群Ⅴ』収録の江川南遺跡第 6 地点から出土。江戸地域では同様の印刻のある瓦も散見されるが，ホウロク生産と瓦生産の関係については不明である。
11) その他，文京区弓町遺跡では，遠江もしくは三河のものである可能性のある資料が 1 例報告されている。資料を実見していないので，詳細は不明であるが，報文と実測図から読み取れる特徴を以下に記しておく。丸底。胎土は乳橙色。体部は深く，やや扁平な半球状。体部外面には指頭圧痕が顕著である。器壁は薄くほぼ均一，口縁端部は断面にすると中央浅く凹んだ形状。口縁部直下に付けられた内耳付近では，器壁が外側にせりだし，外面の指頭圧痕はより顕著である。
12) 本稿で関西のホウロクとしたものは，厳密にいうと京都（京）・堺

(阪)・明石(神)のものを包括的に扱っている。それぞれの地域のホウロクの微細な違いは，既に確認されつつあるが，江戸地域出土のものがどれに当たるのか個別に確認されていないからである。
13) 灰器として伝世しているものがあるという。
14) 四国土佐の香長平野農村部では近世後半以降，皿状に大きく広がる特異な形態のホウロクが顕著に普及するという。このホウロクの用途として，製茶の際の加熱加工における利用が示唆されている（浜田恵子2001）。
15) 両角まり1998に詳しい。他にも，未報告ながら埼玉県栗橋宿の事例などが挙げられる。
16) 粘土紐もしくは粘土塊を貼り付けた後に，左右から棒状工具を通して周辺を整えたり穴を貫通させたりする。

半田焙烙

　江戸遺跡出土の土器の中に、「半田焙烙（はんだほうろく）」という、やや聞き慣れない名称で報告される一群がある。三足付きの浅い火鉢のようで、白色や褐色系の胎土、歪む口縁部、格子目文、透明釉が掛かるもの、無釉のもの…など、その特徴はいわゆる江戸在地系の土器とかなり異なる。"用途は？生産地は？"など、様々な疑問が思い浮かぶ土器である。

　これまで東京都内の遺跡から出土し、報告書に掲載された半田焙烙の点数（個体）は、管見の限り13遺跡・20点で、数としてはかなり少ない。その多くが武家地からの出土で、推定される製作・使用年代は、17世紀から18世紀前半を中心とした江戸時代前半に集中する傾向がある。例として、17世紀前半では丸の内一丁目遺跡〔千-18〕や有楽町二丁目遺跡〔千-35〕など、17世紀後半〜18世紀前半では東大構内遺跡〔文-9〕〔文-149〕や萩藩毛利家屋敷跡遺跡〔港-47〕などが挙げられる（図）。

　半田焙烙の「半田」とは、和泉国半田村（現大阪府貝塚市）で当初焼かれたことに因むとも言われ、用途は、その形態や名称から想定される採暖具や調理具などではなく、茶道の炭点前で用いる灰器の一種であり、今日の茶道でも使用されている。胎土や技法などの特徴から、生産地は関西地方が推定され、都市江戸に運ばれてきたいわゆる搬入系の土器の一つとして捉えることができよう（平田2006）。

　関西地方を生産地とする搬入系の土器（焼塩壺や土製人形など）は、江戸遺跡から大量に出土する。半田焙烙の出土点数は少ないが、これら搬入系の土器の存在は、都市江戸と遠隔地の関係性の強さや、江戸在地系の土器とは異なる搬入系の土器の"ブランド力"のようなものを、改めて示しているように思える。

（平田博之）

図　出土した半田焙烙〔文-149〕

Ⅱ.「江戸の土器」のいろいろ

コラム ❸

火打箱

　江戸時代における発火法では、火打石と火打金を打ち合わせて発する火花をホクチ（火口）で受けて火種とし、これをツケギ（付木）などで焔にした。ホクチの火種はツケギに移された後、速やかに消す必要がある。これら発火と消火に要するものをまとめて収納するヒウチバコ（火打箱）というものが存在し、摘みのついた蓋が伴っており、これで火種を圧して消火した。携帯用ではなく勝手などに置かれていた。

　民具資料の多くは厚手の木材で作られているが、出土資料中に見られる間仕切りのある長方形の箱形の土器（間仕切付箱形土器）もヒウチバコとして用いられたものと考えられる（図）。板状の粘土を貼り合わせた板作り成形によって形作られ、底面には四足が付されている。コタツやアンカのヒイレとされる方形の火鉢に比べると小形で浅く、口縁が内側に突出しない素口縁であるほか、中央に仕切りが設けられて二分されているという特徴がある。

　江戸の遺跡からの出土例はわずかで、遺構に共伴する遺物の年代から17世紀後半から18世紀後半に位置づけられる。材質はいずれも土師質で、中央の仕切りは長軸に直交するように設けられているが、いずれも完全な中央ではなく、内部は大小2つに区画されている。また、これに伴うと考えられる摘みのついた方形の蓋も出土しており、共伴する例もあるが、その法量は小さい方の区画にほぼ一致する。材質は瓦質のものもあるがほとんどが土師質で、推定される年代もほぼ一致する。摘みはいずれも上面が窪み、側面のややくびれた円筒形で、火消し壺の蓋と考えられる蓋形土器の摘みと同様の形状と体部の厚みをもつ。

　民具資料との材質以外の相違点として、四足をもつ点があるが、火口や付木の湿気を避け、また断熱のためであったと考えられる。

　いずれにせよ、木製に比べると耐火性において勝る土製の火打箱と考えられる間仕切付箱形土器の類例がきわめて少なく、また今のところ民具資料には知られていないことは、割れやすいという耐久性のなさや、あるいは比較的単純な箱型であるため、自作しやすい木製のものが圧倒的に多数使用されていたということを反映しているのかもしれない（小川2001e、小川2002c）。

（小川　望）

コラム③

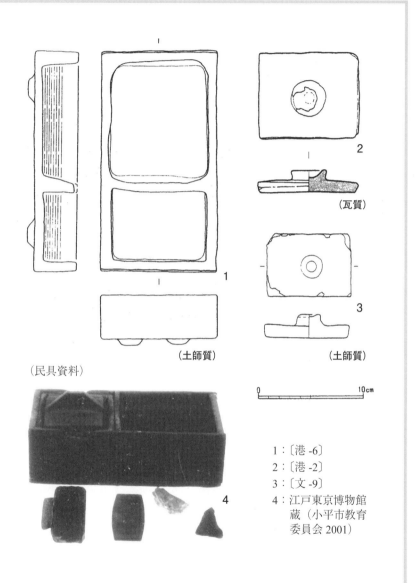

図　間仕切り付箱形土器と民具の「火打箱」

1：〔港 -6〕
2：〔港 -2〕
3：〔文 -9〕
4：江戸東京博物館蔵（小平市教育委員会 2001）

3 火鉢

1. 概要

　火鉢は比較的大形厚手の鉢形の土器で，多くが底部に足をもつ。次章で述べる焜炉と共通する部分が多く，時に火鉢類として焜炉とともに総称される場合もあるが，ここでは火鉢，焜炉と呼び分けることにする。焜炉が口縁から切り込んだり，体部に開けられたりした開口部を持つのに対し，火鉢はこうした施設をもたないものである。

　名称としての火鉢は炭火を熱源に，暖房，採暖を行う器具の総称である。もっとも外気の流通を遮断する機能に乏しかった伝統的な日本家屋にあっては，本来の字義としての暖房という形で室内の空気を暖めるよりも，熱源からの輻射熱や伝導熱で直接手足や体を温める採暖の形式が主であったと考えられる。

　上面が開口し，ここから炭やこれを管理，保持するための灰を入れるが，下に熱が伝わらないように，底面が接地するのを妨げる構造を具えているのが普通である。火鉢の材質としては，土器以外にも，金属や磁器，陶器製があり，それぞれ素材に応じた装飾や器形をもつが，土器にあっては他の素材の製品を模したと思われるものも見られる。

2. 研究史

　火鉢は，江戸の遺跡では多く目にすることのできる器種であることもあり，カワラケ，ホウロクに次ぐ主要器種として，焜炉とともに江戸の土器研究の初期から注目されてきた（小林謙1986，渡辺ますみ1989，小川1991，1992，小川・小俣1988など）が，そこでは，器形や材質（胎質）のほか，民具資料などを援用して使用形態に基づく分析が多く行われてきた傾向がある。

　しかし，材質として軟質瓦質，硬質瓦質，土師質の別があり，成形技法や法量にもいくつかのバリエーションが認められるとはいえ，基本的に上方にのみ開口部をもつという比較的単純な形態であることもあって，個別の製品の使用形態を述べるもの（扇浦1992など）がわずかにみられるものの，多くの議論が展開することなく現在に至っているのが現状である。

3. 分類
3-1 器形
　基本的に上部のみを開口した容器で，底面には半球状ないしボタン状の三足（方形のものにあっては四足）が付されるものが多いが，一部例外もある。これまでなされてきた分類の多くは，「火鉢類」として，焜炉を含めた分類が試みられてきたため，ここでは新たに火鉢のみの分類を提示する（図 1）。
　①類　平面形が円形で三足が付される
　　　a 口縁が内湾ないし内折する
　　　　－1　器高に比して口径の方が大きい（図 1 － 1～8）
　　　　－2　器高に比して口径の方が小さい（図 1 － 9）
　　　b 口縁が外反する（図 1 － 10）
　　　c 口縁が外折し，猫足状の三足をもつ（図 1 － 11）
　②類　平面形が方形で四足が付される（図 1 － 12）
　③類　平面形が方形で口縁が外折し，足をもたない（図 1 － 13）
　①類 a のみが器高と口径の比で細分されるが，①類 b が器高に比して口径の方が小さい他は，いずれも器高に比して口径の方が大きい。

3-2 材質（胎質）
　土器の火鉢の胎質には，酸化炎焼成され，断面が明橙色や赤橙色を呈する土師質と，還元炎焼成された瓦質とがあるが，瓦質はさらに軟質で断面が灰褐色や淡緑灰色を呈するものと硬質で断面が濃灰色，黒褐色を呈するものとに分けられ，前者を軟質瓦質，後者を硬質瓦質と呼んでいる。
　土師質のものは前項の分類のすべてに存在するが，瓦質は硬質軟質ともに①類 a-1，①類 a-2，②類のみに見られるほか，①類 b は軟質瓦質のみである。

3-3 成整形技法
　土器の火鉢のうち，①類の平面形が円形をなすものの大半が回転台の上に置いた底面の上に板状の粘土を積み上げる，いわゆる輪積み成形によって体部が成形されると考えられるが，さらに回転力を利用してひき上げるロクロ成形によるものもわずかに見られる。一方，②類，③類の平面形が方形をな

Ⅱ.「江戸の土器」のいろいろ

すものは,タタラなどで切り出した粘土板を組み合わせて接合する板作り成形で体部が成形されており,いずれも型打ちなどの技法は見られない。

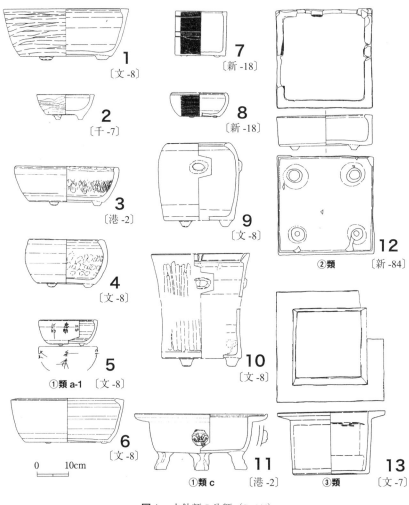

図1　火鉢類の分類（S=1/6）

③ 火鉢

　底面に付される足は，体部の成形後に貼付けられるが，付着面が事前に櫛状の工具で一方向ないしは交差するように傷つけられ，接着効果を高めるように工夫される場合もある。

　軟質瓦質や土師質土器の火鉢にはほとんど加飾は見られず，わずかに体部外面に列点が施されたり，磨かれたりしたもの，あるいは漆や墨などが塗布されたものが存在するほか，①類a-2の一部や①類bには体部上半に一対の把手状の突起が見られるものがあり，③類では外折した口縁の上面のみが磨かれる程度であるが，硬質瓦質の製品（①類a-1）には体部外面がトビガンナ状や縮緬状の模様に覆われたもの，口縁上端部付近を光沢が出るまで磨き上げたものなどが見られる。

　その中で例外的に①類cでは，猫足状の三足に指や爪を表すものがあるほか，胴部側面に獣面を象った半球形の把手状の突起が貼り付けられるなどの加飾が多く見られる。これは金属製の火鉢を模したものであると思われる。

4. 変遷（図2）

4-1 器形

　最も普遍的に存在する①類aは近世を通じて存在する。器形を見ると，17世紀代には低平で体部の湾曲が緩やかなものが主であるが，17世紀終わりごろに器高があり，体部が強く湾曲するものが現れ，以後並存するようになる。

　①類b，c，③類は類例が少ないが，18世紀中葉以降見られるようになる。②類も類例は多くないが，これらよりも先行し，17世紀末には比較的大形のものが存在する。

4-2 胎質

　土師質の製品は近世の初頭を除き，ほぼ近世を通じて存在する。

　これに対し，軟質瓦質の製品は17世紀から18世紀初頭にかけて存在するが，以後姿を消す。一方，硬質瓦質の製品は18世紀後半に出現する。この瓦質の製品における軟質と硬質とは単純な交代ではなく，軟質の製品が見られなくなった後，しばらくしてから硬質の製品が現れており，そのため18世紀の第2四半期頃に土師質の製品のみが見られる時期が存在する。

Ⅱ.「江戸の土器」のいろいろ

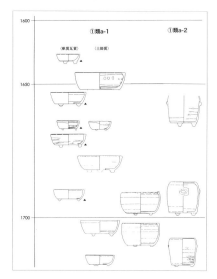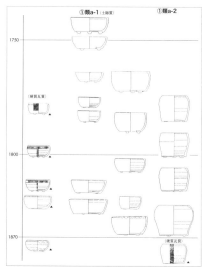

図2　火鉢類の変遷（江戸遺跡研究会 2001 より作成）

4-3 成整形技法

平面形が円形の製品においては，近世を通じて輪積み成形が基本であり，ロクロ成形は 19 世紀なってわずかに確認される。

表面にミガキやトビガンナ等の加飾が施されるのは，主に 18 世紀後半以降の硬質瓦質の製品であるが，18 世紀初頭までの軟質瓦質の製品にも，主に横位に帯状にミガキが施されるものがある。

土師質では基本的にこうした装飾的な整形は認められず，18 世紀後半になって列点等の加飾のあるものがわずかに見られるが，これは硬質瓦質の製品の影響と考えられる。

5. 使用形態

民具資料では，ヒオケ（火桶）などとも呼ばれ，小形のものはテアブリ（手焙り），シュロ（手炉）などと呼ばれるものに相当する。多くは蓋を伴わないが，中には孔のあいた蓋を伴うものもある。また，土製や木製の枠の中に入れら

③ 火鉢

れてコタツ（炬燵）やアンカ（行火）の熱源とされる場合にはヒイレ（火容）などと呼ばれることもある。土器のほか，金属，磁器，陶器などの素材で作られたものもあるほか，ハコヒバチ（箱火鉢），ナガヒバチ（長火鉢），ヒオケ，キリヒバチ（桐火鉢）などは板材を組み合わせた木の箱や桶，割り物の中に金属製のオトシ（落し）を嵌め込んだり，銅板などを貼ったりしたものである。このほか，大形で左右に獅子頭の取っ手を具えた瓦質の火鉢は，寒冷な地域や季節に対応して蚕室を暖めるオンダンヒバチなどと呼ばれる養蚕用の火鉢である。また都市としての江戸地域でも用いられている硬質瓦質の小形の火鉢が，農村地域で機織りの際の採暖具として用いられたとも言われる。

　ちなみに焜炉がその構造の一部に加熱調理器具を保持する施設をもっているのとは異なり，長火鉢をはじめ大形の火鉢では，ゴトク（五徳）やカナワ（鉄輪），テッキ（鉄器）と呼ばれる道具が灰の上に置かれ，土瓶，鉄瓶，薬缶などが掛けられるなど，熱源が採暖以外の目的に利用することもあった。

　また焜炉を含め，ヒバシ（火箸）やハイナラシ（灰均し）などで炭火や灰の管理を行うが，ゴトクの一部を除き，これらの大半は金属製である。一方，不要な火種を消したり，消し炭を作ったりする道具として火消し壺があるが，これは蓋を伴い，密閉することで酸素の供給を絶って火種を消すものである。土器の蓋形製品がこの火消し壺の蓋として用いられたものであるが，器高に比して口径が小さい①類a-2，①類bが，火消し壺の身に当たるものと考えられる。しかし，器高に比して口径が大きい火鉢に蓋形製品をかぶせても火を消すことは可能であり，必ずしもセット関係を考える必要はないかもしれない。これらのほか炭火の運搬を行う道具としてジュウノウ（十能）やヒモライ（火貰い）があり，発火具の一部をなす火打箱の中にも土製品が見られる。

　このように，火鉢は基本的に炭火を利用する道具としての多様な体系の一部をなすものである。

　火鉢の法量は，時代が下るにつれておおむね小形化する傾向が見られ，また小形の土師質の製品の中には，個人名を彫り込んだもの（図1-5）も見られる事から，多人数による共同使用から，個人使用へという所有形態，使用形態の変遷が伺われる。

　絵画資料，民具資料を参照すると，これらの火鉢は熱源としてそのままで用いられたほか，効率性，安全性を向上させる目的で，覆いをつけたり布団

Ⅱ.「江戸の土器」のいろいろ

で覆ったりして用いられたことが知られる。それらはアンカないしオキゴタツと呼ばれるものである。このうちアンカは「行火炉(あんかろ)」に由来し，移動式の炉の意味である。コタツは元来囲炉裏などの炉の上に櫓を設けて衣類や寝具をかけられるようにしたもので，ここから派生的に火鉢に小形の櫓を設けた可搬性のあるものがオキゴタツと呼ばれたと考えられる。オキゴタツの中に入れられる熱源は，櫓の形状に合わせ方形もある。また，円形の平面をもつ火鉢の中には，正方形に内接するように側面が削られたものも見られ，その使用形態を伺わせる。アンカもコタツも寝具の中に入れて用いられることもあったためか，呼称と用法には交替と混乱が見られる。

　前述した落しと呼ばれる金属製の容器は，木製の火鉢だけでなく，アンカやコタツの中に入れられることもある。いずれも厚く丈夫に作られた縁の部分で全体が支えられ，熱を受ける底部や体部が周囲に触れないようになっている。③類は，茶道具としての炉壇ともされているが（扇浦 1992），こうした落しとしての使用も行われた可能性もある。

（小川　望）

ボウズ

　江戸遺跡から出土する独特のフォームを持った火鉢類の一種。＜ドーム形＞A属1とされていた火鉢類（小林謙1991b）の中の，一部の形態的特徴を有するものについて，小林克は真綿伸ばしの道具である，「ボウズ」であるとした（小林克2000b）。これは天井部がドーム形を呈し，底部は閉塞され体部に窓を持つ特徴を有するが（両角1992），図1のように，窓が胴中央部から下部に存在するものについて，民具資料との対比を行い，かつ江戸時代の文献資料・絵画資料を参照してボウズであるとした。

　真綿とは，蚕の繭から作る「わた」をいう。糸を出さない「くず繭」を伸ばして「わた」にするが，都市江戸とその近郊ではボウズを用いた真綿伸ばしが盛んであったと考えられ，図2を始め，様々な絵画にその様子が描かれている。いくつかの絵画・文献資料では，江戸時代の呼称は，真綿伸ばしを「わたつみ」，ボウズの事を「ぬり桶」と呼んでいた。

　また図3～5のように民具資料もいくつかの博物館で確認されており，多摩地域では「ぼうず」と呼ばれていた（両角2000a）。東京農工大学繊維博物館では，所蔵するボウズを使って真綿伸ばしを実際に行っていて，その工程を図5のように記録している（小林克2000b）。繭を濡らして幼虫を抜き，ボウズの中には火鉢を入れ，頂部を熱くして繭を少しずつ均等に伸ばしていくのである。

　このような民具資料は，江戸遺跡から出土するボウズと形態的に類似する図3のような寸胴タイプのものと，胴中央下部が少し窄まる図4のようなタイプが認められた。図4のようなタイプを関東各地の博物館や個人コレクターが所蔵しており，比較的新しい近・現代の所産と推察される（小林克2001）。図3の民具資料は，江戸遺跡出土資料に形態的に類似するだけでなく，窓部分が横に広がっている点も出土資料に近い。そして胴下部には「新兵衛」という刻印が押されていた。他の民具資料にも「橋本幸太郎」，「橋本柳太郎」，「鈴木甚吉」という刻印が確認されているが，これらは今戸焼職人の名称と推定された（小林克2001）。

図1　江戸遺跡出土のボウズ〔千-7〕

図2　絵画資料に見る江戸時代の真綿伸ばし『女大学宝箱』（江森1993）

Ⅱ.「江戸の土器」のいろいろ

コラム ④

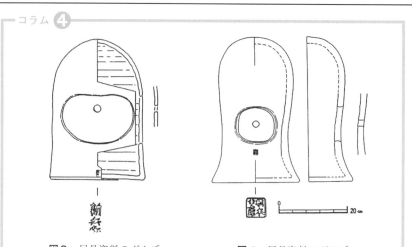

図3　民具資料のボウズ　　　　　　図4　民具資料のボウズ
（江戸東京たてもの園所蔵：小林克2000）（江戸東京たてもの園所蔵：小林克2000）

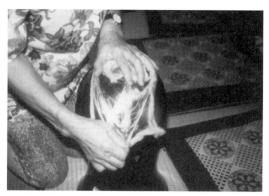

図5　出真綿伸ばしの一工程　「真綿を伸ばす」
（東京農工大学繊維博物館所蔵：小林克2000）

　　形態や各種の属性が類似する土器の火鉢類で，考古資料と民具資料にその連続する系譜が認められ，民具資料については，用途は真綿伸ばしの土器と判明している。また江戸時代の絵画資料にも同様な形態のものが，真綿伸ばしの道具としてよく登場しており，このような形態の土器火鉢類は真綿伸ばしの道具と考えられる。
　　何点かの民具資料の頭頂部には摩擦痕跡が認められており，考古資料でも頭頂部に摩擦痕跡を有する資料が増えれば，より真綿伸ばし説が補強されることとなろう。

（小林　克）

蚊遣り

　江戸遺跡からは，図1のような豚形蚊遣りが幕末には出土している。このような蚊遣りとは，蚊取り線香を焚く容器や，蚊が嫌う煙が出る素材を燻すための容器をいう。ただし，元々は「有り合わせの火鉢，擂鉢，鍋などが転用された」ものが多く利用され（小川 2013），そこで蚊が嫌う煙が出る素材を燻していたと考えられる。新宿区から出土している図2の火鉢型の土器は「蚊取線香燻用容器」の可能性もあるが，脚部が付いており，線香ではなく煙が出る素材を燻すための容器の可能性が高い。出土した図1の豚形蚊遣りも脚が付き，前述論考で小川がいうように煙が出る素材を燻した容器の可能性が高い。

　蚊取線香は明治に入ってから開発されたと考えられているが，『江戸名所図会』[1)]の今戸焼の店頭には，図3のような蚊取り線香燻用容器と考えられる形態の資料が並んでいる。このような蚊取線香燻用容器は明治24年（1891）刊行の刷物に図4のように確認されているが，『江戸名所図会』にも描かれているということは，江戸時代後期には作られていた可能性がある。同形の資料は図5のように民具資料でも確認されている（小林克 2015 a）。これは秩父在住のコレクターが収集したもので，残念ながら元々の用途や使用方法は定かではないが，その収集エリアから江戸在地系土器，もしくは関東のどこかで作られた土器の可能性が高い。瓦質で黒色を呈し，還元炎焼成により黒色化したものであろう。身部分と蓋部分に分れ，身部分は高さ 28.6cm，底径 17cm，口縁部外径 8.9cm を測る。蓋部分は頂上部に宝珠状突起を有し，現状の高さ 6cm（推定 7cm）を測り，裏面に舌状突起を有する。

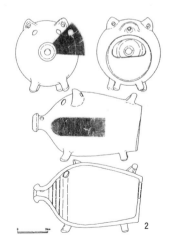 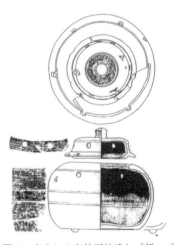

図1　出土した豚形蚊遣り〔新 -18〕　　図2　出土した火鉢形蚊遣り〔新 -64〕

Ⅱ.「江戸の土器」のいろいろ

コラム ❺

図3　今戸焼の店頭に並んだ蚊遣り（『江戸名所図会』巻六「今戸焼」の部分）

図4　明治24年（1891）刊の絵画にみる蚊遣り〔「二十四考見立合具杯二十二」揚州周延／画　部分（江戸東京博物館1995）より〕

図5　民具資料の蚊取線香燻用容器（名称改）（小林克2015 a）より江戸東京博物館所蔵

　身・蓋ともにロクロ成型で，身部分には径2cm程の穴が14ヶ所穿たれている。底部には脚が付かず，そのまま畳などの上におくことが図4から想定され，蓋裏面の舌状部分に線香を吊り下げて使用した可能性が高く，直接内部で煙が出る素材を燻したとは考えられない。図5の資料は，明治期以降の所産の可能性もあるが，同型のものが前述のように『江戸名所図会』にも認められ，幕末期には同様の形態の蚊取線香燻用容器が存在していた可能性も考えられよう[2]。

（小林　克）

〔註〕
1) 長谷川雪旦・雪堤画　天保7年（1836）文化文政年間（1804-1830）頃に写生されていたと考えられ，その巻六「今戸八幡宮」に掲載された「今戸焼」の図の一部。
2) これについては，今までは蚊取線香は明治前半以降に開発されたとされているが，それとは矛盾しており，今後の検討課題である。

4 焜炉

1．概要

　大きくは火鉢類の一部であり，調理を行う機能を重視した用具である。炭，練炭などを内部で燃焼させつつ，上部にヤカン・ホウロク・土鍋などを置き煮沸・調理・保温する構造で，体部に空いた窓（風口と称することもある）から火力調整を行う機能を持つ。日常的な調理具としてシチリンとよばれることもあり，屋外でもちいることも可能な可搬型の舟カマドや，茶道具としてのコンロ，煎茶焜炉を含む。また，風口とも呼ばれる箱形製品や，調理具を支持する五徳，燃焼部を画する目皿（五徳・目皿には土製と鉄製の製品とがある）等の部品や，茶道具には前カワラケが付属品として伴う。江戸前期には茶道具として関西から移入され，江戸中期以降江戸在地系土器の主要製品の一つとして日常的な調理具が生産される一方，煎茶焜炉も京都・三河で生産されつつ江戸でも生産されたと考えられる。近代になり江戸在地系土器が衰退すると，三河より三州焜炉と称される箱形の焜炉が大量に流通する。昭和初期には北陸の珪藻土を用いた「七厘・七輪」（シチリン）にほぼ置き換えられる。なお，本稿では，火鉢そのものや，台所に据え付ける置きカマド，江戸後期から多くなる繭煮鍋を含む養蚕火鉢などや，コタツに入れるハタヒバチなどは，体部に窓を持たない形態的な違いから，ここで言う焜炉には含まない。同様に，体部に窓を持つ点で共通しても，上部が閉じている点で形態的に異なる「火もらい」（小林克1991a），「ボウズ（真綿のばし）」，「ネコアンカ」，「瓦灯」（鈴木1991）は含まない。

2．研究のあゆみ

　麻布台一丁目郵政省飯倉分館構内遺跡〔港-2〕や東京大学医学部病院地点〔文-8〕などにおいて，江戸での日常雑器類の内容が明らかになってきた。そのなかで，小林謙一1986bや小川望・小俣悟1988によって，江戸在地系土器の主要製品の一つとして，火鉢・焜炉類として大型の鉢物としてまとめられてきた。

　その後，茶道具である土風炉や，煎茶焜炉が江戸在地系以外の産地から搬

入されてきたことや，その中から江戸在地系土器としても生産されてきたことがわかってきた。小林謙一1991b・小林謙一1994aなどによって，形態的な特徴から茶道具と日常雑器類（江戸在地系の火鉢類との関連が強い）を含む焜炉類として整理された。茶道具と日常的な雑器とを一括することの是非はともかくとして，概ね時期的な変遷や形態と胎質による産地区分が明確になりつつある。

3．定義と分類

3-1 定義

ここでは以下の小林謙一による形態的な定義に従う。
窓または切り込みを1つ持つ，口縁の開口した体部と底部（三足・脚を有することが多い）からなる鉢形の瓦質土師質土器を焜炉型土器と称する（小林謙1994a）。

用途としては，湯沸かし，焼き魚や煎茶・豆煎り・土鍋料理などを含む調理を主目的とし，暖房を兼用する場合もあろうと捉えられる。

3-2 材質分類

小林による材質の分類のうち，焜炉類には以下の材質が見られる（小林1991b）。

  g1型 軟質厚手瓦質
  g2型 硬質厚手瓦質
  h1型 軟質厚手土師質
  h6型 硬質厚手土師質
  s1型 精製白色粘土質
  s2型 精製橙褐色粘土質に白色粘土化粧掛け
  mh型 軟質厚手灰褐色土師質

材質の区分には，いまだ議論の余地も残る。例えば，g2型軟質厚手瓦質とした胎質とh1型軟質厚手土師質とした胎質の区分については，区分が不明瞭との批判もあり，議論もおこなわれた（両角1994a，小林謙1997a）。

3-3 生産地

江戸在地系土器として作られたものが，形態分類のⅠ～Ⅳ（Ⅱe, Ⅴbを除く）類の大部分を占めるものとして主体を占めるが，胎質により関西および東海系と考えられるものが認められる。材質分類のうち，g1，g2，h1，h6型は江戸在地系，s1型は京都系，s2型は関西または三河など東海系，mh型は三河の産地またはその地の粘土を用いたものと考えられる。

なお，瀬戸産の陶器製のコンロも見られるが，ここでは除外する（小林謙1992a）。なお陶器製のものは，土風炉を模したものと思われる。

3-4 形態分類

以下には，小林による形態分類および形態・胎質・技術を総合的にみた類型を以下に示す（小林謙1991b）。

形態（図1, 2）

- Ⅰ類　口径が大きく，口縁の直立した背の低い鉢で，口縁から弧状の切り込みをもつもの。3足を底部に持つ。
- Ⅱ類　比較的背の低い筒型で，口縁から切り込みを持つもの。
- Ⅱa類　口縁から底部近くまで大きく切り込みを持つもの。
- Ⅱb類　筒形で口縁から弧状の切り込みを持ち，口縁内面に3突起をもつもの。3足を底部に持つ。
- Ⅱc類　内輪を有し底部近くに楕円形の窓を有するもの。3足を底部に持つ。
- Ⅱd類　内部に付属施設を有するもの。3足を底部に持つ。
- Ⅱe類　2重構造のもの。近代の煎茶焜炉。筒形の1種，壺形の2種，高台を持つ3種とした。
- Ⅲ類　口縁が内湾する鉢形で口縁から弧状の切り込みを持ち，口縁内面に3突起をもつもの。3足を底部に持つ。
- Ⅳ類　口縁が外反する鉢形で，底部に3足を持つ。近代の七厘の形態に似る。
- Ⅴ類　出窓を有する鉢形。底部に3足を有する。近代の「舟カマド」と呼ばれるものに類する。
- Ⅵ類　口縁が大きく段をなして鍵状に屈曲する。体部に窓を持ち，底部に3足を有する。

II.「江戸の土器」のいろいろ

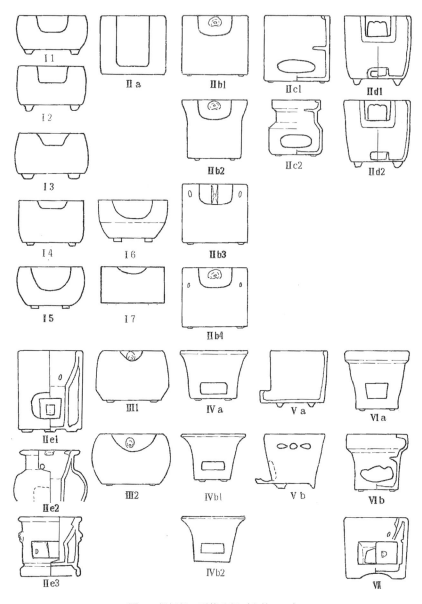

図1　焜炉類の形態分類（小林 1991）

4 焜炉

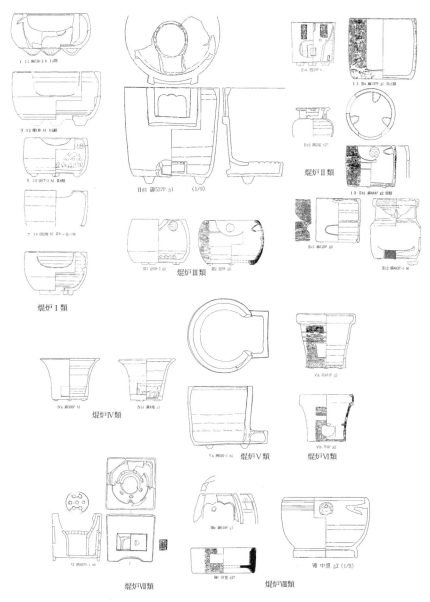

図2　焜炉類の分類

Ⅶ類　箱形のもの。引戸付きの窓，切り込みのある高台を持つ。近代の三州焜炉に類する。

　　Ⅷ類　その他の不明のもの。実用品ではないミニチュアを含む。

類型

　　①類型　茶道具に含まれる土風炉。形態分類のⅠ類としたもの。

　　②類型　大型の粗雑品，「舟カマド」を含む。形態分類のⅡa・d類，Ⅴ類。

　　③類型　調理の機能を兼ねた暖房具，煮沸暖房具（小林謙1992a）。形態分類のⅡb・Ⅲ類。

　　④類型　調理具である近代の七輪に連なる系譜。形態分類のⅣ・Ⅵ類。

　　⑤類型　小型精製，煎茶焜炉。形態分類のⅡc・e1.2類。

　　⑥類型　近代三河の三州戸付き焜炉。形態分類のⅡe3・Ⅶ類。

　以上の形態分類はあくまで形態上の区分であり，類型としたのはそれらの形態区分されたものについて，生産地の別や使用状況をも加味して用途としてのグルーピングを目したものである。

3-5 オプション

　焜炉類に特有なオプションおよび部品として下記のものがあげられる（図3に示す）（小林謙1991b）。

　　A　多孔皿状土製品，多孔円盤状土製品。目皿との民俗呼称が知られる。

　　B　箱形製品　以前に風口と称したが，近世・近代における呼称としての確実性は認められない。用途として後述するように，焜炉に組み合わせる，または別途に木材や漆喰で固めて焜炉として用いる例が知られている。

　　C　器台形製品

　　D　変形器台。瓦質である。

　　E　土師質の五徳。

　　F　蓋形土器。形態Ⅱe1類の焜炉の内部施設の目皿として用いている可能性がある。

　　G　引戸　三州焜炉と称されるⅡe3・Ⅶ類の窓に付される。

　　H　窓の覆い　焜炉Ⅱd類に伴うものと考えられる。

　　I　マエカワラケ，茶道具として土風炉とともに用いられる。

④ 焜炉

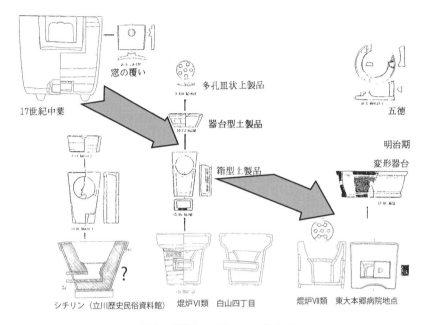

図3　焜炉とオプションの組合せ

4．年代的な位置づけ

　小林謙一は焼塩壺（土師質塩壺類）との共伴関係などから，図4のように整理する（小林謙 1994 c）。

　なお，編年と暦年代は小林謙一の編年観による（小林・両角 1992）。

小林 IIc 期（1664〜1679 年）から III 期（〜17 世紀末葉）　類型①の土風炉が近畿・東海地方から搬入されるとともに，江戸在地系土器として，舟カマドと呼ばれる大形粗製の類型②が東京大学本郷構内遺跡〔文-9〕などで出土する。

小林 IV 期（18 世紀前葉）　舟カマドが形態 Va として出土するとともに，その系譜を引く形態 IId 類が東大本郷構内・真砂遺跡などで見られる。また，土風炉である類型①において江戸で作られた在地生産品が出現してきていると考える。

小林V期（18世紀中葉） 前期までに引き続き類型①・②のほかに，江戸在地系土器の類型③④が加わる。類型③は湯沸かしと手あぶりを兼ねた煮沸暖房具として利用され，類型④は上部に土鍋やホウロク，金網をのせて煮炊き，煎る，焼くといった調理に用いたと考えられる。

小林Ⅵ期（18世紀後葉〜19世紀初頭） 類型②はほとんど姿を消し，類型①も江戸在地産と考えられる東京大学本郷構内理学部地点〔文-6〕出土例を除き，姿を消す。その一方で類型③④は量を増している。類型①の土風炉に代わり，より手軽な煎茶を服するための湯沸かしとして東海系の胎質でつくられる煎茶焜炉・涼炉と称される類型⑤が一定量出土する。なお，麻布台一丁目遺跡〔港-2〕125号土坑からは硬質瓦質で江戸在地系の可能性がある形態IIc1類の出土があるが，紀尾井町遺跡〔千-3〕SR10などから小林Ⅷ期に類例が出土しており，時期的には未確定なので，類型⑤の出現時期は確実なところは小林Ⅵb期の関西系の涼炉の出現としておきたい。

小林Ⅶ・Ⅷ期（19世紀前葉から幕末・明治初） 江戸在地系土器の日常雑器である類型③・④とともに煎茶焜炉である類型⑤が，やや形態を変化させた上で関西系・東海系の製品を凌駕して出土する。なお，小林Ⅷ期の幕末期には次時期に主体となる三州焜炉系の製品らしき資料も部分的ながら出土しており，今後の確認が必要である。

明治期（明治10年代以降） 江戸在地系土器の焜炉類は消滅し，三州焜炉と珪藻土製の七輪へ置き換わっていったようである。ただし，今戸焼の白井和夫氏窯の聞き取り調査によれば，昭和前半期まで，祖父の「白井善七」銘の土風炉を製作したとの伝承もあり，さらに調査が必要である。

5．特記事項と研究の課題

5-1 用途・器種

　以上，江戸在地系土器が主体で日常雑器である狭義の焜炉類と，関西・東海から搬入された茶道具である土風炉および煎茶焜炉を一緒にして論じてきたため，やや混乱した点もあったかと思う。概ね，形態・胎質との対比は整理されているので，今後は，日常雑器類として火鉢類と併せて，江戸在地系の焜炉・火鉢類として扱い，別に茶道具系の土風炉や煎茶焜炉はそれぞれまとめる方が器種区分としてはわかりやすくなるであろう。ここでは，あくま

4 焜炉

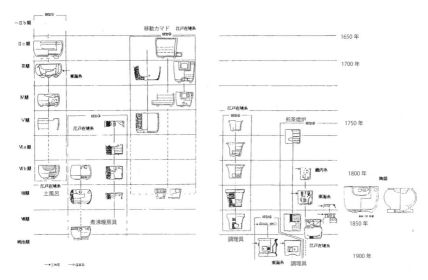

図4 焜炉類の編年（小林1992に加筆）

で形態的な特徴から両者を取りまとめたものと理解されたい。

5-2 部品・オプションとの組合せ

　箱形製品は，動坂遺跡〔文-1〕で報告された際には，手燭と推定された。その後，使用状態を示す例として，白山四丁目遺跡〔文-3〕（植木1981）において，焜炉本体の形態Ⅵa類の中に，箱形製品を窓から差し込み，その上に器台型製品を置いて漆喰で固めた状態のものが検出され，調理具としての焜炉の部品またはオプションであることが判明した（図3）。その後，民具資料として，羽村市や立川市などの民俗例が検出されたが，それは繭煮鍋をかけるシチリンと称され，箱形製品・器台型製品・多孔皿（目皿）を組み合わせて壁土で固め，箱形製品の開口部を外へ出した状態で周りを板で囲った製品であった（図3）（米川1992）。民具資料の収集状況から考えて大正期などの養蚕関連製品と考えられるが，箱形製品などは近世後期の資料と共通しており，同様の使用法が近世にも存在していた可能性を示唆している。そのような異なる材質を組み合わせた製品の場合は，物質文化としての整理にも

困難さを生じさせることになる。近世資料において，土製品を部材として板で組んだ「シチリン」が出土した場合には，(白山四丁目遺跡〔文-3〕出土例（図3）のような）土製の焜炉類の部品・オプションとしての位置づけではなく，その他の材質と組合さる場合もある焜炉類部品として扱っていくことになろう。

5-3 産地

材質からみる産地としては，上記のように江戸在地系と関西系（京都を想定している），東海系（三河を想定している）の3種を考えた。それらの妥当性についても検討を加えて行くべきである。それとともに，近代についても視野を広げると，今後は江戸周辺の生産地（多摩，埼玉，北関東，茨城の地域での土器生産が知られている）についても検討していく必要がある。

5-4 生産体制

土器の生産体制としても検討が必要である。焜炉類について言えば，日常雑器類では，江戸在地系土器生産が始まった17世紀中葉から，カワラケ・ホウロクとともに主要製品の一つであった火鉢類の中での役割を明確にする必要がある。また，当初は関西・東海系の産物であった茶道具が，江戸中期以降江戸在地系として生産されるようになっていく過程も，江戸市中での消費動向や土器生産のあり方として明確にしていくべきであろう。幕末以降，江戸周辺地域で盛んになっていったであろう養蚕用具関係の土器生産との関わりも検討していくべきである。そういった視点からの検討は限られており，焜炉類に留まらず，江戸在地系土器生産の研究課題の一つとなっている。

（小林謙一）

瓦漏

　瓦漏とは，白砂糖を作るため世界各地で用いられていた土器である。古代よりサトウキビの茎を絞り，その液を煮詰めて黒砂糖が作られていた。黒砂糖を瓦漏に入れ，その上面を石灰質の土等で覆うと，下の穴から砂糖蜜が流れ出て，中の黒砂糖が白化する。ヨーロッパや中国など世界各地で出土している瓦漏は図-C, Dのように砲弾型を呈するが，江戸や関西（芝野 2003）で出土した瓦漏は，図-A, Bのように平底型を呈し，その底部中央に穴が開いている。江戸遺跡では新宿区・尾張藩上屋敷跡遺跡（〔新-51〕）から瓦漏（報告書では植木鉢）が1点出土している（図-B）。この瓦漏には「源次郎」という今戸焼職人のものと考えられる刻印が認められた。白砂糖製造に18世紀中頃〜後半という早い時点で成功し，讃岐や関西以東に技術を広めた池上太郎左衛門幸豊の残した文書中に「瓦溜は今戸ニテやかせるへし，すやき也」（望月ほか 2000）との記載があり，江戸やその近辺では今戸焼で瓦漏が作られていたと考えられる。

　瓦漏が出土した尾張藩邸では，絵図面に「砂糖制シ所」の記載があり，藩主の日記にも記録が残り，白砂糖製造が行われていた事は明らかである（小林克 2015 b）。瓦漏が出土した遺構の近くからは砂糖液を煮詰めるための砂糖窯と考えられる遺構が検出されている。尾張藩では国元の知多半島で，日本で二番目に白砂糖作りに成功し，出来あがった白砂糖を将軍家に献上している（荒尾2006）。江戸の市ヶ谷藩邸は，当時の最先端技術・白砂糖製造の場として利用されていたのである。

　瓦漏の可能性がある土器が香川県原間遺跡（片桐 2002）から出土しており，この土器は胴下部が欠損しているが，喜界島に伝世した瓦漏（図-C, D）と類似している。喜界島の瓦漏は，台湾の瓦漏と形態的に良く似ており，台湾もしくは中国からの影響が考えられる。沖縄をはじめ日本各地ではどのような瓦漏が作られ，使われていたのか，その系譜等も含めて今後の課題は多く，出土資料の増加が待たれる。

（小林　克）

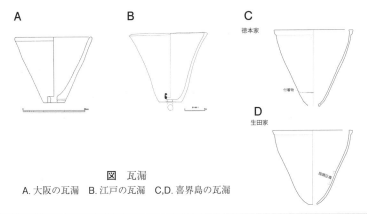

図　瓦漏
A. 大阪の瓦漏　B. 江戸の瓦漏　C, D. 喜界島の瓦漏

5 焼塩壺

1. 概要

　焼塩壺は，焼塩の製造，流通に用いられた小形の土師質土器であり，火鉢やホウロクなどと異なり，それ自体が商品ではなく，商品である「壺焼塩」の容器として生産されたものである。焼塩壺に入れられた「壺焼塩」は，中世末に畿内で生産が始められ，当初は社会的な上層部の贈答品であったと考えられるが，江戸時代後半までにはそうした性格を脱し，都市としての江戸地域では庶民の手にも及ぶものであったとも考えられる。

　この焼塩壺には江戸時代の前半を中心に，生産地の名や生産者名，称号等をうたった刻印をもつものが多く見られ，それらは地名や史料などとの対比から生産者や故地に関する情報源ともなる，焼塩壺を特徴付ける属性ともなっている。こうした特徴もあって，焼塩壺は一種のブランド品として珍重されていたようであり，またそれ故刻印や器形を模倣した，いわばコピー商品も出現するなど，江戸時代の商習慣や商道徳を窺わせる特異な資料であり，刻印の異同をはじめ多様な検討が行われてきた（小川2008）。

2. 定義と分類

2-1 定義

　焼塩壺は一般には「蓋を伴う小形の土器で，焼塩の製造と流通とを兼ねた容器である。この焼塩の多くはあらかじめ焼成した土器に粉砕した粗塩を詰め，蓋をして壺ごと焼いて塩を精製したもの」であるが（小川2001b），例外も多く，これを器形や成形技法，胎土，呈色などから一義的に定義することはできない。

　現在われわれが「焼塩壺」と呼んでいるものとは，"焼塩壺として生産，使用されたと考えられている遺物"であって，これを他の遺物と峻別しうる基準は遺物そのものには内在していないのである。そういう意味で「焼塩壺類」「塩壺類」と呼ばれる場合もあるが，呼称はあくまでも作業用のコードである。ただし民具資料の中に「シオツボ」と呼ばれる塩を小出しにしておく陶器製の小壺が存在することから，「塩壺」の語を避け，また「焼塩壺類」

もなじみの薄い語であることから，本書では「焼塩壷」に統一して論を進めていくことにする。なお「壷」字には「壺」という字体があるが，焼塩壷の刻印に用いられているものは，ほとんどが前者であるため，特別に論及する場合を除き，前者の「壷」字に統一しておく。

2-2 焼塩壷の分類
2-2-1 形態分類
　焼塩壷のほとんどが蓋を伴うものであることについてはこれまでの共伴例や口縁部の形状，法量などからほぼ疑いえないところである。

　身は，最大径より器高の方が大きいコップ形と，逆に器高より最大径の方が大きい鉢形とに二分され，それぞれ器形のヴァリエーションが多く見られるが，後述する成形技法による分類が行われている。このほか，ごく少量皿形の製品なども存在する（図2-12）。

　蓋はその断面形に基づき，ア類〜オ類の5類に分類される。ア類は断面外形・内形が弧を描くもの，イ類は断面が凹字形を呈するもの，ウ類は上面と下面が平行で側面が傾斜し，断面が台形を呈するもの，エ類は断面が基本的に長方形を呈する，円盤状のもの，オ類は底面中央が下方に突出し，断面が基本的に凸字形を呈するものである。これらはさらに器形や整形痕等からの細分が可能である（図1）。

2-2-2 成形技法
　大半の身や蓋の推定される成形技法には，現在以下の5種がある（図2）。

　I類は「輪積み成形」で，コップ形の身にのみ確認される技法である。予め作った底部の上に円筒状の粘土を2，3段積み上げ，最後の段に口縁を作り出すもので，結果的に身は袋状を呈し，断面は略円形であるが，叩きなどの調整が加えられて六角形をなすものも見られ，法量，形態に偏差が大きい。器形により，-1：肩の張ったもの（図2-1），-2：なで肩のもの（図2-2），-3：ずん胴のもの（図2-3）に三分される。

　II類は「板作り成形」で，コップ形，鉢形の身にのみ確認される技法である。直方体の粘土塊を針金などで切り取るタタラ技法などにより，予め用意した粘土板を円筒形の内芯の回りに巻き付けて筒状とし，その一端に別の粘土塊を詰めて底部として，反対側を口縁とするものである。内芯を使うため，こ

II.「江戸の土器」のいろいろ

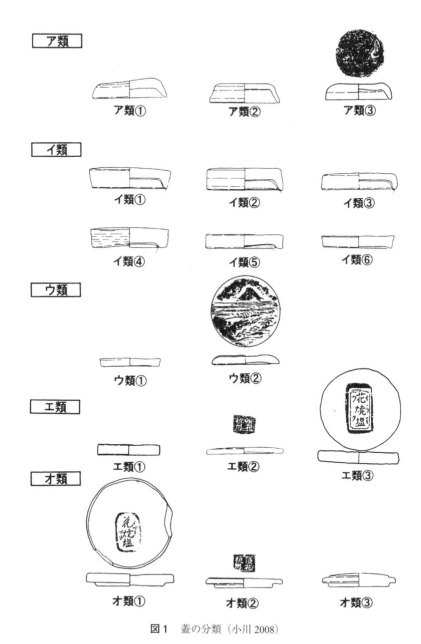

図1　蓋の分類（小川 2008）

5 焼塩壺

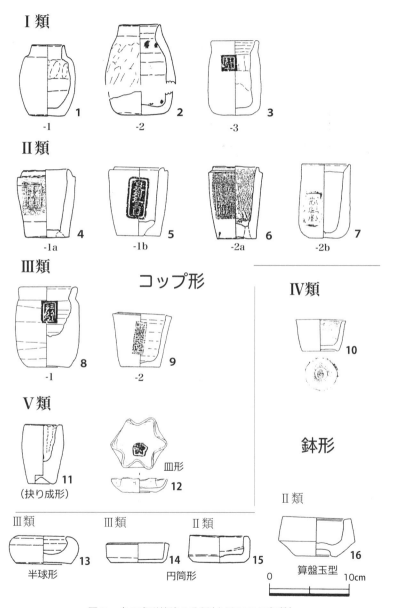

図2　身の成形技法の分類（小川2008に加筆）

れに規制されて，I類に比べると規格性が高くなるが，底部の閉塞方法や内芯との間に入れる離型材の有無や素材など，きわめて多くのヴァリエーションが認められる。底部の粘土塊の挿入方向から，-1：粘土塊を内側から挿入するもの，-2：粘土塊を外側から挿入するものに二分され，それぞれが粘土板と粘土塊との間の粘土紐の有無からa：底部に粘土塊と粘土紐が入るもの〔3ピース〕（図2-4，6），b：底部に粘土塊のみが入るもの〔2ピース〕（図2-5，7）に二分される。なお，この粘土紐には，底面から観察される「細紐」と，底面を覆う太さのため，底面から観察されにくい「太紐」とがある。

　Ⅲ類は「ロクロ成形」で，コップ形の身と，ごく少数の蓋に確認される技法である。回転台上の粘土塊を，回転力を利用して挽き上げるもので，体部内外面に螺旋状の「水挽き痕」が認められる他，多くは底面に，粘土塊から製品を糸で切り離す際に生じた「糸切痕」と呼ばれる渦巻き状の痕跡が認められる。相対的な大きさや体部の厚さから，-1：比較的大形で厚手のもの（図2-8）と，-2：比較的小形で薄手のもの（図2-9）とに大別される。

　Ⅳ類は「型作り成形」で，蓋の多くと一部の鉢形の身（図2-10）に確認される技法である。型によって粘土塊を押圧して成形するもので，蓋の中には内型として掌を用いたと思われるものもあるが，多くは内型と外型を用いており，その結果きわめて高い規格性を有する。

　Ⅴ類はこれら以外の成形技法であるが，このうち「抉り成形」は一部のコップ形の身に確認される。円筒形の粘土塊の内側を指先などで抉り取るようにして成形したと思われるもの（図2-11）で，内面底部に抉り残りの突起が認められる。

2-2-3 刻印（図3,4）

　焼塩壺を特徴付ける属性の一つである刻印は，コップ形の身の側面と，鉢形の身に伴うと思われる蓋の上面とに多く見ることができ，わずかな例外を除いて，コップ形の身に伴うと思われる蓋の大半や，鉢形の身には刻印を見ることができない。また，現在のところ1例のみの確認であるが，底面に刻印が捺された例も存在する。

　この刻印にはその有無をはじめ，陰刻と陽刻の別といった刻印の表出方法，刻印を縁取る枠線の形状などの差異が認められるが，さらに文字列としての印文の内容や字数およびその字形の異同，さらには刻印の本体である印体に

5 焼塩壺

由来する差異（手変り）が観察されるなど，生産から流通に関わる多くの情報をもっている。

ここでは刻印をその印文に含まれる特定の文字列に基づいて以下のように分類し，その主なものを列挙しておく。

（1）身に見られる刻印（いずれもコップ形の身の側面に見られる）

①「ミなと」に類する文字を含むもの（図3-1～9）
「ミなと/藤左衛門」「天下一堺ミなと/藤左衛門」「天下一御壺塩師/堺見なと伊織」「ミなと/宗兵衛」「三名戸/久兵衛」「三なと/久左衛門」「三なと/作左衛門」「三なと/平左衛門」

②「湊」に類する文字を含むもの（図3-10～15）
「御壺塩師/堺湊伊織」「泉湊伊織」「泉湊備後」「堺本湊焼/吉右衛門」「堺湊塩濱/長左衛門」

③「泉州麻生」に類する文字を含むもの（図3-16～25）
「泉州麻生」「泉州麻王」「泉川麻玉」「泉州堺麿生」「泉州堺三國」

④「泉州磨生」に類する文字を含むもの（図4-26～28）
「泉州磨生」「サカイ/泉州磨生/御塩所」

⑤その他（図4-29～40）
「御壺塩師/難波浄因」「難波浄因」「攝州大坂」「い津ミ　つた/花塩屋」「大極上上吉改（政?）」「大上々」「○泉（丸の中に「泉」）」「三門津吉麿」「大極上壺塩」「播磨大極上」「御壺塩」「播磨兵庫」

（2）蓋に見られる刻印（上面に見られる）

①コップ形の身に伴うと思われる蓋に見られる刻印（図4-41～45）
ア類：「いつみや/宗左衛門」
イ類：「鷺坂」「御壺塩師/難波浄因」「泉州麻生」「泉州岸」
ウ類：（富士を描いた風景のレリーフ），不明楕円記号

②鉢形の身に伴うと思われる蓋に見られる刻印（図4-46～55）
エ類：「イツミ/花焼塩/ツタ」「瓦師/瓦屋金五郎」
オ類：「イツミ/花焼塩/ツタ」「浪花/桃州」「深草/砂川/権兵衛」「深草/瓦師/弥兵衛」「大佛瓦師/蒔田又左衛門」「なん者ん/七度焼塩/権兵衛」「なん者ん七度/本やき志本」「なん者ん里う/七度やき志本/ふか草四郎左衛門」「○伊織（丸の中に「伊織」）」「・・・薬師・・・」

Ⅱ.「江戸の土器」のいろいろ

(1) 身に見られる刻印－1

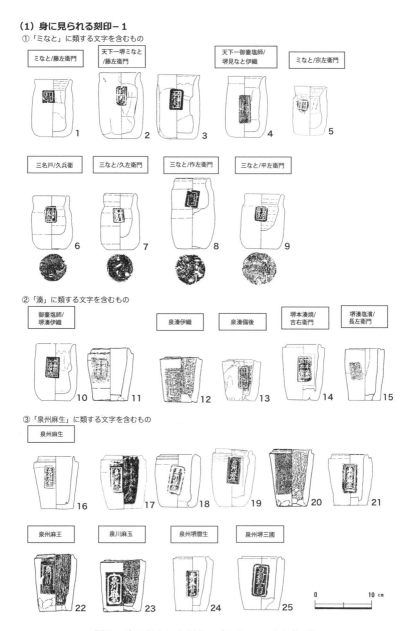

図3　身に見られる刻印-1（小川2008より作成）

[5] 焼塩壺

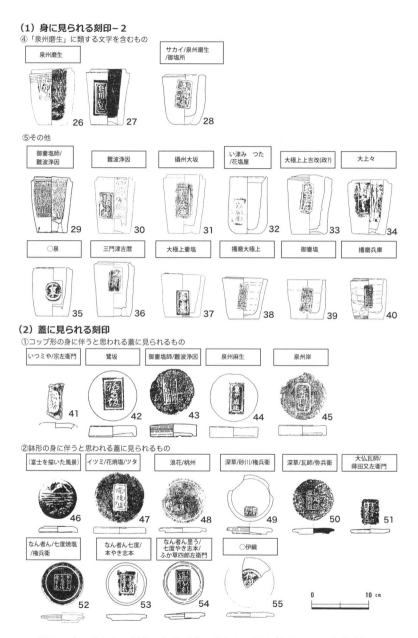

図4　身に見られる刻印-2および蓋に見られる刻印（小川2008より作成）

3. 研究のあゆみ

　以上，焼塩壺の多様な側面を見てきたが，このように特異な性格をもっていたために，江戸の土器としては珍しく，古くから関心がもたれており，比較的長い研究史を持っている。

　江戸時代後期には既に中 盛彬（なか　もりしげ）が『拾遺泉州志』の中で，出土した焼塩壺に言及しており（中1819），すでにこの時期に，焼塩壺に関して単なる出土品の報告や観察の域を超えた考察が行われていたことをうかがわせる（図5-1）。しかし，これ以後焼塩壺に関する報文は中川近礼（中川1897），島田貞彦（1926）などが散見されるが，中の知見は継承されていない。

　昭和3年（1928）に高橋艸葉の「堺の焼塩壺」によって初めて焼塩壺は，独立した論考の対象となる。ここでは文献上の焼塩壺が探索され，また元文3年（1738）の船待神社菅公像掛軸裏面の壺塩屋藤左衛門の系図（図5-2）が紹介されて，『堺鑑』などに見える「藤太郎」が「藤太夫」の誤りであること，天下一の号の許可と禁止の年代から「天下一堺ミなと/藤左衛門」の刻印を持つものの時期が推定しうることなどを指摘した上で，複数の生産者の系統の存在にも言及している。その後，前田長三郎が昭和6年（1931）に，『堺焼塩壺考（未定稿）』という小冊子を著し（前田1931），昭和9年（1934）「堺焼塩壺考」を『武蔵野』誌上に掲載している（前田1934）。プライオリティーの問題も存在するものの，前田の論考は中，高橋の両氏によって設定された研究の方向をさらに継承発展させたものであった（図5-3）。これらの後1970年代後半まで，いくつかの紹介や論考が見られるが（南川1974など），研究自体は全くといってよいほど進展しなかった。

　1969年の中川成夫・加藤晋平氏の「近世考古学の提唱」（中川・加藤1969）を経て江戸地域を中心に近世の遺跡の発掘調査が行われるようになる。昭和52年（1977）年，佐々木達夫は幕末・明治初頭の刻印をもたない製品やロクロ成形の製品，さらに蓋の成形方法や身との対応関係に関して詳細な検討を加えた（佐々木1977）。その後，渡辺誠は用語や焼塩の業者に関する知見を整理し，器形による分類，刻印と史料の対応はもとより生産者の系統と製品の変遷（図5-4），出土遺跡の収集，身と蓋との対応など幅広い視点

5 焼塩壺

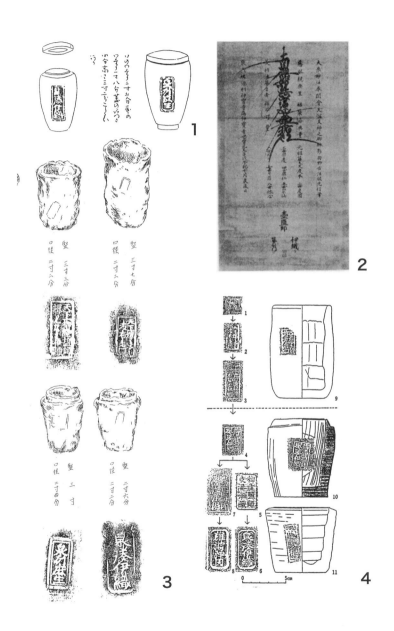

図5　研究史上の焼塩壺（小川2008より作成）

で総合している（渡辺 1982, 1985 a・b）。

1980 年代後半になると都心部の再開発が進み，江戸の考古学的な調査が活発に行なわれるようになる。麻布台一丁目遺跡〔港 -2〕の報告では焼塩壺を瓦質土師質全体のなかに位置付けて分類した上で細分が試みられ，その後，ここでの分析に名を連ねた両角まりは近世の土器の成形技法についての考察を行なう中で焼塩壺に注目し，板作り成形の製品の底部の粘土塊の挿入方法などを体系的に分析している（両角 1989, 1992 a, 1994 b, 1996 b）。

一方小川望は東京大学本郷構内遺跡医学部附属病院地点〔文 -8〕出土の焼塩壺についての考察を行なうにあたって，これを成形技法と刻印とからそれぞれ分類し，個々の製品を両者の組合せとしてとらえ，その対応関係の形で分析を試みることによって，成形技法と生産業者の系統性，さらには模倣関係に論を及ぼした（小川 1988, 1990 c）。大塚達朗は東京大学本郷構内遺跡法学部 4 号館・文学部 3 号館地点〔文 -7〕の資料を分析する過程で，輪積み成形から板作り成形への変化は別系統の業者によるものとして，前述の渡辺氏の焼塩壺の成形技法の単系的な理解を覆す指摘を行なった（大塚 1988, 1990）。

1991 年以降は焼塩壺の生産者の系統や年代観に関する認識を前提として，小川望による個々の焼塩壺に関する一連の論考（小川 1994 a,b, 1995 a,c など）が提示されたほか，田中一廣（田中 1991, 1994, 1995），小林謙一・両角まり（小林・両角 1992），積山洋（積山 1995, 1998）など，各地で集成がなされたほか，小川貴司が成形技法について（小川貴 1995, 1996 a,b, 1998），山中敏彦が史料の緻密な検討から使用形態や焼塩生産者について（山中 2001, 2002, 2003, 2004），菅原道や松田訓による統計処理に基づく考察（菅原 1994, 1996, 松田 2000），長佐古真也などによる胎土分析に基づく考察（長佐古 1994, 矢作・植木ほか 1994, 両角 1996 b）のような，新たな視点や手法で分析する試みが模索された。2008 年に小川望が『焼塩壺と近世の考古学』でそれまでの研究を集大成したが（小川 2008），それ以降は，資料紹介の類やわずかな例外を除いて新たな進展が見られていないのが現状である。

4．焼塩壺の生産と流通

4-1 壺塩屋と壺屋

壺焼塩の製造及び流通用の容器である焼塩壺には，壺そのものの生産者と，

これを用いて壺焼塩を製造販売した生産者との2種類の生産者が介在している。前者を壺屋，後者を壺塩屋と呼び分けているが，これはあくまでも分析用に措定したコードである。この両者が互いに独立した存在なのか，発注者と受注者のような関係なのか，あるいは同一の存在なのかについては明らかになってはいない。しかし，壺は下請けに焼かせたという壺塩屋の末裔からの聞き取りもあり（渡辺 1985 a），土器生産者である壺屋が壺塩屋の注文に応じて生産していた可能性が高い。

このうち壺屋の異同や製品の変遷については，具体的な史料はほとんど存在しないが，成整形技法の観察によって推定することができる。他方壺塩屋の異同や製品の変遷については史料の記載内容や刻印の印文などから推定することができると考えられる。

4-2 壺塩屋の系統性

刻印の印文と地誌などの史料の記事とを対比させる試みは，焼塩壺研究の最初期から行われているが，少なくとも史料に具体的にその存在が現れた壺塩屋だけでも①和泉国湊村に所在し，藤太夫を祖として藤左衛門や伊織を名乗った系統（「藤左衛門系」と略称），②和泉国麻生郷津田村に所在し，後に泉南郡貝塚に移った正庵を祖とし，丹羽源兵衛を名乗った系統（「泉州麻生系」と略称），③奥田利兵衛を名乗った系統（「泉州磨生系」と略称），④焼塩屋権兵衛を名乗った系統の異なる4つの系統の存在が推定されている。もちろんこれ以外の系統の壺塩屋も存在したであろうことは，無刻印を含め多様な刻印の印文などのありかたから推定されるが，少なくとも上記の四者については，地名や名乗り，称号などから，先に見た刻印の印文との間に概ね以下のような対応関係が推定される。

具体的に言えば①は「ミなと」「見なと」「湊」および「藤左衛門」「伊織」などの文字をもつもの，②は「イツミ」「い津ミ」および「泉州麻生」の文字をもつもの，③は「泉州磨生」に類する文字をもつもの，④は蓋の刻印で「権兵衛」の文字をもつものである。なお，①の藤左衛門系の壺塩屋が壺焼塩を創始したと史料に現れる系統であり，②の泉州麻生系はコップ形の身の焼塩壺に先行して鉢形の製品を創始したと史料に見える。

この対応関係はあくまでもその一例であり，実際には多くの「例外」が存

在すると考えられる。

4-3 焼塩壺の類似と模倣

上記の「例外」が生じる要因としては,壺の器形や整形の痕を似せるといった形での模倣が存在すると考えられる（図6-①,②）。さらに同じ系統の製品でも同じ必ずしも地名や名乗りなどを印文に含まない刻印を捺した場合などがあるが,こうした対応関係を複雑にしているのは,ある系統が他の系統の刻印を模倣したと思われる例が存在するからである。

たとえば,「ミなと/藤左衛門」を模倣したと思われる「三名戸/久兵衛」（図3-6）「三なと/久左衛門」（図3-7）「三なと/作左衛門」（図3-8）「三なと/平左衛門」（図3-9）,「泉州麻生」を模倣したと思われる「泉州磨生」（図4-26）「泉州麻王」（図3-22）「泉川麻玉」（図3-23）などである。これらは印文の一部が異なっていて,対応する地名が存在しないと考えられることなどから別系統の壺塩屋が紛い物として作ったものと考えられるが,中には全く同じ印文の刻印を用いた紛い物もあったと考えられ,胎土の異同などによって,区別することが可能であると考えられる（図6-③）。こうしたいわゆるデッドコピーに関しては,一つの系統の壺塩屋が複数の壺屋に発注した場合も考えられるが,先に触れた壺塩屋の末裔の家には,かつて刻印の本体である印体が残されていたとの記録もあり,壺屋が注文に応じて独自に印体を作ったのではないと考えられること,類例が極めて少ないこと,ほぼ同じ時期に一部の文字を変えた紛い物も同じ壺に捺される例のあることなどから,本家に当たる壺塩屋から抗議を受けるなどして,印文の一部を変えたりしたものと考えられる。このほか,刻印の印文ではなくて,これを縁取る枠線や,四文字一行書きといった表現方法にも模倣の意図が働いたと考えられる例もある。

5．年代的な位置づけ

焼塩壺に関連する記事をもつ史料によれば,その発祥は関西地域であり,その出現は中世,16世紀半ばの天文年間（1532〜1555）にまで遡るとされ,近世に比べれば遥かに出土資料に乏しい中世の江戸地域の出土資料には,今のところ焼塩壺は含まれていない。

5 焼塩壺

① 器形の模倣

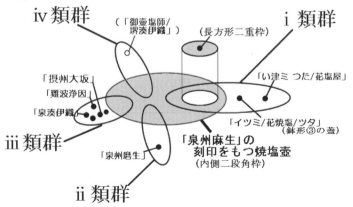

② 整形痕の模倣

③ 「泉州麻生」の胎土からのグルーピング

図6 焼塩壺の「模倣」

したがって，以下では17世紀から19世紀後葉までの約3世紀に渡る江戸における焼塩壷の変遷について，成形技法と主な壷塩屋の系統に基づいて略述する（図7）。

5-1 成形技法の変遷
　コップ形の身の成形技法に着目すると，藤左衛門系ではその出現当初から17世紀後葉，1680年代後半〜1690年代頃まではⅠ類の輪積み成形の壷が用いられているが，これがⅡ類の板作り成形の壷に変わり，1800年ごろの終焉まで続く。泉州麻生系は1670年代初頭に出現した時からⅡ類の板作り成形の壷を1740年代頃の終焉まで採用し続ける。泉州磨生系も1720年代の出現から1750年代の終焉までⅡ類の板作り成形の壷を採用し続ける。一方，Ⅲ類のロクロ成形の壷はⅢ類-1とした大形で厚手のものが17世紀の前半期に見られ，Ⅲ類-2とした小形で薄手のものは18世紀半ばに出現し，近代に入るまで存続し，1880年代ごろに終焉を迎える。

5-2 刻印の変遷
　これまでの史料などをも援用した研究や，遺構における共伴関係などに基づいて，これらの系統や成形技法別の焼塩壷の刻印の変遷を見ると，藤左衛門系の製品は，その出現当初は刻印をもたないが，1620年頃までには二重枠の「ミなと/藤左衛門」の刻印をもつようになり，以後1720年代までの間に「天下一堺湊/藤左衛門」（二重枠→一重枠），「天下一御壷塩師/堺見なと伊織」，「御壷塩師/堺湊伊織」と刻印が変更され，「御壷塩師/堺湊伊織」と並行して「御壷塩師/難波浄因」が，その後「難波浄因」「攝州大坂」，さらに「泉湊伊織」「泉川麻玉」などが捺された壷が用いられ，比較的長く「泉湊伊織」が用いられた後，刻印をもたないものとなる。
　泉州麻生系の製品は出現当初は「い津ミつた/花塩屋」の刻印の捺された壷をごく短期間用いるが，その後「泉州麻生」（長方形二重枠→内側二段角枠の二重枠）の刻印がその終焉まで用いられる。
　泉州磨生系の製品としては上述のように「泉州磨生」と「サカイ/泉州磨生/御塩所」の刻印の捺された壷を1720年代から1750年代にかけてこの順に使用したと考えられるが，資料上の限界から，この両者が同一の系統の製

5 焼塩壺

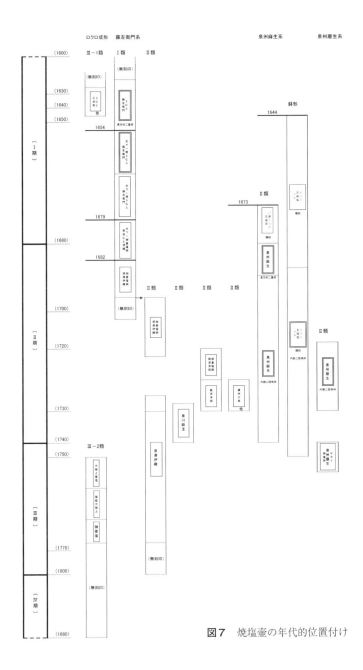

図7 焼塩壺の年代的位置付け

品であるかどうかも含め，明らかでない点が多い。

　ロクロ成形の製品のうち，Ⅲ類-1とした大形で厚手のものは17世紀前葉の出現時には刻印をもたないがその後「三名戸/久兵衛」「三なと/久左衛門」「三なと/作左衛門」「三なと/平左衛門」といった「ミなと/藤左衛門」に類似した印文の刻印が捺されるようになり，17世紀前半にはその終焉を迎える。一方，Ⅲ類-2とした小形で薄手の製品は18世紀半ば頃の出現時には「大極上壺塩」が捺され，その後「播磨大極上」「御壺塩」と変遷して1770年代までには刻印をもたなくなると考えられる。

　また「泉州麻生」や「泉湊伊織」など比較的長期にわたって存在した刻印については，詳細な観察を行うと，字体や字形の異同が存在し，同じ系統の壺塩屋の製品の同じ印文の刻印であっても，異なった印体が使われていることが確認される。

5-3 文献との対比

　すでに見たように，多様な史料によって一部の壺塩屋の系統の来歴や故地について知ることができるが，焼塩壺の年代的な位置付けという点から見ると，さらに細かく実年代を推定しうるものが存在する。その代表的な例として，藤左衛門系の刻印の一部の変遷がある。すなわち「ミなと/藤左衛門」の刻印から「天下一堺湊/藤左衛門」への変更は，承応3年（1654）年の「天下一」の号の拝領によるものであり，この「天下一堺湊/藤左衛門」から「天下一御壺塩師/堺見なと伊織」への変更は，延宝7年（1679）の折紙状の拝領を機に行われた「伊織」の名乗り，「天下一御壺塩師/堺見なと伊織」から「御壺塩師/堺湊伊織」への変更は天和2年（1682）の「天下一の号の禁令」をそれぞれ契機としたものと考えられるのである。

　これ以外の系統でも，その創始や所在地の変更などを伝える記事などを見ることができるが，ここでは詳論しない。

6．研究の意義と課題

6-1 焼塩壺研究の意義

　ここまで見てきたように，焼塩壺を特徴付ける属性の一つに刻印があるが，これは土器に限らず近世の遺物全体の中でもきわめて重要かつ特異な属性で

5 焼塩壺

ある。なぜなら，この刻印の印文によって特定の焼塩壺の生産地や生産者などについての具体的な名称を知る手がかりとすることができるだけでなく，刻印同士もしくは刻印以外の史料との対比によってさらに多くの情報を得ることができるからである。またこの刻印は，墨書や刻書のような他の土器面上の文字とは異なり，土器が成形された後，乾燥や焼成と言う工程を経る前に押捺されなければならないという性格を有する。このため押捺は土器生産者によって行なわれたと考えられ，流通の過程や，あるいは消費者の手に渡ってから，もしくは二次使用や廃棄された後にも可能な墨書や刻書とはおのずから性格が異なる。いわば生産にかかる史料が遺物と一体となっているのである。さらに刻印は，印体によって押捺されるものであるから，同一の印体で複数の刻印が作られることになる。したがって，刻印の観察によって同一の印体によるものとそうでないものとの識別が可能であり，その異同を分析することによって土器の生産にかかわる各種のシステムやその規模，系統性をうかがうことも可能である。

したがって，焼塩壺は考古資料としての分析，つまり遺構の切り合い関係や層準，共伴資料などの出土に関する属性や，胎土や整形などを含めた成形に関する属性などを対象とした分析と，史料としての分析をおのおの行うことのできる稀有な遺物であると言える（図8）。

ここでは詳論しなかったが，刻印とは独立した属性である壺や蓋の成形技法や形態と刻印との対応関係をもとに組列を組むことによって，細かな段階設定が可能になり，またそのことから逆にそれらを一連の系譜に連なるものであることを確認することもできることになる。またそうして設定された個々の資料群を時間軸上に配して，共伴資料を中心に同時期性を確認して，より詳細な焼塩壺の動態をも明らかにできるのである。

そういう意味で，刻印をもつ焼塩壺がもたない焼塩壺に比べ比重が高くなるものの，刻印をもたない焼塩壺も，焼塩壺が刻印をもつようになったり，あるいは刻印をもたないようになったりするプロセスを検討する上でも，あるいはその法量や地域性を検討する上でも貴重な資料を提示するものとなることが期待される。

また，刻印をはじめ器形などの模倣について検討することで，焼塩壺という遺物のみならず，近世という時代における商品の生産や流通に関わる様々

II.「江戸の土器」のいろいろ

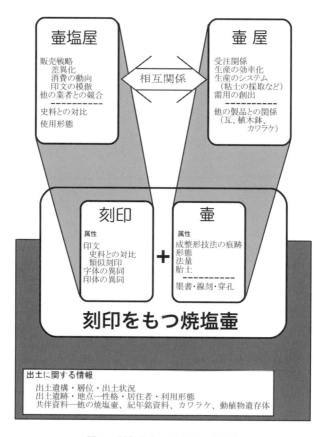

図8　刻印をもつ焼塩壺の諸属性

な側面が，より具体的に明らかにできるということであり，さらには近世という時代を対象とした考古学的研究そのものの可能性をも大きく拡大するものになると考えられるのである。

　確かに，火鉢などの一部の土器，陶磁器や金属器など他の素材の製品にも，生産時に施された生産者の名前や地名などが見られることがあるが，これらは焼塩壺とは異なり，それ自体が商品であるため，製品の裏側などに小さく書かれていて，商品名を誇示する焼塩壺の刻印とは一線を画すべきものである。

6-2 焼塩壺研究の課題

　これまでの研究の蓄積によって，生産の年代や系統の異同など，焼塩壺に関しては多くのことが明らかになってきたとは言え，それは主に史料が豊富に残されている藤左衛門系や泉州麻生系の製品と考えられるものに限られ，泉州磨生系をはじめ刻印をもたないものの多くや，類例の少ない刻印をもつもの，さらには鉢形の製品についての年代的，系統的な位置付けはこれからの課題であるといえる。

　また，江戸におけるロクロ成形の製品を含め，列島の各地で見られる地域性の高い，いわばローカルな製品についても，報告されている点数が限られているものもあって，それぞれの地域での位置付けや江戸との関わり，身と蓋の対応関係や敲打痕をはじめ穿孔・切削，墨書・刻書などの焼塩壺に見られる二次加工など，考古資料としてもまだまだ解明すべき点が多い。

　さらに，当時の塩生産との関係や，食文化における使用形態，民俗事例との関係など，この壺で生産されたり流通されたりした壺焼塩そのものに関しても明らかな点は少ない。また，「天下一」の号に見られる朝幕関係を含めた階層性など，豊富に存在する近世の史料をより一層活用すべき面もある。

　もちろん，この史料としての側面をも有する刻印を正当に評価するためには，安易な迎合は戒めるべきであり，むしろ刻印の印文をも対象とした史料批判などの手続きを経ることをも視野に入れるべきである。

（小川　望）

6 灯火具

1．灯火具とはなにか

　灯火とは，火をともした明かりの事で，万葉集など古代から登場する用語である。こうした火を用いた明かりの道具を，照明具研究者は「灯火器」と呼称している（深津・赤木1991）。ここでの「灯火器」という用語は，近代以降の石油・ガス・電気などの明かりは除外している。小林克は照明研究者のいう「伝統的」灯火器と近代以降の明かりも含めて，照明具と呼称している。この照明具は，明かりの道具として完結しているものと捉えている。そのため，こうした照明具とは，行灯や燭台，瓦灯などを言うが，光源となる道具と，それ以外の様々な付属品も含まれる（図1）。これは現代の照明具に例えるならば，電球という光源と，それを部品としている電気スタンドの関係に当たる。このような火を光源とした照明具＝灯火器の光源部品とされていたものを灯火具と呼ぶ[1]。

　灯火としては木材などを燃やす方式が古くから続き，様々な油を燃やす方式も古代より始まっている。蝋燭は，蜜蝋燭や松脂蝋燭が古代から作られ，いわゆる和蝋燭は中世後半には文献に登場し，江戸時代には日本各地に和蝋燭の産地が生まれた（深津1995）。油を燃焼させる灯火器は，様々な形態の灯台や灯籠が古代末から作られていたが，ここで主に使用される灯火具は灯盞式，つまり土器の小皿を二枚重ね，上皿で油を燃焼させるものであった。

2．研究史

　1970年代後半以降，江戸遺跡の発掘調査により，灯火具と考えられる特徴的な形態を持つ土器類が多数検出された。最初にこうした土器類について分析したのは，佐々木達夫[2]で（佐々木1978），日枝神社遺跡出土の灯火具について，形態と材質で分類した。続いて動坂遺跡〔文-1〕の報告書では「灯火具」と呼称し（佐々木達・佐々木花1978），灯火具には土器類を含めた広義の陶磁器類としている点が特徴的である。

　このような特徴的な土器群については，類似する形態の土器・陶磁器製品が民具資料で灯火具として確認され，絵画資料にも同様の形態を呈する資料

[6] 灯火具

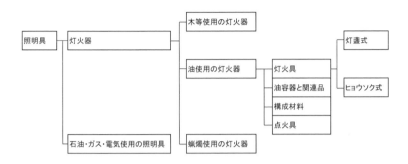

図1　照明具の分類と灯火具の位置づけ

が多く見られた。こうした他分野の資料との対比により，一定の形態的特徴を有する土器類や陶器類を灯火具と比定していったのである。つまり民具資料との形態的類似性，更には炭化物が口縁部付近に付着した資料も多数確認されたことにより，ある一定の形態を持つ土器群の用途が灯火具と類推され，認識されていったといえよう。

　1986年小林謙一らは，江戸遺跡出土土器資料全体の形態・材質からの分類案を提示し（小林謙・菅沼・両角1986），その上で形態分類された土器群の機能を「推定機能一覧表」としてまとめ，分類したいくつかの土器群を灯火具に比定している。これは，それ以前は暗黙の内になされていた，ある土器群に関して，その形態から用途を類推して灯火具と比定していたものを，その類推過程をより明確に示したといえよう。

　つまり灯火具とは形態分類された一群の資料群について，その用途を「灯火」と推定・比定したものである。これは民俗学で直接使用している実態を観察・記録した上での用途分類とは異なり，「形態から用途を比定した分類」といえよう[3]。都市江戸では，上記のような「形態から用途を比定した分類」により灯火具と比定された資料群について，長年の発掘調査事例の積み重ねの中で，確実に肯定されつつあり，民具との通時的編年も視野に入りつつある。ただし，以上のような分類方法によった類推方法のため，土器皿の一部や釜形土器など，分類的に判断しづらい資料が存在する。

　長佐古真也は受付受皿についての分析を行い（長佐古1993），遅くとも17世紀後半には江戸在地系土器生産地で灯火具が作られ始めたことを明らかに

93

Ⅱ.「江戸の土器」のいろいろ

した。両角まりは，年代的変遷の概要を示しつつ，在地系土器類の灯火具と陶器の灯火具との関係を論じた（両角 1992 a）。小林克は笹尾局之とともに江戸時代の明かりの道具について，伝世資料と考古資料を比較して出土資料の中で灯火具と考えられる資料を例示し，それが灯火器の中でどのような部位・機能を有しているのか示した（笹尾・小林克 1992）。次にまた小林克は民具資料を分類し，それを参考に照明具・灯火器・灯火具について用語を定義して，出土資料がどのような灯火具に比定できるのか示した（小林克 1994，小林克ほか 1995）。小川望はヒョウソク型土器に注目して分析を行い（小川 2002 a），小林克のいうヒョウソク式外口付き型Ⅲ類とした，吊下タイプのヒョウソクについても分析を行っている（小川 2002 b）。

3．分類と用途

　江戸遺跡から出土している灯火器について，民具資料の分類（小林克 1994 b）にあてはめて説明するが，これは形態分類した出土資料群の用途の比定である。主に油を使用する土器製の灯火具について説明する。なお，前述の長佐古により受皿などが，小川によりヒョウソク類の分類案が提示されている。

3-1 灯盞（トウサン）式　皿を二枚重ねて油を燃やし火を点す方式
　基本的に油を燃やす機能を持つ皿を，灯火皿[4]という。小皿を二枚重ねて，上の皿に灯油を入れ，そこに藺草の髄などの灯芯を浸して火を点す。江戸時代前半までは小さい土器皿を二枚重ねて使用したと考えられる。江戸時代を通じて，図2のように土器皿口唇部に炭化物が付着している資料があり，ここから灯火皿として使われたと類推される。下の皿は，図3,4のような受皿として特化された様々な形態のものが出土している。上皿（灯火皿），受皿ともに銀彩や透明釉をかけた資料が多く作られるようになるが，これは油の土器内部への浸透を止め，上下の皿が密着して破損するのを防ぐ工夫であろう。特に皿内面に円周形の受付（突起）を有するものがあり（図3），受付受皿には図4,5のように脚部を有するタイプがあり，更に受皿には，受付部分に切り込みが入るもの，脚部底部が反り上がり皿状を呈するもの（図5）など形態的に様々なバリエーションがある。同様の資料が陶器にも認められ

94

6 灯火具

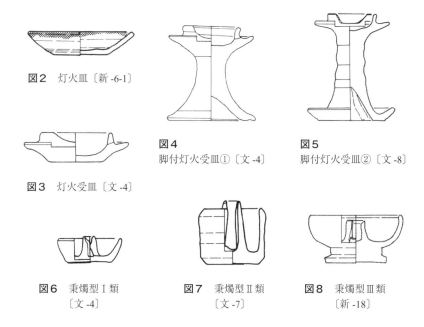

図2　灯火皿〔新-6-1〕

図3　灯火受皿〔文-4〕

図4　脚付灯火受皿①〔文-4〕

図5　脚付灯火受皿②〔文-8〕

図6　秉燭型Ⅰ類〔文-4〕

図7　秉燭型Ⅱ類〔文-7〕

図8　秉燭型Ⅲ類〔新-18〕

るが脚部径が大きく，内部が空洞となった脚付受皿は陶器だけで，土器製のものは確認されていない。

3-2　ヒョウソク式

　単独で完結し，灯火器としても使用可能な方式で，油を入れる容器内部に灯芯を設置する機能を有している。ヒョウソク式は，1．秉燭型，2．外口付型，3．芯穴付蓋一体型の3種類に分かれるが，銀彩や透明釉がかかったものもある。

　秉燭型は，皿状，または円柱状を呈する容器の中央部分に，円筒形または半円筒形，または舌状の突起を有し，そこに灯芯をセットし見込み部分の中で，灯芯押さえが無くとも燃え続ける事が出来るように工夫したものである。

　Ⅰ類（図6）は断面形態が皿状または碗状のもの。Ⅱ類（図7）は断面形態が方形又は長方形に近く，縦方向が長いもの。Ⅲ類（図8）は胴下部に括れを有し，台付のものである。更に脚部を有するものや底部に穿孔を有するものなどがあり，陶器のものもある程度出土している。また脚部の下部が皿状

Ⅱ．「江戸の土器」のいろいろ

図9　外口付型Ⅱ類
　　〔文 -4〕

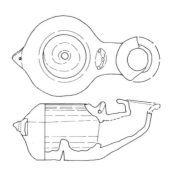

図10　外口付型Ⅲ類〔新 -18〕

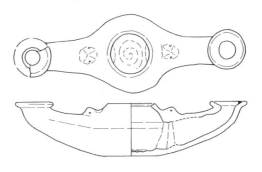

図11　外口付型Ⅲ類②〔新 -18〕

に開いた脚付受皿の一部の形態のものと類似している資料も存在する。
　外口付型は外側に向かって灯芯などを差し込む口が延びているもの。
　外口付型Ⅰ類 縦長の形状を呈し陶器だけである。
　外口付型Ⅱ類（図9）舌状に突出した部分に灯芯を設置し，そこから垂れる油は，そのまま下を通り，油だめに貯まる仕組みとなっている。壁や柱や灯台の支柱等に引っかけて使ったものと考えられる。民具資料に見られる灯台（短檠（たんけい））に使われている資料も本類に含まれる。
　外口付型Ⅲ類（図10，11）は，よくカンテラと呼称されているもので，広い口が片側（①）もしくは両側（②）に付く。多くの場合吊り下げて使ったものと思われ，照明具の八間など吊り行灯に使われた可能性と，直接吊り下

[6] 灯火具

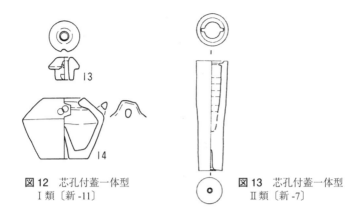

図12　芯孔付蓋一体型
Ⅰ類〔新-11〕

図13　芯孔付蓋一体型
Ⅱ類〔新-7〕

げて使われた可能性がある。また底部に穿孔を有するものがあり，蝋燭立てにも設置出来るようになっていたと考えられる。口径が大きい理由としては，人が多く集まる場所で使われたと考えられ，おそらく通常の藺草の灯芯よりも太いもの，例えば木綿布をよじったものを灯芯として利用したと考えられる。この方が燃焼時間は短いであろうが，より炎が大きく明るい。透明釉のかかった土器だけが確認されている。

芯孔付蓋一体型は蓋が付き，その蓋が灯芯通しにもなっており，蓋をねじり固定する。

芯孔付蓋一体型Ⅰ類（図12）は，断面形態は算盤玉状を呈し，底部に穿孔があり，吊り下げる事も，灯芯立てに立てる事も出来るものであり，透明釉の掛かった資料が確認されている。

芯孔付蓋一体型Ⅱ類（図13）は円柱形を呈し，蝋燭の形状を模しており，その構造から蓋を回転させて固定し，そこから灯芯を外に出して使用したものと考えられる（コラム⑦参照）。

3-3 その他の灯火器・灯火具

土器製灯火器として，瓦灯，吊下げ型灯籠が出土し，行灯の必要なパーツである油皿（図14）[4]などが土器製品して江戸遺跡から出土している。これらの資料は，瓦灯を除き，民具資料では土器製品は少ないが，形態的類似性から用途が比定されたものである。

Ⅱ.「江戸の土器」のいろいろ

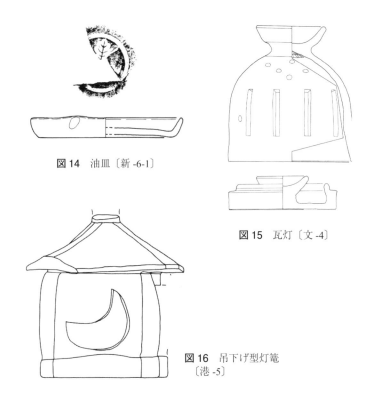

図14　油皿〔新-6-1〕

図15　瓦灯〔文-4〕

図16　吊下げ型灯篭
　　　〔港-5〕

　瓦灯（図15）は土製品であるが，民具資料では陶製のものも確認されている。図16のような吊下げ型灯篭は，土器製のものが何点か出土している。ただし民具資料をみると多くは金属製や，石，木材，金属が組み合わされており，江戸でもそうした材質の資料も多かったと想像される。油皿も民具資料では陶器や金属製品が多いが，江戸遺跡からは土器製の油皿が多く出土している。
　また土器皿の中心部に小さな穿孔がある資料は，燭台の蝋燭を立てる釘の上から設置すると考えられる。和蝋燭は蝋の溶け出しが多く，それを受けて貯め，再利用するために使ったと考えられる。
　江戸時代には油使用の灯台・行灯，蝋燭使用の燭台・提灯・雪洞など独自なスタイルの灯火器が多数生み出された。それに呼応して灯火具も多様な形態のものが生まれたと考える。灯火具は油を使う灯火器，または蝋燭と兼用

の灯火器において，光源として利用した場合が基本的には想定される。ただし，灯火具単体が灯火器として利用される場合もあったと考えられる。特にヒョウソク式については，単独での使用例が絵画資料にも認められ，単独での使用も多かったのであろう。

4．まとめ

　江戸時代中頃以降様々な形の灯火具が作られるようになる。名古屋の陶器の事例であるが，16世紀からみとめられる見込部分のロクロ痕を顕著に残す陶器小皿などについて，灯火受皿の可能性があると指摘されているが（小林克1994b），土器小皿にもその可能性は有ろう。陶製の受付受皿は，17世紀末から認められる。都市江戸で様々なタイプの土器の灯火具が多く確認されるのは18世紀以降である。土器製の受皿にも17世紀末のものが認められ，17世紀後半にまず陶器の受皿が作られ，続いて土器製の受皿が18世紀に入り作られ始めた事が想定される[5]。18世紀前半の受皿は脚の付かないものと脚付きのものが確認でき，多くが無釉であるが，一部に銀彩の施されたものが確認されている。鉛の透明釉がかけられたものは18世紀後半以降に出現する。

　乗燭類は18世紀半ばには無釉のものが認められ，その後，透明釉がかけられたものも作られる。陶器製のものも多く存在するが，名古屋城から皿内面に舌部を付けた17世紀後葉〜18世紀初頭の資料が出土している（佐藤ほか1990）。こうした舌付灯火皿や天目台型の灯火皿が乗燭類のルーツであった可能性を指摘したい。

　瓦灯は，土器製の灯火器であるが，江戸遺跡では17世紀中頃のものが確認されている。福井県・一乗谷遺跡，大阪府・堺環濠都市遺跡からは中世の例が出土しており，中世後半から存在していたと考えられる。

　また中国や台湾では，陶器製のヒョウソク式灯火具が出土しており，近隣諸外国との影響がどのように存在していたのか，今後の課題である。小林克は，脚付受皿についてオランダからの影響の可能性を指摘しているが（小林克1998），形態的類似性だけでなく，土器に透明釉を掛けるという技法がどのようにして江戸在地系土器に生まれたのか，明らかにしていく必要があろう。

　18世紀以降，土器製の灯火具は多種多様な形態を有し，様々な用途に特

II.「江戸の土器」のいろいろ

化したものとなる。この背景には灯火具を使う灯火器もまた多様な方式，形態のものが同時に生まれていたのである。特に土製品として多様な灯火具が作られた背景には，土器の自由度の高い可変性，耐熱性，入手し易さが考えられる。都市江戸では木造建造物が集中し，火災が多発しており，防火対策は重要な課題であり，その為に灯火具をはじめとして，火を使う多くの土器製の容器や道具類に様々な工夫がなされたのであろう。

(小林　克)

〔註〕
1) 小林克は以前の論考でこうした火を用いる照明具の光源部品を灯火器と呼んだこともあるが（小林克 1994 b），照明具研究者の呼称との混同を避けるため，近年は灯火具としている。
2) 佐々木は当該論文で「灯火具」として行灯や手燭を挙げており，小林克の言う「灯火器」の意味で使用している。そして「灯火具の内部に置かれる灯器」とあり，灯器と言う用語が，小林克の言う「灯火具」となる。
3) 出土した資料群について「用途分類」を行った例もあるが（井汲ほか 1991），本来的な用途分類とは，実際に資料類が使われているところを観察し，それに基づいて分類するものである。出土資料の場合はそうできず，形態などから用途を類推し，その上で用途により分類をおこなったものと理解される。
4) 何人かの考古学者は「油皿」という名称を用いているが，照明研究者は民具資料の名称として，行灯の下部に置くことの多い，油壺を置くための円盤状の皿を「油皿」といっており，混同してしまう。そうした混同を避けるためにも，火を燃やす皿という意味で，「灯火皿」を使い，油皿は油壺を置いたり，その上で油の各種処理をしたであろう円形の皿をいう。
5) 年代観については，小川望の論考（小川 2001 a）を主に参考とさせていただいている。

「蝋燭形秉燭」について

　「蝋燭形秉燭」は，内部に油を入れ灯芯に火を灯す構造の灯火具の中で，蝋燭を模したように体部が細長い形状のものである。江戸遺跡からは紐状の灯芯を支えるための，筒状の灯芯立の有るもの（図1，2），無いもの（図3，4），蓋状の灯芯立が伴うと考えられるもの（図5）など様々な形状のものが確認されている。さらに，ロクロ成形（図1-4），型押成形（図5），手づくね成形，蝋燭を意識し外面に白化粧の施されるもの（図3），ミガキ調整があるものなど，成形や調整方法にも様々なものが見られる。また，胎土に砂粒を多く含むものなども確認されており，製作方法と併せ考えると，製作地が複数存在するように思われる（石井 2017）。江戸遺跡では17世紀後半以降から出土しており，その形状などから蝋燭の代用として，蝋燭用の燭台や手燭，提灯などに用いたと推定されている（江戸遺跡研究会 2001）。

　江戸遺跡で出土する「蝋燭形秉燭」の量は，灯火具の中では少なく，当時の人々の生活の中ではどのような存在であったのだろうか。高価な蝋燭の代替品としてや，間に合わせに簡易的に用いられたのかなど，当時の人々の蝋燭への思いを垣間見せる遺物である。

　　　　　　　　　　　　　　　　　　　　　　　　　　　　（石井たま子）

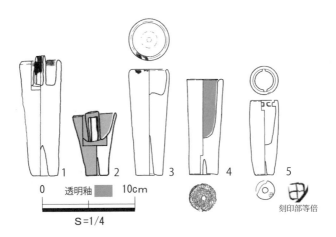

図　蝋燭形秉燭の出土例（縮尺 1/4）
（出典：1：〔豊23〕，2：〔港51〕，3：〔新67〕，4：〔新130〕，5：〔港110〕）

7 植木鉢

　植木鉢は江戸在地系土器の中でも用途に特化した器種の一つであり，個人の嗜好を反映しやすい器種でもある。江戸遺跡では江戸後期では量に多寡はあるものの，普遍的にみられる器種ではある。

1．定義
　底部に穿孔のある鉢形土器と，それと同器形もしくは類似する器形で無穿孔のものとした。穿孔は底部のほぼ中央に1箇所である。なお鉢形土器は上方を開口し，器高が最大径の1／3以上のものとする（両角1992a）。

2．研究史
　用途が一目瞭然の器種であり，型式変化に乏しい器種であるせいか，あまり活発な議論は展開していない。研究の端緒となったのは，近世の江戸の植木屋の故地とされる豊島区染井遺跡出土の植木鉢の考察である（加納1990）である。この後瓦質植木鉢の分類案が提示され（小林謙1990b），1992年のシンポジウム江戸出土の陶磁器・土器の諸問題で，江戸在地系土器の鉢形土器類に含まれる植木鉢類として位置付けられた（小川望1992b，両角1992a）。この後は，瓦質植木鉢や無穿孔の土師質植木鉢等，器種を限定しての検討（鈴木1995a，小川祐司2009）や，植木屋推定地での植木鉢の材質別の組成の検討（土田2006，成田2010・2015）があげられる。

3．分類

3-1 胎質
　基本的には素焼きで，土師質と瓦質がある。瓦質は2種に大別され，軟質と硬質にさらに分けられるが，この分類は火鉢の胎質にみられる軟質瓦質と硬質瓦質に対応するものではなく，硬質瓦質をさらに目視により柔らかい（軟質）と硬い（硬質）に分類すれば，との意である。また土師質で鉛釉（色は透明と黒色がある）で施釉されたものも含めた。

3-2 器形（図）

小川望1992bを基本に5種8分類とした。なお各分類の実測図を図示した。

- **1類** 口縁部が強く外側に外反する。外反の度合が強く，鍔状になるものも多く，口縁部の上側は平坦になっている。器形は大型のもの（図1A）は，寸胴形であり，小型のもの（図1A-2）は，やや細長い形である。
  A．穿孔無し
- **2類** 端反形で，口唇部は丸味を帯びる。口縁部の外反の度合は1類より弱く，土師質と瓦質がある。
  A．穿孔無し。土師質のみである。
  B．焼成前の穿孔あり。土師質と瓦質がある。
- **3類** 口縁部は直立する。口唇部上端は平坦か内傾する。平らになっているものは口唇部が外側に張り出して上下左右逆「L」字形を呈するものもある。瓦質のみ。
  B．焼成前の穿孔あり。
- **4類** 口唇部が肥厚し，全体的に器壁が厚く大型品が多い。瓦質のみで硬質。
  B．焼成前の穿孔あり。底部の糸切痕は不明瞭で，輪もへその部分もはっきりしない。また，穿孔に要する工具も他のタイプと違い，筒形の工具で上（容器の内側）→下に向けて施されたと推定する（鈴木1995a）。
- **5類** その他の器形
  Aa．穿孔無し（図10は焼成後穿孔）。口縁部直行。口唇部は丸い。土師質。
  Bb．焼成後の穿孔。鍔縁で3足。土師質。施釉土器で，図掲載資料は鉛黒色釉である。器形も掲載資料より細長い器形のものやサイズの小さいものもある。

3-3 成・整形

1～5類は共にロクロ成形で，外面底部は無調整（糸切痕を残す）。但し3B・4B類は口唇～口縁部の形を整えるために，横撫で調整を施している。また3B類は口径12cm以上のものは，口縁部が肥厚し（図7），それ以下だ

Ⅱ. 「江戸の土器」のいろいろ

図　植木鉢の分類と変遷
1・3. 尾張藩上屋敷遺跡Ⅲ〔新 -61〕62-3Q-2　　2. 巣鴨町Ⅳ〔豊 -22〕67号遺構
4. 尾張藩上屋敷遺跡ⅩⅡ〔新 -153〕63-3I-1　　5. 尾張藩上屋敷遺跡ⅩⅡ〔新 -153〕71-3I-7
6. 萩藩毛利家上屋敷遺跡〔港 -47〕57-1S-1　　9・10. 巣鴨町ⅩⅠ〔豊 -47〕37号遺跡
11. 尾張藩上屋敷遺跡Ⅴ〔新 -84〕49-5A-1

と口唇部が内傾するものが多い。底部の焼成前穿孔の穿孔方法は，先端が尖る小刀状の工具等により上→下（内面→底部外面）に粘土を抉りとって穴を開ける（製品は外面側より内面側の方の直径が大きいものが多いことからの推定）。但し前述のように4B類の穿孔は筒形工具であり，糸切りに使う「糸」も相違している可能性が高い。5Bb類の3足は，各々型押しで別成形の部品を貼り付けているものもある（図5Bb）。

3-4 サイズ分化

流通・販売に係る項目であり，同時に生産にも関係する。結論的には寸と5分単位で製作されていたと推測する。文京区駒込の伝中の植木屋出土の瓦質植木鉢の分析では（土田2006），口径8.3〜37cmのものがあり，これらは3〜12寸に該当し，量的に多いのは4.5〜6寸（13〜18cm）としている。また文京区小石川の小石川樹木園根圏観察温室地点では（大貫2012），まとまって出土した瓦質植木鉢の分析が行われ，口径11.5〜15cm未満（4寸5分）が最も多いとされる。これらの検討では口径の分布グラフから寸法を割り出しているが，バラつきは大きい。このバラつきの大きさは，やはり口径ごとにまとめた枚数で販売されていたと推測されるかわらけでも同様に認められる現象である。おそらくは窯炊きごとの単位で，その寸法の製品と決められて流通・販売されていたのであろう。

3-5 釉

基本的には素焼きで無釉である。5Bb類の図掲載資料は鉛黒色釉が外面に施釉される。他にも同類で外面に白化粧し，呉須で絵付けし，鉛透明釉を施すものもある。人形・ミニチュア類にも白化粧後に絵付けし，鉛透明釉を掛けるものがあり（ものによっては絵付なしで，鉛透明釉を施すものもある），同時期性を物語るものであろう。同時代では陶磁器製の植木鉢もあり，これらの中には呉須や鉄での絵付がみられるものもある。ただ土器植木鉢では，文様のある製品はほとんどみられない。

4．変遷と画期

出現期から近代初頭まで以下の3期を設定した。なおここでの資料は（図掲載の資料も含めて），遺構一括遺物の年代観が整理されている新宿区市ヶ谷の尾張藩上屋敷跡遺跡のものを主に使用した。

Ⅰ期　18世紀第3四半期。底部に穿孔のない1A類の出現。口縁部が強く外反する形は，ほぼ同時期に出現する瀬戸・美濃産陶器の鍔付植木鉢の模倣とも捉えられる。この陶器製鍔付植木鉢は焼成前の穿孔のある専用器としては初現のものであり[1]，その出現期は18世紀第4四半期とされる。土器製の1A類が先行する可能性はあるものの，ここではほぼ同時期であることに重きをおきたい。掲載した資料(図1・2)の廃棄年代は共に，ほぼ1770年代であることもそれを補強する。

Ⅱ期　18世紀第4四半期。瓦質植木鉢が出現し，土師質・瓦質共に焼成前穿孔タイプ（2B類）が現れる。2B類は以降主流となる端反形の器形でもあるが，土師質と瓦質では口縁部の形がやや相違し，特に瓦質製品はこの後口縁部形態は独自の変化をみせる。なお2B類は胎質による出現時期の差はそれほどなかったと考えられる。また土師質で焼成前穿孔のない端反形のもの（2A類）はこのままⅢ期まで存在するようである。

Ⅲ期　19世紀第4四半期。近代最初期にあたるが，4B類が出現する。4B類は大型の瓦質の製品であるが，成形法（特に糸切り技法）や穿孔法に変化がみられ，胎質も硬くなることから窯構造にも変化があったのかもしれない。Ⅱ期と比べて大型製品が多く出土するようになり，それに比例するように器壁の厚いものが増加する。器形も浅形や楕円形等今までになかった多様なものが現れる。三足の付く5Bb類もその範疇ではあるが，これは磁器製の植木鉢と共通する形態への指向が窺える器種である。

5．出土様相―植木屋の場合

　植木鉢の流通を考えてみた場合，生産地―販売店―消費者と一般的な陶磁器類のとる流通過程と違い，生産地からの分化として，栽培者兼販売店の植木屋があり，植木屋は同時に植木（植木鉢）の販売主ともなる。
　江戸城北方の近郊に位置する豊島区での植木屋の発掘事例では大量の植木鉢が出土している。植木鉢の材質は陶磁器・土器と様々であるが，発掘地点によって，材質ごとの様相にかなりの差があることがわかってきている。こ

の植木屋の敷地出土の植木鉢を検討した結果以下のような特徴がみられるという（成田2015）。1点目は遺構一括資料の中の植木鉢（園芸用具）の比率は，18世紀後半以降植木屋であった地点では（焼成前穿孔のある植木鉢専用器種の出現以後ということ），出土陶磁器・土器の6～8割を植木鉢が占めている。ちなみに非植木屋地域での比率は1割以下である。2点目は遺構一括資料の中での材質別植木鉢の比率は，18世紀後半以降で植木屋であった地点（資料数が破片で1000点以上ある遺構）では，土器植木鉢が占める割合は5～9割である。出土陶磁器・土器の中で最も多い。かなりの差がみられるのは，植木屋ごとに栽培品種が違っていたとの指摘がなされている。なお他の材質の比率は磁器は2%以下，陶器で1～5割である。

植木屋は，江戸市中での鉢植え植物の流行をつくり出す場所であることから，その植木鉢消費の動向が窺えるともいえる。

6．生産地

近代最初期の東京の物産一覧に以下の記述がみられる。

「坂本村（筆者註：江戸府内の北部，現台東区の北半部）　牽牛花（筆者註：あさがお）100,000鉢，土焼牽牛花鉢10,000個」（1872年〈明治6〉，江戸東京博物館1999所収の『東京府志料にみる明治初期の物産一覧』）。旧坂本村では現在でも毎年初夏になると真源寺の門前で「入谷の朝顔市」の名称で鉢植えの朝顔が売られ,沢山の人出で賑わう。またこの地域は『新編武蔵風土記稿』（1830年〈天保元〉）に，「農隙に専ら土器を造る是を入谷土器と唱へ土地の産物とす」とあり，土器生産地としての記載がある[2]。数字を信じるには疑問はあるが，この『東京府志料』の他の地域では「牽牛花」の文字はみられないことから，この地域のみの特産品であったと考えられ，それは「土焼牽牛花」とセットで栽培，あるいは販売していた可能性がある。この記録の年代は1872年であるが，地域の状況は江戸後期まで遡り得る史料と推測する。

植木鉢は年代からみれば，18世紀後半になって出現する江戸在地土器では新しい器種である。逆に江戸初期には生産されていたが，江戸後期には出土量が減少する器種もある。かわらけがその代表である。どちらもロクロ成形であることから，かわらけの生産集団が植木鉢生産に移行したのではないかとの見方もある（小川望1992b）。

（鈴木裕子）

Ⅱ.「江戸の土器」のいろいろ

〔註〕
1) これより以前の陶製植木鉢は同じく瀬戸美濃産の半胴甕の底部に焼成後に穿孔を施していた。この加工は染井の植木屋で行われていたことがわかっている（豊島区教育員会 1990）。有穿孔の植木鉢専用器がこの時期を初現とする背景には，江戸市中での鉢植え栽培の流行があるとみられる。
2) 江戸府内では東京低地のこの入谷（坂本村近辺の俗称，現在は町名で復活）と東側に接する今戸地域（現台東区北東部））と，さらにその東南側の隅田川東岸域が土器・瓦の生産地域とされる。

8 人形

1．概要

　人形は元来，信仰や呪術性の強い精神的なものとして使われてきた。発掘調査では陶磁製，土製，木製，金属製の人物，神仏，動物が出土する。型成形と手づくね（手びねり）の陶製，土製が主体である。江戸遺跡では17世紀中頃以降に西行が出現する。17世紀後半から末頃は天神，恵比寿天，大黒天や猿など民間信仰に関わるもの，18世紀になると，雛人形に代表される節句物が出現し，18世紀後半から愛玩的な人形がみられる。18世紀末以降，モチーフと出土量が増加し，都市江戸に暮らす人々に広まった。生産地ではいわゆる「今戸人形」が知られているが，京都伏見稲荷大社の土産物として派生した「伏見人形」も出土している。

2．分類

　人物は西行，裃人形，力士，坊主人形，虚無僧，福助，姉様，太夫，三味線弾き，唐子，ぶら人形，童子物，神仏は天神，恵比寿天，大黒天，布袋などの七福神，仏像，動物は狛犬，猿，犬，馬，狐，牛，猫，兎，鼠，鳩，鶏，鴛鴦，亀，蛙，鯉，金魚，蝉など多種多様にのぼる。これらのなかには釣人，魚，蛙，亀など，箱庭の添景として用いられるものがあり，その用途は一様ではない。
　今回は陶器（軟質施釉陶器），土器（施釉土器）を取り上げる。胎土色は，白色系と橙色系の胎土に大別される。白色系には淡黄色，浅黄色など黄色味を帯びるものがみられ，橙色系も含め，色調の明暗，濃淡が認められる。白色系の胎土には細粒白色粒子が含まれる。
　主成形は型成形，手づくね（手びねり）に大別されるが，なかには両成形技法を併用したものもある。型成形は一枚型と二枚型があり，小型で造作が精巧なものは木型と考えられる。二枚型は型の内部が空洞になる「中空」とそうではない「中実」に大別される。中空の製品には持ち主に長寿をもたらす生石の代用であろうか土を球状に丸めた土玉が納入されているものがある。底部は小さな孔が穿孔されているものと大きく開口するものがある。型

Ⅱ.「江戸の土器」のいろいろ

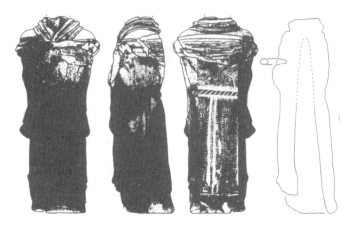

図1 東京大学本郷構内遺跡医学部附属病院入院棟A地点〔文-149〕(縮尺1/4)

に詰めた粘土を抜きやすくするために振りかけられた雲母（キラ）が残っているものがある。装飾は素焼きのものと施釉されるものがある。胎土色と施釉との関係をみると，白色系には黄釉，緑釉，鉄釉，飴釉，橙色系には透明釉が施釉されている。また，背面や底部など目立たないところに生産地や生産者を知る手がかりとなる刻印が捺されている。生産地は胎土色や胎質の特徴から江戸在地系と京都南部に位置する伏見・深草地域に大別される。両生産地では三味線弾きや飾り馬など同一モチーフの土人形が製作されている。

3．研究史

　江戸遺跡出土の土人形，玩具類については，安芸毬子による研究がある。氏は成形方法，分類（安芸1990・1991・1992・1994・2006）や時期的変遷（安芸2008）を提示し，江戸遺跡における土人形，玩具類研究の根幹をなしている。東京大学本郷構内遺跡では資料化に向けた分類（安芸・小林・堀内2012）と年代的推移（小林照子2012b）が提示されている。小林照子はCT（コンピューター断層撮影装置）を用いて，西行の成形技法を明らかにし，その製作に瓦職人が係わったことを指摘している（小林照子2016）（図1）。生産地や製作者については，京都三年坂表採資料を含めた胎土分析（千駄ヶ谷五丁目遺跡調査会1997）や刻印や箆書きからのアプローチがある（中野1998b）。

江戸遺跡以外の近世遺跡でも出土している「亀」在印資料は，江戸とそれ以外ではモチーフが異なっており，江戸遺跡における出土量が突出していることから江戸市場に向けた商品であったと考えられる（中野 2005・2009）。江戸遺跡以外では大坂（平井 2001，川村 2008・2010・2015），京都（能芝 2008，加藤 2016）で研究が進められている。また，考古資料から郷土人形にわたる研究がある（浦野 1991・1993・1995a・1995b）。

4．生産地

4-1 伏見人形

　伏見・深草周辺は，古代から土器の生業が行われている。山科言継の『言継卿記』（天正十年二月五日（1582 年）には初午に稲荷社を参詣し，子どもの土産に「ツボツボ」，「土器スリコハチ」を買ったとの記載がある。これらは 17 世紀前半代の京都，大坂で羽釜，土鈴とともに出土している。

　土人形作りは伏見城築城に際し，各地から移住させられた瓦職人の技術が係わっているとされる（山田・小橋 1972）。江戸時代，伏見街道（現本町通り）沿いは，臨済宗東福寺や伏見稲荷大社の門前町屋として賑わっていたことが知られている。発掘調査では伏見稲荷大社の北側にあたる本町二十丁目調査地点から桶窯や製品，製作に関わる原型，土型，道具類が確認されている。江戸時代に創業し，明治時代末期に転業した人形屋「ふくち屋」跡とされる（京都市埋蔵文化財研究所 2011）。

　江戸時代後期の農学者である大蔵永常著『広益国産考』（弘化元年（1844））の「伏見人形拵え様」（図 2）には，粘土作りから彩色作業までの工程が描かれている。「人形の形をこしらへる図」は原型の布袋に粘土を押し当て，土型を製作する場面である。塑像である原型には刻印も予め陽刻される。「人形彩色仕立あげの図」では火鉢の上で暖められた顔料を下塗りした人形に彩色している。考古資料にみられる「亀」印は 4 代にわたり京焼の陶工であった欽古堂亀祐（中村家）（図 3）に関わるものとされる（コラム⑧参照）。型物を得意とし，その技巧の高さから原型師でもあったことが知られている。また，「ふくち屋」跡からは，中村家の親戚にあたる中村治兵衛を示す「綿治」銘の土型が出土している。この他，伏見城下町遺跡の日蓮宗真福寺跡からは欠損が少ない伏見・深草産の土人形類が出土しており，モチーフや時期的変

II.「江戸の土器」のいろいろ

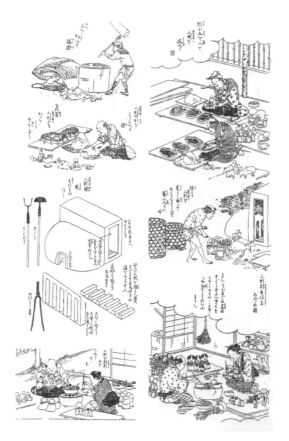

図2　『広益国産考』六之巻　伏見人形拵様

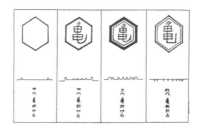

図3　『欽古堂亀祐』（広田 1971）

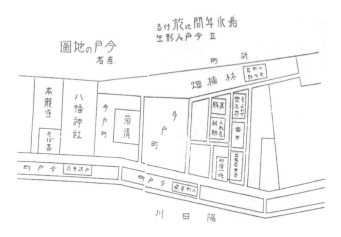

図4 嘉永年間に於ける今戸の地図並今戸人形生産者
『郷土人形大成』第一巻東京篇（有坂1935）

遷などが明らかになりつつある（京都市埋蔵文化財研究所2007）。

4-2 今戸人形

　隅田川の右岸に位置する台東区今戸地域を含む隅田川両岸域で作られた広義的な名称である。今戸における発掘調査は行われておらず，その実態は明らかではない。土人形は江戸時代中期から作られ，素焼きされたものに彩色するものと彩色後に透明釉を施釉し，低下度焼成されたものがある。最盛期の天保期（1830〜1844）には土人形を商う店が50軒にものぼったという。嘉永年間（1848〜1853）の「今戸人形生産者地図」（図4）（有坂1935）には八幡神社（現今戸神社）周辺に11名が記されている。このなかには考古資料の印銘と一致する生産者がみられる。また，文政5年（1822）に再興された今戸神社の狛犬の台座の碑文には世話人と火鉢屋，土器屋，焙烙屋に分かれた同業者組合の名がみられる。世話人の金澤喜太郎は明治時代から昭和初期まで今戸の人形屋であった尾張屋金澤謙吉，春吉親子の先祖にあたる。

　発掘調査では型や焼成に関わる資料が街道沿いから外れた旗本屋敷，下級武士の屋敷から確認されている。内職，副業などの生産体制も存在したことが窺える。天保3年（1832）刊『玩具聚図』によると，彩色は牡蛎殻を潰し

Ⅱ．「江戸の土器」のいろいろ

図5 東京大学本郷構内遺跡医学部付属病院入院棟A地点〔文-149〕（縮尺1/4）

図6 東京大学本郷構内遺跡御殿下記念館地点〔文-9〕（縮尺1/4）

て粉末にしたものを膠で溶いた胡粉を下地とし，群青，臙脂，鉛丹，朱，緑青，ベンガラ，黄，墨などの顔料が用いられていた。

5．編年

　江戸遺跡における初現は，寛文5年（1665）〜天和2年（1682）に位置づけられる文京区東京大学本郷構内の遺跡医学部附属病院入院棟A地点〔文-149〕から出土した2点の「西行立像」（図1，5）である。「西行立像」は瓦質で残存高が12.6cm，20.8cmと大型である。差し込み式の頭部と体部からなり，体部は板状に成形した粘土板を芯材に巻きつけている。この技術は丸瓦と同じ技法であり，瓦師の関わりが指摘されている（小林照子2016）。これらは差し込み式の頭部は失われ，1点は井戸から布に包まれた状態で出土している。また，ほぼ同時期に文京区柳沢家駒込屋敷跡からも出土している。残存高は15.1cmを測り，差し込み式の首部は失われている。背中を反っているのが特徴的である。共伴遺物に梅鉢文の軒丸瓦（剣のあるものとないものの2種）が認められることから柳沢家が拝領する元禄8年（1695）以前の前田家中屋敷期（1657年以降から天和3年（1683）上地）に伴うものと考えられる。出土時期と大きく隔たりがあるが，西行には『嬉遊笑覧』（天保元年（1830））には盗難除け，『御手遊ひな人形の故実・并禁厭条目録』（嘉永六年（1853））には稲荷信仰の記載がみられる。

　「西行立像」の他には，文京区東京大学本郷構内遺跡の御殿下記念館地点〔文-9〕から出土した袴座像と法被を着た「坊主人形」がある（図6）。袴座像は

⑧ 人形

図7　節句人形
鹿島市神野遺跡（縮尺 1/4）

中実であり，二次焼成を受けている。「坊主人形」は旧来，「白肉人形」と呼ばれた人形である。精製された白色を呈し，墨による頭髪，袖口に朱色の彩色がある。精巧な造作で，頭部，胴部，手足が別作りで円柱状の穿孔が穿かれた胴部に貼り付けられている。宮中や公家の間で愛玩された御所人形に影響を受けたものと考えられる。

　17世紀末以降，土人形を専門とした生産者が出現する。二枚型による量産化を背景に出土量も増加する。当初は学業成就や習字の上達の神であった天神，福神の恵比寿天，大黒天，布袋，猿，狐など民間信仰に関するものが中心である。なかでも猿は山王の使い，庚申信仰，厄除け（災難が去る），火伏，水神，厩の神様とされ，神猿，三猿（見ざる，言わざる，聞かざる），馬や舟，巾着袋に乗った猿など多種で江戸時代を通じて出土するモチーフである。

　18世紀前半から中頃に節句関係の人形が加わる。18世紀中葉頃にあたる茨城県鹿島町（現，鹿嶋市）神野遺跡（定額寺跡）（図7）の幼児を葬った二基の墓から人形がまとまって副葬されていた。人形は袴人形，島田髷を結った姉様，太夫である。袴人形は若衆髷を結った面長顔と坊主頭で丸顔の2種がある。座像である袴人形と姉様は，共伴していたミニチュアの磁器皿と小瓶を鑑みると男雛と女雛と理解される。本例は江戸から遠く離れた農村域まで江戸在地系製品が流通していたことを示す興味深い事例である。港区長岡藩牧野家墓所〔港 -3〕の厚姫（享保17年（1732）没）（図8）の墓から春駒を持つ人形が出土している。薄黄褐色の手びねり人形で台座裏に「粟田口焼物師」銘が刻まれている。歌舞伎の所作事であり，春駒を手に踊っている。人

115

Ⅱ.「江戸の土器」のいろいろ

図8　春駒
済海寺牧野家墓所〔港-3〕（縮尺1/4）

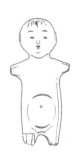
図9　ぶら人形
日影町遺跡〔文-35-2〕（縮尺1/4）

形製作に京都の粟田口地域が関わっていた具体的な資料として注目される。

18世紀後半以降，人形はモチーフが多種多様となり，18世紀末以降に出土量が増加する。福助，稲荷狐に代表される開運招福，乗り物酔いに効果（舟上でも深編笠を外さない）がある虚無僧，安産祈願や子宝，子供の守り神とされた狆（犬），疱瘡除けとされるいわゆる赤物などが出現する。江戸遺跡を中心に出土するいわゆる「ぶら人形」（図9）は，体部に別々に作られた手足を紙や布，縮緬などで繋いだ動態人形である（コラム⑨参照）。

19世紀前半には刻印資料が出現する。京都系では「亀」印，江戸在地系では「楽」印，「楽正」印，「楽清」印，「楽源」印，「橋金」印，「弁司」印，「二」印，「三」印などがある。商品分化や価格格差が発生したものと考えられる。さらに「土用の丑」のように商との関連を示す人形が登場する。「紅牛」は寒紅を販売した化粧商と結びついたものである。寒中の丑の日に購入した紅は特に塗りが良いとされ，買い求めた客に購入量に応じて頭部に宝珠を乗せた大・中・小の臥牛を渡した。流行物を商品化したものには，弘化4年（1843），河原崎座で上演された「とてつる拳」の人形がある（図10）。現代の「ジャンケン」に通じる庄屋・猟師・狐で一組となる狐拳（三すくみ）遊びである。庄屋と猟師では庄屋の勝ち，猟師と狐では猟師の勝ち，狐と庄屋では狐の勝ちとなる（江戸遺跡研究会2017）。

6．研究の意義と課題

　土人形は呪術，信仰，縁起物，年間行事，教訓物，流行など都市江戸に暮

らす人々の日常のありようがそのまま題材となっており，習慣や風俗などにアプローチすることが可能な資料である。その一方，生産地が詳らかではないこと，耐久性が低いため，量的把握が困難などの課題がある。今後は全国各地に郷土人形として伝わるまでの文化あるいは社会的背景を明らかにすることがあげられる。

（中野　高久）

図10　三竦み
上：東京大学構内遺跡工学部14号館
　　地点〔文-79〕（縮尺1/4）
下：南町遺跡〔新-25〕（縮尺1/4）

II．「江戸の土器」のいろいろ

─ コラム 8 ─

「亀」在印資料

　「亀」在印資料はミニチュア類・土人形にみられる刻印のひとつである。胎土色は白色系で軟質である。胎土に白色細粒粒子が含まれている。モチーフは皿，鉢，瓶類などの器物と童子物，三味線弾き，天神，飾り馬，鯛持ち恵比寿，福助，金魚，鳥などの土人形がある（図）。成形は型成形で前後あるいは上下の二枚型を合わせている。

　刻印は器物の高台内や裏面，人形の背面や底部など目立たない場所にみられる。刻印形態は一重亀甲枠「亀」印，二重亀甲枠「亀」印に大別され，それぞれに図案化された「亀」印が含まれる。江戸遺跡では19世紀第2四半期には出現し，大名屋敷，旗本屋敷，組屋敷，寺院，町人地などで普遍的に出土している（中野2005，2011）。推定生産地は江戸在地系とされる褐色系胎土とは異なり，京都市内の出土資料と胎土色，胎質が類似することから京都系と考えられる。

　「亀」印は京都伏見に在住した原型師で陶工でもあった欽古堂亀祐と深く関係するものと考えられる。子孫の方に伝わった原型を観察すると，「亀」印は予め原型に陽刻されている。つまり，考古資料にみられる刻印は，原型から元型を作る際に一旦，陰刻の状態になるが，元型に粘土を詰め，二枚型をおこす際に再び，陽刻として現れることになる（中野1998b）。

　江戸遺跡以外では愛知県名古屋城三の丸遺跡，京都府京都市，大阪府堺市，徳島県徳島市，山口県萩城跡，福岡県北九州市などで出土している。各地域における発掘調査件数と出土事例を比較すると，出土量が非常に少なく，江戸遺跡では確認されないモチーフがみられるのが特徴である（中野2009）。このような状況から「亀」在印資料は，都市江戸市場に向けた商品であり，江戸市場の需要に応じたモチーフを選択して生産されたものと考えられる。

　　　　　　　　　　　　　　　　　　　　　　　　　　　　（中野高久）

〔台-15〕　　　〔文-79〕　　　〔港-6〕
　　　　　　　　　　　　（縮尺：1/4）

図　「亀」在印資料

ぶら人形について

　江戸遺跡では，人形（ひとがた）や動物の形をした土人形が出土する。その中で「ぶら人形」と呼称される土人形について紹介する。
　「ぶら人形」とは裸体の幼児を表現したものである。発掘調査では手足が遊離した状態で出土するが，本来は布もしくは紙で手足を繋いだ可動式の人形と考えられている。主に18世紀後半〜19世紀後半の遺構から出土し，出土量は19世紀前半が最も多い。
　成形技法は頭部から体部は2枚の合わせ型による成形で，その中に土玉が入っているものもある。体部の足の付け根の左右どちらかに孔をもつ。手，足先は手びねりである。大きさはおよそ9cm〜15cm内のものが多くみられる。また，耳があるものや下腹部に性別の区別がみられるものもある。その他，墨で目や眉，鼻や口，髪を描いたものも出土している。
　出土状況は武家地や町人地，墓からも出土しており，手に持って弄ぶような愛玩具あるいは墓の副葬品として用いられていたと考えられる。その出土分布は御府内かその近郊のみに限られる傾向が窺えることから，江戸のくらしや文化を窺い知るうえで重要な遺物と考えられる。

（喜多裕美子）

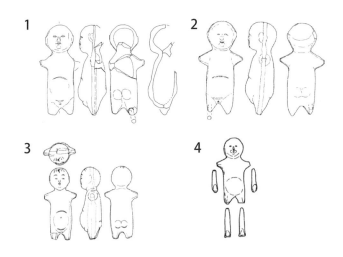

図　ぶら人形
1. 18世紀末〜19世紀初頭〔文-79〕　　2. 19世紀後半〔文-79〕
3. 19世紀初頭〜19世紀中葉〔文-35-2〕　　4. 19世紀後半〔台-10〕

9 ミニチュア類

1．概要

　ここではミニチュア類として器物，建造物を取り上げる。器物や模造銭貨などは一般的な生活道具，建造物は実際の建造物をモデルとして製作された小型の製品である。

　器物の多くは「飯事道具」とされる。ままごとの「まま」は飯，「ごと」は古語で事，つまり祭りなど行事のことで，雛遊びに用いられたことが知られる。子どもがミニチュア類の道具で実生活をまねる遊びは江戸時代に定着したとされる。考古資料には造作が精巧なゆえに，実用品か非実用品か判断し難いものが存在する（中野2013a）。

　建造物には趣味的な要素が強いものがあり，建物（庵，塔），橋，灯籠，鳥居など「箱庭道具」とされる一群がある（図1）。これらは人形に分類されている釣人，魚，蛙，亀，水鳥などともに添景を成したものである。箱庭は当初，浅い皿や鉢，木製のお盆などに飾られたが，18世紀末頃になると，専用容器とされる「仕切盤」が出現する（図2）。

2．分類

　器物は碗，皿，鉢，瓶，壺，片口鉢，銚子，土瓶，急須，涼炉，香炉，風炉，

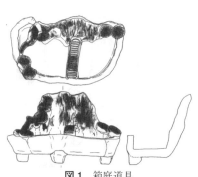

図1　箱庭道具
市谷砂土原町三丁目遺跡〔新-119〕
（縮尺 1/4）

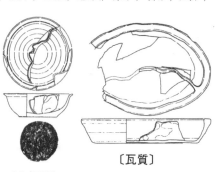

図2　仕切盤
左：筑土八幡町遺跡〔新-45〕
右：南町遺跡〔新-25〕（縮尺 1/10）

⑨ミニチュア類

図3 土型 浅草駒形二丁目遺跡駒形一丁目8番地点〔台-66〕（縮尺1/4）

鍋，釜，蓋，擂鉢，シチリン，焜炉，挽臼，竈，盃台，硯，水滴，銭貸など生活道具を写したものである。その一方，仏飯器，鬢水入れ，溲瓶，テアブリ，十能，秉燭，瓦灯，内耳ホウロクなどは確認されていない。建造物は御社，祠堂，塔（二重塔・三重塔・五重塔），入母屋造りの屋根，鳥居，灯籠，寄棟造りの庵，中門，袖垣，橋，大型の城郭関連（城門・城壁・櫓・石垣階段他），山景などが認められる（安芸2001，中野2010，安芸・小林・堀内2012）。

材質は磁器（染付・色絵・白磁），陶器，炻器（焼締陶器），軟質施釉陶器，土器（瓦質・土師質），施釉土器，石製などがみられる。考古資料では軟質施釉陶器，土器，施釉土器が多くみられる。これらの胎土色は白色系と橙色系に大別される。白色系には淡黄色，浅黄色などがあり，橙色系も含め，色調の明暗，濃淡があり単一ではない。また，白色系には細粒白色粒子が胎土中に含まれる。

主成形は型成形（型押し成形・型打ち成形），ロクロ成形，手づくね（手びねり）に大別されるが，なかには銚子のように本体を型成形，把手部を手づくね（手びねり）とパーツごとに異なった成形技法を併用しているものがある。また，底部や側面など目立たないところに生産地や製作者などを示す刻印が捺されている。

生産地は胎土色や胎質の特徴から肥前，瀬戸・美濃，京都，京都・信楽，備前，丹波，堺，江戸在地系など各地で生産されている。江戸在地系では隅田川西岸の台東区今戸地域が知られているが，台東区西町遺跡〔台-20〕（旗本屋敷），台東区浅草駒形二丁目遺跡〔台-66〕（町人地・図3），台東区元浅草遺跡〔台-1〕（武家屋敷）では土型，新宿区住吉町遺跡〔新-37〕では蓋物蓋を焼成した痕跡が残るホウロク（図4），土型が製品とともに多く出土した墨田区江東橋二丁目遺跡〔墨-5〕など武家の副業としての生産も行われていた。

Ⅱ．「江戸の土器」のいろいろ

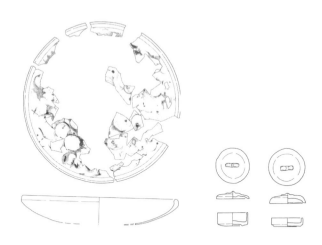

図4　生産活動
住吉町遺跡〔新-37〕（ホウロク：縮尺1/8・蓋物：縮尺1/6）

3．編年

　江戸遺跡では文京区東京大学本郷構内の遺跡で1650～1670年代に五芒星文が描かれた丸碗，塔（屋根部）など信仰的要素が感じられるものが出現する（安芸2008）。

　器物は1680年代に碗，皿，鉢，銚子，瓶，壺，擂鉢，蓋，石臼など出現する。建造物は1680年代から種類が増え，18世紀前半以降，多様化する。出土量は器物，建造物とともに18世紀末以降に最盛期を迎え，都市江戸に暮らす人々に広く普及していたと考えられる。

　これは江戸時代中期以降，子どもを題材とした浮世絵にミニチュア類がしばしば描かれていることからも窺える（小林照子2007）。例えば，飯事遊びを描いた場面では竈，羽釜，茶釜などがみられる。これら台所道具は18世紀末頃に出現する。竈は一口と二口のものがあり，赤色の色彩や彩色の下地として塗布された胡粉が残るものがある。竈には炊飯用の羽釜や湯を沸かす茶釜が架けられる。羽釜は金属製のものを意識した緑釉や鉄釉を施釉したものがある。また，箱庭道具は端午の節句飾りとして描かれている。箱庭を演出する専用容器とされる「仕切盤」に茶屋，灯籠，橋を渡る旅僧などが添景

のひとつとして置かれている。手前には水を湛え、金魚や赤蟹などの生き物が放たれていたようである。脱皮成長する蟹は無病息災、特に赤蟹は疱瘡除け（いわゆる赤物）とされ、親が子を想う親心が窺える。

19世紀前半には実用品の陶器・焼締陶器・土器などと同様、刻印が捺されるものが出現する（図5）。商品分化や価格格差が発生したものと考えられる。刻印は底部や側面など目立たないところに捺されている。器物では江戸在地系の火鉢に「金」印、京都の碗、皿、鉢、徳利に「亀」印、銚子に「楓山」印、七輪に「京・霞晴山」印、建造物では江戸在地系の灯籠に「楽正」印などがみられる。「亀」印は京焼の陶工、欽古堂亀祐に関わるものと考えられる（中野1998b・2011）（コラム⑧参照）。

図5　刻印資料
東京大学本郷構内遺跡工学部14号館地点〔文-79〕（縮尺1/4）

4．意義と課題

　ミニチュア類は、飯事道具、雛祭りや端午の節句に代表される年中行事などに深く関わっている。飯事遊びは、食事の礼儀作法を学び、複数の人数と遊ぶことにより人との関わりを持つことで社交性・協調性などを身につけるもので、子どもの社会的役割を反映した遊びである。食に関する器物は江戸時代の食文化を知ることができる。たとえば、石臼はうどんやそば、大豆を加工した豆腐などの粉食のはじまり、シチリンは小鍋料理の発達など料理の分化による食生活の変遷を知ることができる。年中行事の飾りや泥面子の意匠には都市江戸に暮らす人々の風俗や親が子を想う親心が表れており、それらにアプローチできる有効な資料である。

（中野高久）

泥面子－面打－の製作技法

面打の製作技法についてはいくつかの考察はあり，概ね型の使用が推定されている。具体的には「底面や側面に金属の筒で抜いたような痕が見られる。」(小川1990 d)〔文-8〕「大きく分けて雌型（凹状）（図1）に粘土をつめてそれを抜いたと思われるものと，雄型（凸状）を押し付けたとすると思われるものの2通りに分けられるようである。」(仲光 1998)との大別2種類の製作法が報告されている。

このうち雄型利用の製作法については久世深雪が「泥面子の製作技法の一考察」(久世 2006)の中で，遺物の観察と共に製作実験を行っている。久世の観察によれば，遺物の側面に縦線状の溝が複数みられ，そのうち一本が深い（筒状工具の繋目痕）個体が多い（図2）。また完成品の厚さが一定になることから，粘土を板状にし，筒状工具により抜き取るという方法は確実だと考えられている。その手順は，まず粘土板から筒状工具で型抜きをし（図3），筒状工具内の粘土を雄型によって押し出すことにより（図4），取り出しと施文を同時に行ったと推測している。クッキーのレシピで想像するならば，キラは抜きやすくする打粉で，筒状工具は抜き型にあたり，雄型は表面に施文するスタンプである。

製作地の1つと考えられる墨田区江東橋二丁目遺跡〔墨-5〕の報告では7,874点という大量の泥面子が出土している。一方で，同遺跡では泥面子と共に内面が二次被熱を受け劣化した大皿，口唇部周辺のみに煤が付着した焙烙などが出土した遺構も報告されている。そのことから小規模な焼成方法の可能性も窺われている。しかしながら焼成方法を直接窺い得る遺構の存在はまだ見られていない。

（今井美衣）

図1　雌型
〔港-32第4分冊〕より転用

図2　側面の深い溝
著者再現

図3　型抜き
（久世 2006）より

図4　押し出し
（久世 2006）より

Ⅲ.「江戸の土器」の生産・使用・流通

1 文献・絵画資料にあらわれる江戸の土器

1．出土する土器と文献資料，絵画資料

　江戸時代，都市江戸で土器の生産を行っていた「焼物」として今戸焼がある。浅草の北，墨田川西岸地域で土器類，瓦，土人形，軟質陶器などを盛んに作っていたが，その研究は主に陶芸研究の分野で進められてきた。今戸地域は，江戸時代後期から都市化が進んだこともあり，窯などの発掘調査は行われていない。また幕末以降，都市江戸・東京の拡大の中で，今戸焼職人は，主に葛飾区など隅田川東岸に移動して行き，第2次世界大戦以後は，今戸の地には土人形を作る一軒が残るだけである（小林克ほか1997）。

　そうしたことから今戸焼の実態は不明で，江戸在地系土器との関係も不明である。つまり江戸時代に多くの土器が今戸焼として今戸の地で生産されていたことは，文献資料や絵画資料から明らかであるが，窯などの発掘調査がなされていないことから，江戸遺跡から出土する土器類の中で，どれを今戸焼と呼べるのか，その指標が無いのである。しかし今戸焼を記録した文献資料，絵画資料は明らかに江戸の土器生産の様子を示すものであり，ここでは最初に今戸焼研究の概要を紹介する。

　次に，様々な江戸時代の文献・絵画資料の中に描かれた土器類の一端を紹介する。江戸時代の黄表紙本などの版本類や各種の版画，絵画資料などに江戸時代の土器が登場するものがある。このような同時代の資料類は，出土した土器を検討，考察して行く上でとても参考になる資料である。しかしそうした資料類を土器類の分析・研究に使用する際には，気をつけねばならない点がある。

　それは全ての出土資料について当てはまるが，土器が描かれた文献・絵画資料が見つかったからといって，ストレートに資料の用途や機能をそれで限定的に決める事はあってはならないという点である。まずそうした資料類は，その資料に適した資料批判を行うべきである。そして考古学とは別の学問的資料の特質を理解したうえで分析を進める必要がある。他にも可能な限り多くの資料類を収集・分析すべきで，自身の説に都合のいい資料だけ使うことも避けなければならない。そして二つ以上の学問分野の資料を使った分析では，その異なる学問分野の資料が示すものが違ったり，ずれたりすることの

中に，歴史の真実が隠されている場合がある。通常の使用例とは違うが，このような「交差法」的分析を行った結果は，あくまで仮説の提示とするべきで，以後の資料の増加や，研究の進展により確実性が増していくものである。

現代社会に生きる研究者は，その生きて来た社会での経験や知識に影響される。考古資料については，まず形態分類を推し進め，その上で用途や機能を類推していくべきであるが，現代社会で忘れ去られた各種の情報が眠っている文献・絵画資料は，無視することなく，積極的に使っていく必要があるが，その全ての背景として，現代社会に生きる研究者は，意識する，しないに関わらず，生きて来た社会での経験や知識に影響される。したがって考古資料については，まず形態分類を推し進め，その上で用途や機能を類推していくべきなのである。

2．描かれた今戸焼

今戸焼の基本文献として明治初期に刊行された『工芸志料』（黒川 1877）がある。ここでは今戸焼の成立過程や，有名な職人について，明治初期に調査した内容が記録されている。江戸時代に今戸焼が登場する文献資料としては『御府内備考』や『江戸町方書上』[1]がある。落合氏は，その他『江戸砂子』類[2]などの資料を使って今戸焼の歴史的変遷や成立過程の様子を明らかにした（落合 1989）。以下要約すると次のようである。

「今戸焼は近世初頭には，隅田川の沿岸に何ヶ所か存在した窯業地の一つであったが，都市的拡張にともない市街化が進み，今戸と中ノ郷瓦町に集約される。享保期（1716〜1736）には瓦需要が増大し，この時期に今戸焼の誕生のエポックが認められる。隅田川のレジャーランド化や浅草人気にともない，今戸土人形の人気が出，『今戸焼』というブランドが 18 世紀後半に確立した」

また今戸町にある今戸神社の狛犬台座には文政 5 年（1822）時点の今戸焼職人名が彫られていて（水島 1967 a,b），詳細な分析も行われている（関口 1988）。中野氏は出土土器類に残る印と狛犬台座等にみる今戸職人の名称を比定する研究を行った（中野 1998 a,b）。他にも幕末から明治前期まで続く『窯元諸用留』・『窯元記録帳』[3]にも今戸での瓦製造の様子が散見される（駒井 1972，関口 1988）。小林克は今戸の土地所有などについて，「今戸町沽券絵図」[4]を紹介し分析した（小林克 2002）。

III.「江戸の土器」の生産・使用・流通

　江戸後期には浮世絵の題材として隅田川が多く取り上げられ（鈴木 2001），流域を広く描いた「隅田川風物図巻」（我妻・岡本ほか 2010）に 18 世紀中頃から，今戸に瓦焼窯か土器焼窯が認められる[5]。18 世紀後半，天明元年（1781）に鶴岡蘆水により描かれた「隅田川両岸一覧」では図 1 のように今戸には瓦用のダルマ窯が多数描かれ（小林克ほか 1997），図 1 の右には土器焼窯の可能性がある窯も見受けられる。このように 18 世紀後半以降，多数の絵画資料に今戸のダルマ窯が描かれている[6]。19 世紀には葛飾北斎も図 2 の「画本東都遊　今戸里」（小林克ほか 1997）を初めとして今戸を描いた多くの絵画を残している。18 世紀後半から 19 世紀にかけては各種の浮世絵にも今戸の窯が描かれ，洋画家の亜欧堂田善も図 3 のような「今戸瓦焼図」（我妻・岡本ほか 2010）でダルマ窯を写実的に描いている。

　以上のような絵画資料は基本的に今戸の瓦生産を描いていたが，18 世紀後半，寛政年間（1789～1801 年）頃に多く写生された「江戸名所図会」[7]では図 4 のように瓦製造工場の右隣に土器焼の窯が描かれ，図 5 には土器造りの様子が描かれ，棚には出土土器と対比できる製品が並んでいる。川に面した部分が工場（コウバ）になっていて，客は川と逆側の通りから訪問していることがわかる。

図1　鶴岡蘆水「隅田川両岸一覧」（部分）
　　（江戸東京博物館蔵）

図2　今戸での瓦製造の様子
　　葛飾北斎「画本東都遊　今戸里」

[1] 文献・絵画資料にあらわれる江戸の土器

図3　今戸での瓦焼成の様子
亜欧堂田善「今戸瓦焼図」(神戸市立博物館蔵)

図4　今戸での瓦焼成と土器焼成の様子
長谷川雪旦・雪堤「江戸名所図会　今戸焼」(部分)

　現代における今戸焼の系譜を持つ職人の調査(宮沢・小林謙1988)や,加えて近・現代の文献資料などを使った調査も行われ(小林克ほか1997,谷口2001),総合的に今戸焼の歴史的変遷とその実態の概要が明らかにされつつある。今戸での瓦焼成は焚口2つを有するダルマ窯で還元炎焼成され,土器焼成には焚口1つのキセル窯(小林謙1994d)と呼ばれる土器焼成窯(関

129

Ⅲ.「江戸の土器」の生産・使用・流通

図5　今戸での土器造りの様子と棚に見る土器など
長谷川雪旦・雪堤「江戸名所図会　今戸焼」（部分）

口1988）が使われていたと考えられる。小さな土人形やホウロクなどは比較的小規模な窯で焼成されることが多かったと想定され[8]，土器表面を黒色化するために還元炎焼成する場合は，キセル窯を密閉した場合とダルマ窯で焼成した事もあったと想像される。

3．様々な資料に登場する土器類

　江戸期の絵画資料には，様々な場面で土器と考えられるものが描かれているが，ここでそれらを網羅的に紹介する余裕は無い。今までの様々な研究でも，用途・機能の類推や，研究テーマの指向性の中で描かれた土器類が紹介されてきた[9]。次に3つの事例を紹介する。

　図6はエナ皿に関する資料を紹介したものであるが（小林克ほか1996），幾つかの研究が蓄積された上で，その用途をエナ収めに用いられたとする説を補強したものである。ただし絵画資料はあくまでも描かれたものであり，前述のように，その形態などから出土資料の用途を推定する一つの状況証拠を提示したのである。

　図7は江戸の植木市で，夜に露店前に吊り下げられた，土器製と推定される両口カンテラ（外口付き型）である（市川ほか2013）。本図は出土した両

[1] 文献・絵画資料にあらわれる江戸の土器

図6 エナ収めの様子 歌川国直「丙午年出産の説」

口カンテラの用途を推定できる絵画である。以前は金属製両口カンテラが八間に吊り下げられている絵画資料が紹介され（江戸東京博物館 1995），土器製の両口カンテラについても同様に用途が推定されたが，本資料は土器製両口カンテラが野外で直接的に使用された事があった可能性を示すものである。

図8は江戸と大阪の生活風俗を比較した天保6年（1835）刊行の版本『街能噂 巻之四』[10]に紹介された江戸の火消し壺である。大阪の類似形態の火

131

Ⅲ.「江戸の土器」の生産・使用・流通

図7 夜の縁日で直接吊り下げて使われる土器製両口カンテラ
春梅斎北英・丸丈斎国広「見立岡島璃寛・見立大和屋紫若」(部分)

図8 江戸の火消し壷
平亭(畑)銀鶏著 歌川貞広画『街能噂 巻之四』(部分)

消し壷と四角いものが紹介され,比較されている。本図だけでは土器なのか,材質や形態も明確ではないが,以前小林克が同形の民具資料を紹介し(小林克1994 a),江戸遺跡出土の土器の壷と蓋について,火消し壷の可能性を指摘したが,それを補強する資料といえよう。

以上3例ほど絵画資料に描かれた土器類について紹介したが,他にも多くの版本類やおもちゃ絵,浮世絵などに土器と推定されるものが登場する。また多くの研究者が参考としている文献として『守貞漫稿』[11]や『嬉遊笑覧』[12]があるが,これらも一人の人間が考察して書きとめたものである。明治初期にも様々な絵画・写真類に江戸時代から続く土器について触れたものもあるが,全てあくまでも一つの説として検討することが肝要である。絵師の描いた絵画には,手本どおり描いたものも多く,絵画類や写真類は,その内容と年代について,検証した上で用いる必要がある(千野1997)。　　(小林　克)

〔註〕
1)『御府内備考』は幕府編纂の江戸の地誌で,完成は文政12年(1829)。正編は『大日本地誌体系』に所収。『江戸町方書上』は,幕府が『御府内備考』編纂の資料として文政8年(1825)以後江戸の町名主に各町毎の由来などを報告させたものである。
2)『江戸砂子』は江戸の地誌。著者は菊岡沾涼。6巻6冊で,『江戸砂

子温故名跡志』ともいう。享保 17 年（1732）年刊。後に著者自身により『続江戸砂子』が出て、後世には増補版『再校江戸砂子』が刊行。
3)『窯元諸用留』は万延元年(1860)から明治 23 年(1890)までの記録。『窯元記録帳』は慶応元年（1865）から明治 18 年（1885）までの記録。ともに都立中央図書館特別文庫室所蔵資料である。江戸・東京の瓦組合で様々な職人についての記録類であるが、江戸期を中心に今戸という名称が散見されるが、記録のある明治中頃には今戸の名称は認められない。
4)「今戸町沽券絵図」は東京国立博物館が所蔵するもので（登録番号「徳川本 025-s10472」）、2 枚からなる。天保 13 年（1842）作成の絵図である（小林克 2002）。
5) 江戸東京博物館所蔵の「隅田川風物図巻」で、18 世紀中頃とされている（我妻・岡本ほか 2010）。
6) 平成 22 年（2010）に刊行された図録（我妻・岡本ほか 2010）、『隅田川　江戸が愛した風景』東京都江戸東京博物館・読売新聞社　に以下で紹介している絵図を含め、多数の今戸を描いた絵画資料が紹介されている。
7)「江戸名所図会」は長谷川雪旦・雪堤画。天保 7 年（1836）文化文政年間（1804-1830）頃に写生されていたと考えられ、その巻六［今戸八幡］に掲載された「今戸焼」と、「長昌寺宗論の芝」の図である。
8) 近代の所産であるが井上窯のように天井部を有するか密閉できる比較的大型の窯もキセル窯の一パターンとして、土器焼きの窯として存在した。また近・現代の聞き取りであるが、今戸焼では瓦用のダルマ窯で植木鉢を焼成した記録があり、ダルマ窯で黒色土器を焼成した可能性は否定できないと考える（小林克 2017）。
9) 江戸在地系土器研究会の会報『江戸在地系土器通信』や論文集『江戸在地系土器の研究』の論考などで、主に用途類推に散見される。
10) 平亭（畑）銀鶏著　歌川貞広画　天保 6 年（1835）刊行　『街能噂巻之四』翻刻は『浪速叢書 14』（1978 名著出版）等があり本図もそこから引用した。
11)『守貞漫稿』とは喜田川季荘著で、嘉永 6 年（1853）の記載がある。何回か再刊行されているが、名著刊行会が昭和 54 年（1979）『類聚近世風俗志』として出版したものを参考にした。本書では例えば「かわらけ売り（瓦器売）」など土器に関する記載も何箇所か存在する。
12)『嬉遊笑覧』喜多村信節著。天保元年（1830）刊。各巻上下 2 章から成り、主として江戸時代の風俗等を一部絵入りで解説。（日本随筆大成　別巻 7-10　吉川弘文館 1979）

2 江戸の土器にみる使用・転用から廃棄へ

1. モノの使用から廃棄

　モノが生産され，使用されてその役割を終え，廃棄され，最終的に遺物として現代人の前にもたらされる。モノの特性や置かれた環境の違いにより，様々な経緯を辿って「遺跡化・遺物化」がなされるのである。その経緯を復元することが，考古学的な研究すなわち，物質文化の復元に必要不可欠な視点となる。シファーは，考古資料の形成プロセスという視点から，モノのライフサイクルを説明手段として採用した（Schiffer 1975）。先史考古学では，石器や土器などの遺物はもちろんであるが，遺構の変遷についても遺構間接合やライフサイクルモデルを用いた検討がおこなわれている（小林謙 1996 b など）。当然ながら，近世遺跡の遺物，近世土器にも当てはまる。
　本稿では，製作の部分および埋没後の遺跡化のプロセスについては別に譲り，転用・再利用・再加工などのプロセスと廃棄とに的を絞り，近世江戸在地系土器の使用から廃棄についての研究動向を通観し，今後の課題を述べることとしたい。

2. 江戸在地系土器のライフサイクル

　人間が生み出したモノは，製作→使用→破損→廃棄といった経緯を示すライフサイクルモデルで理解することができ，考古資料に時にみられる再生・再加工・転用などのフィードバックを含めて概念化した作業仮設となすことができる（図1）。単純に製作され，未使用のまま廃棄されるものや，廃棄という過程を経ずに不慮の事故などで埋没し遺跡化する場合もあるが，単純に一系的にライフヒストリーを辿る場合のみではなく，複雑な場合には途中で破損した場合に再加工し再生したり，結果的に異なる機能へと転用したりする形でフィードバックしながら，フローチャートをなす場合がある。こうした流れを整理し，調査の結果である考古学的痕跡から復元していくことは，相対的な時間の再構成につながる。それには，シファーによる物質のライフサイクルのモデル（Schiffer1975）を，遺構または特定の場所・地点の使われ方の理解に利用することが有効である。ここでは，シファーのいう

② 江戸の土器にみる使用・転用から廃棄へ

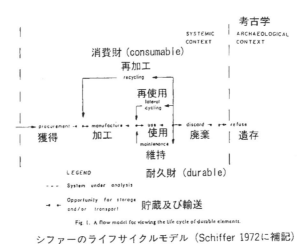

シファーのライフサイクルモデル（Schiffer 1972に補記）

図1　江戸の遺物のライフサイクル・モデル（小林謙 1992 c）

systemic context の部分を主に問題とし，廃棄後の遺跡形成過程については踏み込まない。具体的な作業においては，シファーのいう遺跡形成過程での C 変換，特に当時の居住者による人為的な構築・使用・廃棄と再利用・転用・維持の行為によるサイクルに関する部分を検討する。埋没後の自然的要因による移動などについては，問題が大きくなりすぎるため，今回は検討から外す。

3．使用および転用について

　土器の生産という点については江戸近郊での土器窯遺構の検出例がなく，近代の土器窯の事例からの類推が大きく実態が不明確な部分が多い（小林 2005 など）。消費地である都市江戸にもたらされた後の使用（再加工などの転用を含む）からゴミ穴に集積された形で出土する廃棄の流れは，考古資料の中から復元していくことも可能であろう。

　使用状態の復元については，土器に残る使用痕，出土状況，民具資料との対比が大きな手がかりとできる（小林謙 1992 c）（図2）[1]。使用痕としては，火鉢内部の灰による白化や内面上部の被熱痕やヒバシによると思われるひっかき傷，火鉢や灰落とし口縁部のヘキセルによる敲打痕などの観察が挙げられる。

Ⅲ.「江戸の土器」の生産・使用・流通

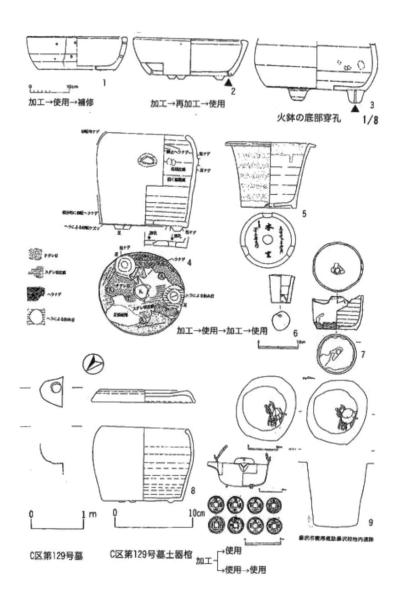

図2　江戸の遺物のライフサイクルを示す例・転用例を主として（小林謙 1992 d）

考古学的なコンテクストとしての出土状況としては，部品が組み合わさった状態での出土例，例えば白山四丁目遺跡〔文-3〕における箱形の焜炉類の内面に箱形製品と称した「風口」と，その上に器台形土製品と称したワッパ状の製品が載り，漆喰で固められた状態で出土した例が，それらの製品の使用方法を決定づけた典型例といえよう。同様に，火鉢の蓋かホウロクの蓋かについて議論があった蓋形土器について，墓地から火葬骨の蔵骨器に転用されてセットになって出土した例によって，火鉢に蓋をして火消し壺に兼用させていたことを示した例がある（小川 1990 a）。民具資料からの類推としては，多摩地域の近代養蚕関係の民具資料に，木枠の中に箱形製品と器台形土製品がセットで漆喰を用いて固められていた「シチリン」（米川 1992）が，上記の白山四丁目遺跡出土例と別に，風口が別途の用い方をされた可能性を示す例として，近世遺物の使用法を考える上での参照となることを示した例が挙げられる（小林謙 1992 d）。

　ライフサイクルの実情をよく表す事例として，再生・転用の痕跡が挙げられよう。再生は，破損部分を漆・ニカワなどの接着剤で継いだり，ひび割れ両側に補修孔を穿って結ぶなど補修して再利用した痕跡のあるモノで，そのあり方を検討することができる。転用とは，本来の用途と異なる目的に使用される場合をさすが，考古学的には穿孔や破損部の再加工など転用のための加工が施された場合や，当初の使用目的と明らかに異なる場所に設置された事例などから確認することができ，遺物の状況としても本来の形態のまま別用途に用いられた場合と，本来の形態に加工を施す，または破損したモノを加工して別用途に用いることができるように改変した痕跡から類推することができる。

　具体的な事例を考えると多くの事例があげられる。カワラケの底面に孔を開け燭台に据え蝋燭立ての蝋受けとしたと考えられる場合，陶器の半胴甕と同じように焼塩壺などに穿孔して植木鉢とする例などが挙げられよう。なお，火鉢の脚部底面への穿孔などは，転用のためというよりも台への固定など，使用方法を補強するための加工であり，概念的には転用と区別されなくてはならないが，考古学的には遺物に残る痕跡としてまず理解されるため，「加工痕」としてまとめて扱うことが妥当であろうと考える。

　また，付加情報として加えられる属性である「墨書」「刻書」によって，

Ⅲ．「江戸の土器」の生産・使用・流通

使用法などのコンテクストが伺える場合もあろう。

　いずれにせよ，近世土器類の使用方法の多様性，ひいては江戸文化における物質の扱われ方といった文化的な背景に迫るためにも，細かな使用痕・加工痕について注意を向け，報告書などにおいても情報を提示していくことが求められよう。

4．廃棄について

　江戸遺跡における廃棄研究は，比較的古くより注意が向けられてきた。それは，近世江戸遺跡の調査における異常なほどの遺物の出土量（廃棄されたゴミの多さ）に自然と注目が払われたのと同時に，当時文献史学の一部で提示されていた，近世江戸社会がエコロジカルな社会であり，廃棄物が少ない，再利用・再生を慣習として持っていた社会システムを作っていたという捉え方（例えば伊藤1982）に対する反論として提示された（小林謙1991a，谷川1993など）。同時に，先史時代の縄紋集落論や一括遺物の位置づけに対する「検討の場，実験の場」として，廃棄の復元がこころみられたという点があげられるであろう。

　文献資料を基に伊藤好一は，明暦元年（1655）に江戸市中の川筋にゴミを捨てることを禁じ，船で永代島へ運んで捨てることを命じた触書が出され，寛文元年（1661）公儀指定の船でゴミ捨てをおこなうこと，寛文5年（1665）にはゴミ溜めを設置し，町内のゴミはそこへ捨てること，ごみ溜場（のちの「大芥溜」）以外に捨てたものは処罰するという法令が出され，延宝9年（1681）までの試行錯誤を経て，町の家々のゴミは裏店のごみ溜に集められ，大芥溜に集められ船で永代島に運ばれ捨てられるようになったとしている（伊藤1987）。

　近世考古学が盛んになるにつれ，大量の遺物がゴミ穴に捨てられていることが明らかになってきた。麻布台一丁目郵政省飯倉分館構内遺跡〔港-2〕では，稲葉家下屋敷・上杉家下屋敷の裏庭部分に多数のゴミ穴が掘られ，多量の日常的な廃棄物や，火災などによる一括廃棄が残されていることが示された（鈴木ほか1985・1986）。

　新宿区三栄町遺跡〔新-6-1〕では，大形のゴミ穴である芥溜とも考えられる廃棄坑が，18世紀中葉〜後葉に1基，19世紀中葉に1基設けられていた

と捉えられた遺跡である。屋敷割のほとんどをごみ溜が占め大量の遺物が出土したことから，谷川章雄は「この一帯のごみを集積する」不法投棄と考え，伊藤が想定したような江戸のゴミ処理制度と矛盾するものと指摘した（谷川1993）。

扇浦正義は，新宿区北山伏町遺跡〔新-7〕の調査成果において，遺構間接合から「複数の資料の同時処理が行われた可能性」を指摘するとともに接合資料の分布が屋敷割の推定ラインと対応するとして「各屋敷内において遺物の処理が行われていた可能性」を示唆し，谷川とも異なった解釈を示しつつ，やはりゴミ処理が必ずしも制度化された形で処理されていないことを示している。

小林克は，文京区真砂遺跡の調査において2次廃棄の可能性を示唆した〔文-4〕。東京大学構内遺跡附属病院地点〔文-8〕の池遺構では，多量のカワラケ，折敷，箸，焼塩壺の出土から，将軍御成に伴う宴会後の廃棄である可能性を示した。

長佐古真也は，千代田区紀尾井町遺跡調査の中で，陶磁器の遺存度などを考慮した廃棄の場の類型化を試みた〔千-3〕。

麻布台一丁目郵政省飯倉分館構内遺跡〔港-2〕の成果をもとに，小林謙一は土器類をはじめとする近世遺跡での廃棄の分析を試み類型化をおこなった（小林謙1991a）。

その後も，栩木真などによる近世遺跡での廃棄の復元に対する研究が続き，江戸遺跡研究会は，2003，2004年に研究集会「遺跡からみた江戸のゴミ」を開催している。江戸在地系土器に触れられている研究を拾うと，2003年の第16回大会では，小川望の基調報告「遺跡からみた江戸のゴミ」（小川2003b）のほか，大貫浩子による加賀藩上屋敷の江戸時代後半の廃棄システムについて「東京大学本郷構内遺跡における19世紀前葉の廃棄土坑」（大貫2003），成瀬晃司による加賀藩上屋敷と支藩の大聖寺藩上屋敷との間での瓦礫整理について整理した「大名藩邸における廃棄の一例」（成瀬2003），仲光克顕による町屋地における火災の片付けを扱った「中央区日本橋における廃棄の一例」（仲光2003），成田涼子による現豊島区の町屋における生活空間と廃棄の様相について「巣鴨町における廃棄の様相」（成田2003），石神裕之による新宿区内の遺跡の出土物重量の統計分析である「近世遺物の重量

に対する統計学的分析と武家地の廃棄」（石神2003），小林謙一による廃棄の研究史的整理と廃棄遺構のライフサイクルについて概観した「江戸遺跡における廃棄研究」（小林謙2003a），栩木真による新宿区南山伏町遺跡における遺構間接合の分析による山の手の武家屋敷の廃棄行為の復元として「遺構間接合から見た廃棄行為の分析」（栩木2003），岩淵令治による文献資料に基づく江戸のゴミ処理の実態について「江戸のゴミ処理再考」（岩淵2003）などの報告がおこなわれた。2004年度の第17回大会では，江戸在地系土器の廃棄に関わる議論としては小川望による基調報告（小川2004c）の他，毎田佳奈子による「染井の植木屋―遺構・遺物にみる植木屋らしさ―」（毎田2004），内野正「大名屋敷における廃棄遺構の検討―尾張藩上屋敷遺跡の発掘調査事例から―」（内野2004），堀内秀樹「廃棄する意識」（堀内2004）などが含まれる。遺物を理解する上でも遺跡を理解する上でも，廃棄という視点を重視する必要があることが，共有化されてきたとみることができよう。

　なお，ここでは詳述しないが，胞衣容器・地鎮具としての埋納カワラケのような埋納例も結果として広義の「廃棄」に含むものと考える。しかしながら，廃棄としてのコンテクストは大きく異なることは明白であり，埋納の専用器種としてつくられる場合（エナ容器など）や，転用品として埋納される場合（蔵骨器に転用される火消し壺など）を含め，別途検討していく必要がある。

5．課題と展望

　これまでの研究を見ると，陶磁器類・木器類などと同じく，土器類の使用状況の観察や廃棄の実態復元すなわちライフサイクルに即した情報化は，考古学的に大きな成果を挙げうるものと期待できる。

　使用から廃棄へのライフサイクルという点では，まず都市江戸での土器類の性格を明らかにすることが期待できる。また，町人地・武家地など（武家のランクや大名屋敷での空間的な性格の差異によって）遺跡の性格や，時期的な変化においても，共通性や細かな差異などが認められるものと期待できる。江戸在地系土器の特徴を考えた場合，大消費地である都市江戸の周辺で，安価な日常雑器類を大量に供給するのが江戸在地系土器の生産者の狙いであり，使い捨てに近い感覚で用い廃棄していくのが消費者側の態度であったろうと予想できる。考古学的調査成果からも，都市江戸では武家地・町人地に

かかわらず，明らかに周辺農村部・街道筋の宿場などに比べて多量の土器類が出土している。単に量の多さだけでなく，その出土状況，完形率，使用状況を検討することで，土器類の性格やその出土地点の性格を探る上での大きな材料となるであろう。

また，土器類の機能的復元の上でも，出土状況の考古学的コンテクストは，不可欠な情報をもたらすであろう。白山四丁目遺跡の，焜炉類と五徳・風口の機能を持つと考えられる土製品の組み合わさった状態での出土状況は，まさに機能の推定に重要であり，広義の意味での廃棄ととらえられる埋葬施設としての転用例である。火消し壺と蓋の組み合わせは，火消し壺の蓋かホウロクの蓋かで議論があった蓋形土器の機能を決定することになり，土器の本来の使用方法をも示唆する成果となる。もちろん，この場合は蓋形土器内面のススの付着など使用痕の分析も大きな寄与をなす。いうまでもないことであろうが，考古学的調査である以上，近世遺跡でも単なる物集めとなるような発掘調査に終わることは許されず，空間や遺物相互の関係を復元できる出土状況の把握や，整理作業において遺構ごと・層位ごとの数量的把握，遺存度の観察などが担保されるような調査が必要である。近世遺跡においても，廃棄行為の具他的な復元からゴミ処理のあり方を復元していくために，廃棄遺構内外の遺物出土位置を記録し，遺存状態や接合関係などを検討する分析が望まれる。

(小林謙一)

〔註〕

1) 図2の5について，小林謙1992dでは半胴甕の転用例としたが，本例は，当初よりの植木鉢製品である。ここに訂正する。

3 江戸および周辺地域における近代の土器生産

1．はじめに

　江戸の土器生産は，近代に至ると急激に衰退する。それは別の素材の製品が土器の製品に取って代わったこともあろう。また衛生観念の変化もあろう。そして都市問題も絡んで生活様式の変化が土器生産を減少させたともいえる。しかし江戸の周辺地域では，江戸とは逆に土器の生産が盛んになる地域が一時期あった。

　このような江戸と周辺地域の土器生産に関する逆転現象は，それ自体非常に興味深いものがあるが，これをみる前にこれまでの江戸および周辺地域における近代の土器生産に関する研究動向とその視点をみておきたい。そしてその次に江戸の西郊に位置する旧北多摩郡中藤村（現武蔵村山市）の土器生産についてその製品をみておく。そして最後に，近代の土器生産がどのような理由で成立し，その後衰退していくのかを地域史の視点から触れてみたい。

2．調査・研究の動向と視点

　近代以降の土器研究については，1980年の大橋康二による千葉県東金市田間にかつて存在していた土器生産者の聞き取り調査が古い調査例である。大橋は中世の土器生産関係を解明するにあたり，「現代土器生産の実態を見ることによって，中世土器工人のあり方と比較する材料としていただきたい」とし，製品の種類，材料としての粘土，ホウロク・植木鉢・火鉢などの成形方法，焼成方法，窯構造などを明らかにした（大橋1980）。

　1980年代末以降になると各地で現存土器窯の調査が目立って多くなる。江戸およびその周辺でも1988年に関口廣次が東京都葛飾区で焙烙を生産する橋本正司氏，植木鉢を生産する内山英良氏の窯を調査している（関口1988）。また同年には宮沢聡と小林謙一が今戸焼職人の調査を報告している（宮沢・小林1988）。この調査の対象者である白井和夫氏は，調査当時葛飾区在住であったが敗戦前は台東区今戸一丁目に窯を有していた。しかも今戸焼の開祖といわれる白井半七の子孫にあたる。

　この調査の発端は，白井氏の作業場隣にマンション建設が計画され，マン

③江戸および周辺地域における近代の土器生産

ションの影響で白井氏の製品乾燥が容易に行えなくなるという点と、窯からの煙がマンション住人の苦情につながるという予想が問題となり、そのニュースが流れたことによる。そのニュースを聞いた宮沢・小林両氏が白井氏を訪ね、その後江戸在地系土器研究会のメンバーとともに数回の現地調査・聞き取り調査・製品調査を行った。

　この報告の最後に宮沢が、「懸案となっていた隣のマンション計画の件は、窯に煙を消す装置を取り付けるということで、一応は収まったようである。しかし、煙の問題はともかく、マンションが建てば、庭は日陰になって植木鉢は乾かなくなってしまう。心苦しいことである。なぜ今の世は白井氏のような誠実な職人が大事にされないのだろうか。どうして弱小な者が切り捨てられてしまうのだろうか。考えるところは多いのである。そして私は、白井氏の現実の問題に何一つ協力することができなかったことを恥ずかしく思う」として白井氏の仕事がこれからも長く続くことを祈念しつつ結んでいる。しかし残念ながら白井氏は1990年代に製造をやめており、ここには伝統的な土器生産と現代の都市問題が絡んで、土器生産が衰退していく要因の一つが垣間見えてくる。

　白井氏が廃業する前の1989年から、江戸東京博物館でも今戸焼の系譜を引く現存土器窯や瓦窯が調査された。その成果は1997年に報告書となり土器類の白井和夫・内山英良・橋本正司、人形類の金沢春吉、瓦類の染谷峰夫各氏の製作状況が明らかにされた（小林克ほか1997）。

　また1989年には小川望による埼玉県深谷市に現存する大沼焼（製作者加藤松蔵氏）の調査が報告された（小川1989c）。その後、江戸在地系土器研究会は小川とともに再び大沼焼の調査を行い、1990年にその報告がなされている（小川1990e・小林謙一1990）。この報告によっても今戸焼の報告と同じように製品の紹介のほか、製作道具、材料の粘土、製作技法等が報告された。

　1991年になると小林謙一・辻真人による博多瓦町焼き土器職人の調査報告が提示された（小林謙・辻1991）。急な調査で二日間という短期間であったが、東京から遠く離れた博多の土器職人を調査する視点は、江戸の土器生産を念頭に置いて、比較しつつ調査したことが報文から読み取れる。

　また同年、小林克の報告（小林克1991b）を受けて、小林謙一は両角まりとともに現存土器窯調査の意義について以下のような見解を提示した。

Ⅲ.「江戸の土器」の生産・使用・流通

①小林克が言及しているとしつつ,「将来我々が江戸在地系土器の生産遺跡を調査する機会に恵まれた際,それを充分に生かせるように,現在の知見を整備しておくことで,準備しておくことである」.

②「近代の土器職人の事例を集成して置くことで,考古資料のアナロジーに用いることが可能となるであろうと考えられる点である」（両角・小林 1991).

　以上の見解には,近世の土器生産を念頭に置いた研究者の視点が看取される。こうした研究動向は 1992 年にも引き継がれ,2 月の江戸遺跡研究会第 5 回大会「考古学と江戸文化」では,小林謙一と米川幸子（日本民具学会会員）が多摩地域の民具を取り上げ,近代以降において火鉢類・火消し壺・焜炉・アンカ・火容などに土器が使われていることを紹介し,考古資料と民具資料の関係性について小林が言及している。その成果は 2000 年に吉川弘文館から『江戸文化の考古学』として刊行されている（小林謙 2000,米川 2000).小林謙一の言及した考古資料と民具資料の関係性の中で,一つだけここに記しておきたいことは,民具学との協業が有効であると前置きしながら,「モノの名前というのは,使用者個人個人がどう呼んだかというレベルと,研究者がどう整理しようかと配列を考えるレベルとでは,おのずと異なってくる」ということである。つまり安易に現代の民具で用いられている名称や用途を考古資料に当てはめるのではなく,考古学の方法に基づく名称で「モノ」を体系化するべきであると警鐘を鳴らしているのである。

　上記の大会が終了した翌年,1993 年には東京都の西郊,多摩地域でも近代に土器生産を行っていた窯が調査された。武蔵村山市中藤における「ヒバチヤ」田口家の調査である。この調査は橋口定志の下,これまでに近代の土器について語っていたメンバーの一部および地元の研究者である内野正を含めた小川望・梶原勝・小林克・小林謙一・松井かおる・両角まり・米川幸子が参加し,武蔵村山市史編纂の一環として聞き取り調査,現存する製品や制作道具,発掘調査,市内及び周辺自治体に残る田口家産製品の調査などを 7 年間にわたり行った。その成果は報告書となって 2000 年に刊行された（武蔵村山市史編集委員会 2000).この報告書では,松井が土器生産を覚えておられた田口忠太郎氏（故人）への聞き取り調査を,米川が製品の販路に関する調査成果を,小林謙一が発掘調査結果を踏まえて土器焼成窯の考察を,両

角が製品の検討と村山地域における地場産業とのかかわりを，内野が田口家における土器生産の開始とその背景を，梶原が廃業とその背景について考察した。

　この調査をきっかけとして内野が2000年に近世から近代における土器生産について発表し（内野2000），梶原が2002年に田口家の土器生産開始と廃業の背景について報告している（梶原2002）。また2005年には小林謙一が近現代における土器生産を（小林謙2005），2007年には両角が近世江戸地域の土器との比較から田口家の近現代土器を考察している（両角2007a）。

　一方，江戸地域の研究では2000年に伊藤末子が現代に残るカワラケの使用形態についての聞き取り調査を基に考察している（伊藤2000）。また小俣悟は2005年，台東区内に所在していた入谷土器の調査に関する報告を行い，近代の史料を検討しながら近世から近代に続く江戸・東京地域の土器生産の一端を紹介した（小俣2005）。

　以上の調査・研究のほかにも多数の調査・研究があるが，紙数の関係もあり割愛する。これまでに紹介した研究の中で通底していることは，考古学研究者が民俗・民具調査をする場合，そこには過去を念頭に置きながら調査をしているということである。決して現代の民俗・民具のあり方を記録するだけではない視点がそこに存在するのである。

3．製品

　では，次に近代の土器がどのようなものかをみていく。まず江戸東京博物館で調査された今戸焼関連の製品をみると（小林克ほか1997），図1の1が土風炉，2が灰器，3が半田焙烙，4が炭入[1)]，5が涼炉，6がテアブリ，7が楽焼水コンロ，8が香炉，9が蚊遣り，10が楽焼茶碗，11・12が楽焼小皿，13が苗鉢[2)]，14・15が植木鉢である。これらは白井善次郎氏及び和夫氏の製品が大部分だが，14のみ今戸職人が製作したものであるという。

　こうした製品をみると，近世から引き続いて生産されたと考えられる14のような瓦質植木鉢もあるが，かなり高級な煎茶道具としての製品も多い。これは白井家の特殊性なのであろうか。

　次に江戸・東京近郊産の土器について，田口家の製品及び多摩地域で伝世している製品の中からみていく（武蔵村山市史編集委員会2000）。しかし

Ⅲ.「江戸の土器」の生産・使用・流通

　その前に発掘調査によって得られた一例を紹介する。図1の16・17・18は八王子市宇津木台遺跡群D地区の資料（八王子市宇津木台遺跡調査会1987）であるが，16が瓦質の火鉢で，類似したものがヒバチヤ田口家の中にある（図2, 19・30）。17は報告書で「素焼製手焙」と報告されたが（梶原1987），底部付近の形状が開く器形は焜炉であろう。瓦質の製品で，類似品は東大和市立郷土博物館に焜炉として所蔵されている（図2, 47）。18は土師質の焜炉で，白色粒子を含む粗い胎土が特徴である。これらいずれも表土から採集されたもので年代の根拠に乏しいが，周辺の遺物から19世紀以降の遺物と考えられる。

　多摩地域の農村部では，17世紀まで中世から続くと考えられる平底で軟質瓦質のホウロクが多々みられ，そのほかカワラケも稀にみられるが，それ以降土器製品がみられなくなる。再びみられるのは19世紀に入ってからで，しかも幕末・明治初期からが大部分である。

　こうした背景に沿うように田口家の土器生産も，聞き取り調査から推察すると幕末期から始められたようである。製品の作風は江戸の製品に近く，江戸の土器生産が創業に関係していると考えられる。

　製品は19〜26が田口家の発掘調査における出土品である。19は瓦質の火鉢，20〜22は口縁部の形状が違う瓦質の植木鉢，23・24は焜炉の内部で用いられるサナで，23が瓦質，24が土師質である。25は敷輪，26は鞴の羽口で双方瓦質である。19は先述した宇津木台遺跡群D地区出土の16に類似している。以上が発掘調査で得られた資料である。

　次に田口家に現存していた主なものを紹介する。

　27は火鉢などに文様を施す際に使うローラーである。「田口」「フサ」と刻まれており，ほかにも多種の文様がみられる。28は火鉢などの把手に貼り付けられる獅子頭の型である。27・28とも硬質瓦質である。田口家にはこのようなローラーや型が多数伝世しており，こうした伝世品は現在，武蔵村山歴史民俗資料館に他の田口家伝世品とともに収蔵されている。29は座敷で用いられる火鉢である。硬質瓦質で黒光りしており，把手には獅子頭が貼り付けられている。30は瓦質の火鉢で体部に簾状の条線がローラーで施されている。19同様，宇津木台遺跡群D地区出土の16に類似している。31は火消し壺の身と蓋である。32は養蚕火鉢で，取り外しのできる底板がつ

3 江戸および周辺地域における近代の土器生産

図1　近代以降の土器〔1〕　1/10
（1～15：東京都江戸東京博物館 1997、16～18：八王子市宇津木台遺跡調査会 1987）

Ⅲ.「江戸の土器」の生産・使用・流通

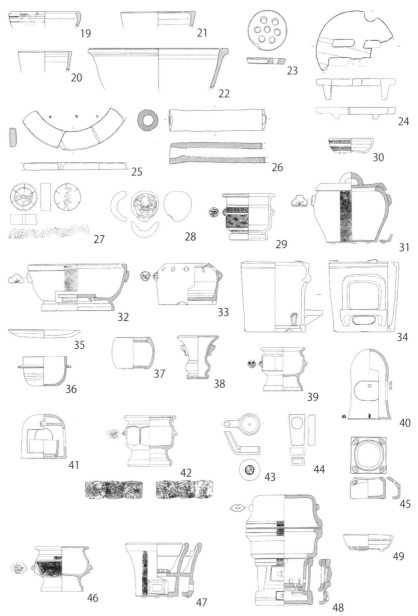

図2　近代以降の土器〔2〕　S=19～28：1/10, 29～49：1/20
（19～49：武蔵村山市 2000）

いている。双方とも松葉文の把手が貼り付けられており，この型も田口家に伝世されていた。33はコタツである。現在のコタツとはかなり違っているが，オキゴタツとされている。34・35は土師質の置竈とホウロクの外型である。35には離材の砂が付着している。36は瓦質の羽釜である。

次に田口家周辺で確認された田口家製品の可能性のある製品について主なものをみておく。37は瓦質の火消し壺で，落し蓋が付くタイプである。38は瓦質の花瓶で黒光りしており赤・白絵具で彩色されている。

次からの製品は，多摩地域で現存する土器で，田口家の製品に近いものも存在する。39・40は八王子市所蔵の製品で，39は硬質瓦質で獅子頭把手の付く火鉢である。体部の6面に型押しの文様が施されている。40も硬質瓦質で「ボウズ」と呼ばれ，真綿伸ばしとして使われたが，多摩地域の聞き取り調査によると暖房具の一種としても使われていた（米川幸子氏のご教示）。この製品には「新兵衛」という刻印が押されていたが（コラム④参照），この「新兵衛」は新宿区南町遺跡〔新-25〕からの出土品にもみられるものである。ただし南町遺跡の「新兵衛」は手彫りであるという。41は立川市所蔵の製品で，硬質瓦質の火鉢とアンカである。アンカの中に火鉢を入れ，コタツとして使う。アンカは別名ネコアンカとも呼ばれた。42は青梅市所蔵の製品で，八王子市所蔵の39に近似した硬質瓦質の火鉢である。43・44は昭島市所蔵の製品で，43は土師質の練炭おこし，44は焜炉の風口で，近世江戸での発掘調査でも多くみられる製品である。45は小平市所蔵で瓦質の角オキゴタツである。46は国立市所蔵で硬質瓦質の火鉢である。獅子頭が貼り付けられている。47は東大和市所蔵で硬質瓦質の焜炉である。48は羽村市所蔵で瓦質のムシカマド（蒸竈）である。ムシカマドは内部に羽釜を入れてご飯を炊くものであるが，東大和市立郷土博物館にも類似したものが所蔵されている。当館の梶原喜世子によれば，近年この製品が見直されて新潟県阿賀野市では再び生産が開始されており，以前はコークスを燃料にしていたが，最近の製品は固形燃料を使用しているという。50は所沢市中村實家所蔵の瓦質火鉢である。この製品は中藤の火鉢屋から購入したもので「ハタヒバチ」として用いられたとの聞き取りが得られている（宮本1981）。

以上が田口家からの出土品，伝世品，近隣を含む周辺地域からの田口家製品および類似資料である。田口家の製品は聞き取り調査によれば，武蔵村山

市域は勿論のこと八王子, 立川, 日野, 青梅, 田無, 所沢などに販路があった。

4. まとめにかえて－近代土器研究の意義－

　江戸・東京にみられる土器生産は, 冒頭で述べた理由などにより近代以降衰退の一途を辿るが, 田口家にみられるような窯業は, 青梅の河辺焼・玉川焼, 飯能の飯能焼など, 19世紀になると多摩地域およびその周辺地域で新たに展開する産業である。こうした新たな産業は, 19世紀以降のこの地域における市場経済のますますの発展, 購買力の増大がその背景にあるが, 田口家に関しては幕末の村山絣（別名「所沢絣」）の増産と養蚕業の生産増大がその背景にある。つまりハタヒバチや養蚕火鉢の需要が高まり, 資金を得た養蚕農家には座敷火鉢などの需要が高まったことによる。

　こうした土器生産の盛衰をみたとき, その要因を考えることは生産地の地域史を考える一助となる。田口家の調査でも明らかだが, 先述した研究動向における視点のほかにも地域史からの視点も重要な視点であることを記しておきたい。

　　　　　　　　　　　　　　　　　　　　　　　　　　　（梶原　勝）

〔註〕
1) この炭入には桜炭を入れるという（東京都江戸東京博物館2000）。桜炭とは, 千葉県佐倉地方で生産される炭のことで, 茶の湯に用いられる高級炭である。
2) シクラメンの苗鉢。プラスチックの鉢が出現するまで作られていた（東京都江戸東京博物館2000）。

③江戸および周辺地域における近代の土器生産

コラム⑪

入谷土器

　都市江戸の窯業地は隅田川沿岸が知られている。江戸在地系土器を代表する「今戸焼」は西岸に位置する台東区今戸の地名をとった名称である。隅田川西岸から約1.7km離れた台東区入谷遺跡下谷二丁目1番地点〔台-54〕では，19世紀前半頃を下限とするひとつの土坑から整理箱2箱分の細かく砕かれた土器細片，碗，皿，鉢，植木鉢，火鉢，土瓶，土瓶蓋，油受皿，油受皿（脚付），「楽」印が捺された行平鍋，乗燭，カンテラ，陽刻文様がみられる蓋の他，棒状や板状を呈する窯道具が出土した。窯道具は別遺構から「○」印や「＋－」銘が記された三角形を呈するものが出土している。これらは土器生産に関わる資料「入谷土器」と判断され（小俣2005，2011），江戸市場に出す前に廃棄されたものと考えられる。資料の大半は無釉製品が占め，通常，透明釉（鉛釉）が施釉される土瓶やカンテラなどが確認される。

　入谷の地は享保16年（1731），輪王寺宮公寛法親王に追随して江戸に下向した京焼の陶工尾形乾山（1663～1743）が移住し，後に「入谷乾山」と呼ばれる製品を製作したことで知られている。入谷は東叡山寛永寺領であったが，窯業とは無縁な地域に乾山が移住することは考え難いため，乾山が下向した18世紀前半頃には入谷の地で窯業活動が行われていたと推測される。享保20年（1735）刊『続江戸砂子温故名跡誌』に「箕輪土器　下谷・坂本・箕輪・金杉辺りにて製之土火鉢・瓦燈・土風炉・土燈籠等の土焼ものいづる。京都稲荷前にひとし」とある。「入谷土器」は天保元年（1830）刊『新編武蔵風土記稿』の坂本村の項に「農隙に専ら土器を造る是を入谷土器と唱へ土地の産物とす，村内に土器の御用を勤る松井新左衛門と云もの住し，又日光御門主の職人仁左衛門と云うもの居りて専ら土器を造る」とある。松井新左衛門は天保4年（1834）刊『武鑑』には「御土器師，十五俵・二人フチ，下谷・坂本・入谷，松井新左衛門」とあり，御用土器師であったことが窺える（中野2000）。

　江戸遺跡では19世紀前半以降に「入谷楽金」印，「坂本楽喜」印，「坂四楽喜」印の製品が確認されている。「坂四楽喜」銘は「下谷坂本町四丁目」の略称とも考えられる。製品はいずれも透明釉が施釉された行平鍋である。銘は型成形の把手部裏面にある。ともに「楽」銘であり，楽焼の系統を意識していることが窺える。

（中野高久）

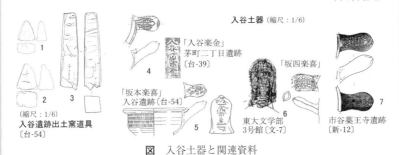

図　入谷土器と関連資料

Ⅳ．参考文献

Ⅳ．参考文献

あ

青木正至，1994，「荒木町遺跡出土の塩壺類」，『荒木町遺跡』〔新 -26〕，荒木町遺跡調査団．

安芸毬子，1989，「近世の土人形」，『江戸在地系土器勉強会通信』（仮称）7，江戸在地系土器勉強会．

安芸毬子，1990，「土人形について」，『東京大学本郷構内の遺跡　山上会館・御殿下記念館地点』〔文 -9〕，東京大学遺跡調査室．

安芸毬子，1991，「江戸遺跡に見る土人形－遺跡の性格と出土遺物」，『江戸在地系土器の研究』Ⅰ，江戸在地系土器研究会．

安芸毬子，1992，「掘り出された人形」，『考古学と江戸文化』〔第5回大会発表要旨〕，江戸遺跡研究会．

安芸毬子，1994，「成形技法から見る土人形」，『江戸在地系土器の研究』Ⅱ，江戸在地系土器研究会．

安芸毬子，1998，「まじないと遊び－出土した人形玩具にみる」，『日本考古学協会第64回総会研究発表要旨』，日本考古学協会．

安芸毬子，2000 a，「出土した人形と玩具」，『加賀殿再訪』，東京大学総合研究博物館．

安芸毬子，2000 b，「掘り出された人形」，『江戸文化の考古学』，吉川弘文館．

安芸毬子，2001，「遊び」，『図説　江戸考古学研究事典』，柏書房．

安芸毬子，2006，「東大構内遺跡出土の人形にみる一考察－工学部14号館地点の人形の様相と各期にみる成形技法－」，『東京大学本郷構内の遺跡　工学部14号館地点』〔文 -79〕，東京大学埋蔵文化財調査室．

安芸毬子，2008，「江戸出土人形の時期的変遷」，『関西近世考古学研究16　土人形から見た近世社会』，関西近世考古学研究会．

安芸毬子・小林照子・堀内秀樹，2012，「東京大学構内遺跡出土人形・玩具の分類」，『東京大学構内遺跡調査研究年報』8　2009・2010年度，〔文 -136〕東京大学埋蔵文化財調査室．

秋岡礼子，2002，「新宿区三栄町遺跡出土の焼塩壺」，『江戸在地系土器の研究』Ⅴ，江戸在地系土器研究会．

足立順司，1987，「内耳鍋の研究」，『研究紀要』Ⅱ，静岡県埋蔵文化財調査研究所．

我妻直美・岡本純子ほか，2010，『隅田川　江戸が愛した風景』（図録），東京都江戸東京博物館・読売新聞社．

荒尾美代，2006，「尾張藩における宝暦年間（1751-1763）の白砂糖生産－史料「製糖秘訣」の原作者をめぐって」，『科学史研究』239，日本科学史学会編　岩波書店．

Ⅳ. 参考文献

有坂与太郎，1935，『郷土人形大成　第一巻東京編』．

い

井汲隆夫，1991，「江戸遺跡検出のやきもの分類（兼凡例）」，『四谷三丁目遺跡』〔新 -11〕，新宿区四谷三丁目遺跡調査団．

井汲隆夫，1992 a，「江戸遺跡検出のやきもの分類」，『細工町遺跡　別冊』〔新 -16〕，新宿区厚生部遺跡調査会．

井汲隆夫，1992 b，「蚊遣り」，『内藤町遺跡』〔新 -18〕，新宿区内藤町遺跡調査団．

井汲隆夫，1992 c，「近世やきものの器種分化」，『内藤町遺跡』〔新 -18〕，新宿区内藤町遺跡調査団．

井汲隆夫，1993，「「江戸遺跡検出のやきもの分類」での江戸在地系土器の位置づけ」，『江戸在地系土器研究会通信』36，江戸在地系土器研究会．

井汲隆夫，1995，「市谷仲之町遺跡第 3 次調査の「かわらけ溜」に関する考察」，『市谷仲之町遺跡』Ⅲ〔新 -32〕，新宿区遺跡調査会．

井汲隆夫，1997，「江戸遺跡出土の磁器・陶器・土器器種組成」，『南山伏町遺跡』〔新 -53〕，新宿区南山伏町遺跡調査団．

井汲隆夫，2001，「近世遺跡出土の磁器・陶器・石器・土器の器種組成－尾張と江戸」，『考古学フォーラム』13，考古学フォーラム．

井汲隆夫ほか，1991，「江戸遺跡出土のやきもの分類（兼凡例）」，『四谷三丁目遺跡』〔新 -11〕．

池田悦夫，2000，「江戸出土の焼塩壺と考古学的一考察」，『シンポジウム　焼塩壺の旅－ものの始まり堺－』，財団法人　小谷城郷土館・関西近世考古学研究会．

石井たま子，2017，「いわゆる蝋燭形乗燭について」，『東京考古』35，東京考古談話会．

石井たま子，2018，「いわゆる「算盤玉状乗燭」について」，『東京考古』36，東京考古談話会．

石神裕之，1996，「出土泥面子の研究とその課題－江戸市中より出土する面打を中心に」，『諏訪町遺跡』〔文 -23〕，文京区遺跡調査会．

石神裕之，1997，「「泥面子」の地域性と編年への試論」，『上富士前遺跡第Ⅱ地点』〔文 -29〕，文京区上富士前遺跡調査会．

石神裕之，2003，「「近世遺物の重量」に対する統計学的分析と武家地の廃棄」，『遺跡からみた江戸のゴミ』〔第 16 回大会発表要旨〕，江戸遺跡研究会．

和泉文化研究会（編），1967，『和泉史料叢書　拾遺泉州志　全』．

伊勢貞丈・島田勇雄校注，1985，『東洋文庫 444　貞丈雑記 1』，平凡社．

IV. 参考文献

市川寛明ほか，2013，『花開く江戸の園芸』（図録），江戸東京博物館．
伊藤好一，1987，「ごみ溜」，『江戸の街かど』，平凡社．
伊藤好一，1982，『江戸の夢の島』，吉川弘文館．
伊藤さやか，1999，「豊島区雑司が谷遺跡出土の墨書のある焼塩壷について」，『東京考古』17，東京考古談話会．
伊藤末子，1993，「私の「前カワラケ」」，『江戸在地系土器研究会通信』36，江戸在地系土器研究会．
伊藤末子，1995，「「火だすき」のついた焼塩壷と蓋」，『東京考古』13，東京考古談話会．
伊藤末子，1996，「生活用具としてのつつじ苑地区出土土器・陶磁器」，『巣鴨町』Ⅱ〔豊-9〕，豊島区遺跡調査会．
伊藤末子，2000，「椎名町遺跡出土の「カワラケ」に関する覚書」，『江戸在地系土器の研究』Ⅳ，江戸在地系土器研究会．
伊藤末子，2004，「9号遺構出土のかわらけについて」，『椎名町遺跡Ⅰ－東京都豊島区・椎名町遺跡（南長崎パークハウス地区）の発掘調査』〔豊-27〕，豊島区教育委員会．
伊藤末子・小川望，1994，「「火だすき」のついた焼塩壷と絵画資料」，『東京考古』12，東京考古談話会．
伊藤敏行，1991，「胞衣習俗と胞衣容器」，『学芸研究紀要』8，東京都教育庁生涯学習部文化課．
伊野近富，1992，「近世洛外産土師質皿の生産と流通」，『関西近世遺跡の在地土器の生産と流通』〔第4回大会資料集〕，関西近世遺跡研究会．
井上雅孝，1992，「隣宝墨描土器覚書」，『いわき地方史研究』29，いわき地方史研究会．
茨城県鹿島町教育委員会，1992，『鹿島町内遺跡発掘調査報告ⅩⅢ－鹿島町内No.66遺跡（神野向遺跡）・No.67遺跡（神野遺跡）－』．
茨城県教育財団，1998，『（仮称）萱丸地区特定土地区画整理事業地内埋蔵文化財調査報告書Ⅱ 三度山遺跡 古屋敷遺跡』．
岩淵令治，2003，「江戸のゴミ処理再考」，『遺跡からみた江戸のゴミ』〔第16回大会発表要旨〕，江戸遺跡研究会．
岩波書店，2017，『広辞苑』第七版．

う

上田真，1987，「東京大学法4号館・文3号館建設予定地遺跡出土の上製の『かわらけ』」，『東京の遺跡』16，東京考古談話会．
上田真，1990，「かわらけの編年学的及び機能論的考察」，『東京大学本郷構内の遺跡 法学部4号館 文学部3号館地点』〔文-7〕，東京大学遺跡調査室．

丑野毅, 1995,「陶磁器の刻印－レプリカ法による観察」,『飯田町遺跡』〔千-12〕, 飯田町遺跡調査会.

丑野毅, 1996 a,「刻印のレプリカ法よる観察」,『汐留遺跡』〔港-23〕, 汐留地区遺跡調査会.

丑野毅, 1996 b,「刻印文字のレプリカ法による観察－陶器の刻印文字」,『歴史の文字』, 東京大学総合研究博物館.

内野正, 2000,「近世末から近代における多摩地域の土器生産」,『埋もれた多摩の産業遺産』〔第10回大会発表要旨〕, 多摩地域史研究会.

内野正, 2004,「大名屋敷における廃棄遺構の研究－尾張藩上屋敷跡遺跡の発掘調査事例から－」,『続　遺跡からみた江戸のゴミ』〔第17回大会発表要旨〕, 江戸遺跡研究会.

内野正・梶原勝, 2000,「近世末から近代の多摩地域における在地土器生産のあり方」,『武蔵村山市史調査報告書第9集　武蔵村山市中藤田口窯調査報告書』, 武蔵村山市.

浦野慶吉, 1991,「郷土人形とそれを着色した顔料」,『かたち・あそび』2, 日本人形玩具学会.

浦野慶吉, 1993,「江戸の土人形考」,『おもちゃ』126.

浦野慶吉, 1995 a,「郷土人形のルーツを探る」,『かたち・あそび』4, 日本人形玩具学会.

浦野慶吉, 1995 b,「日本の土人形を考える」,『おもちゃ』131.

梅村久美, 2000,「御府内外における焼塩壺の様相－ロクロ成形を中心に」,『江戸在地系土器の研究』Ⅳ, 江戸在地系土器研究会.

え

江上智恵, 1996,「上千葉遺跡出土の土師質土器について」,『上千葉遺跡』, 葛飾区遺跡調査会.

江戸遺跡研究会, 1988,『江戸の食文化』〔第1回大会発表要旨〕.

江戸遺跡研究会, 2000 a,『江戸と国元』〔第13回大会発表要旨〕.

江戸遺跡研究会, 2000 b,『江戸文化の考古学』, 吉川弘文館.

江戸遺跡研究会, 2001,『図説　江戸考古学研究事典』, 柏書房.

江戸遺跡研究会, 2003,『遺跡からみた江戸のゴミ』〔第16回大会発表要旨〕.

江戸遺跡研究会, 2004,『続　遺跡からみた江戸のゴミ』〔第17回大会発表要旨〕.

江戸遺跡研究会, 2012,『江戸在地系カワラケの成立』〔第25回大会発表要旨〕.

江戸遺跡研究会, 2017,『江戸の遊び』〔第30回大会発表要旨〕.

江戸東京博物館, 1995,『あかりの今昔－光と人の江戸東京史－』.

Ⅳ. 参考文献

江戸陶磁土器研究グループ，1992，『シンポジウム江戸出土陶磁器・土器の諸問題』Ⅰ．
江戸陶磁土器研究グループ，1996，『シンポジウム江戸出土陶磁器・土器の諸問題』Ⅱ．
江戸在地系土器研究会，1991 a，「江戸在地系土器型録1（総論－江戸在地系土器研究の目指すもの）」，『東京の遺跡』32，東京考古談話会．
江戸在地系土器研究会，1991 b，「江戸在地系土器型録2　火鉢1」，『東京の遺跡』33，東京考古談話会．
江戸在地系土器研究会，1991 c，『江戸在地系土器の研究』Ⅰ．
江戸在地系土器研究会，1992 a，「江戸在地系土器型録3　かわらけ1」，『東京の遺跡』34，東京考古談話会．
江戸在地系土器研究会，1992 b，「江戸在地系土器型録4　焙烙1」，『東京の遺跡』36，東京考古談話会．
江戸在地系土器研究会，1992 c，「江戸在地系土器型録5　灯火具」，『東京の遺跡』37，東京考古談話会．
江戸在地系土器研究会，1993 a，「江戸在地系土器型録6　土人形1」，『東京の遺跡』39，東京考古談話会．
江戸在地系土器研究会，1993 b，「江戸在地系土器型録7　かわらけ2」，『東京の遺跡』41，東京考古談話会．
江戸在地系土器研究会，1993 c，『江戸在地系土器研究会通信合冊』（1）．
江戸在地系土器研究会，1994 a，『江戸在地系土器の研究』Ⅱ．
江戸在地系土器研究会，1994 b，「江戸在地系土器型録8　かわらけ3」，『東京の遺跡』42，東京考古談話会．
江戸在地系土器研究会，1994 c，「江戸在地系土器型録9　焜炉1」，『東京の遺跡』43，東京考古談話会．
江戸在地系土器研究会，1994 d，「江戸在地系土器型録10　蓋形製品1」，『東京の遺跡』44，東京考古談話会．
江戸在地系土器研究会，1994 e，「江戸在地系土器型録11　蓋形製品2」，『東京の遺跡』45，東京考古談話会．
江戸在地系土器研究会，1995，「江戸在地系土器型録12　植木鉢」，『東京の遺跡』47，東京考古談話会．
江戸在地系土器研究会，1998，『江戸在地系土器の研究』Ⅲ．
江戸在地系土器研究会，2000 a，『江戸在地系土器研究会通信』合冊（2）．
江戸在地系土器研究会，2000 b，『江戸在地系土器の研究』Ⅳ．
江戸在地系土器研究会，2002，『江戸在地系土器の研究』Ⅴ．
江戸在地系土器研究会，2006，『江戸在地系土器の研究』Ⅵ．
江戸在地系土器研究会，2009，『江戸在地系土器の研究』Ⅶ．

江森一郎, 1993,「綿つみ」『江戸時代女性生活絵図大事典』4, 大空社.

お

扇浦正義, 1990,「江戸遺跡研究の一視点－江戸の武家地における塵芥処理問題－」,『牟邪志』3.

扇浦正義, 1992,「江戸の喫茶考古学の一視点－江戸遺跡出土の炉形土器をめぐって」,『江戸在地系土器研究会通信』27, 江戸在地系土器研究会.

大塚達朗, 1988,「考古学的視点からの焼塩壺の検討」,『東京の遺跡』19, 東京考古談話会.

大塚達朗, 1990,「焼塩壺の考古学的視点からの基礎的研究」,『東京大学本郷構内の遺跡 法学部4号館・文学部3号館建設地遺跡』〔文-7〕, 東京大学遺跡調査室.

大塚達朗, 1991a,「焼塩壺研究の新展望」,『中近世土器の基礎研究』Ⅶ, 日本中世土器研究会.

大塚達朗, 1991b,「焼塩壺考（1）－東京大学本郷構内遺跡資料より－」,『東京の遺跡』31, 東京考古談話会.

大塚達朗, 1991c,「焼塩壺考（2）－東京大学本郷構内資料より－」,『東京の遺跡』32, 東京考古談話会.

大塚達朗, 1992,「焼塩壺考（3）－焼塩壺の定義Ⅰ－」,『東京の遺跡』37, 東京考古談話会.

大塚達朗, 1996,「江戸出土の塩壺」,『考古学による日本歴史』9 交易と交通, 雄山閣.

大成可乃, 2000,「「やきもの」考－本郷構内出土の陶磁器・土器類について」,『加賀殿再訪』, 東京大学総合研究博物館.

大貫浩子, 2003,「東京大学本郷構内遺跡における19世紀前葉の廃棄土坑－工学部1号館地点を中心に－」,『遺跡からみた江戸のゴミ』〔第16回大会発表要旨〕, 江戸遺跡研究会.

大貫浩子, 2012,「農学生命科学研究科附属小石川樹木園根圏観察温室地点 第3節出土陶磁器土器について－瓦質植木鉢を中心として－」,『東京大学構内遺跡調査研究年鑑』8,〔文-136〕.

大橋几士, 1975,「千葉県四街道町最終の内耳土器と穿孔のある瓦質土器」,『Circum-Pacific』2, 環太平洋学会.

大橋康二, 1980,「中世以降の土器生産に関する一考察」,『考古学の世界』2, 学習院考古会.

大橋康二, 2011,「幕藩体制にかかわる陶磁器－将軍が必要とした陶磁器－」,『第1回近世陶磁研究会資料 幕藩体制下で例年献上されていた, 陶磁器』, 近世陶磁研究会.

Ⅳ. 参考文献

大村浩司，1992，「神奈川県茅ケ崎市出土の瓦灯」，『江戸在地系土器研究会通信』31，江戸在地系土器研究会．
岡本康嗣・小林謙一，1993，「江戸火鉢紀行1－北青山遺跡五号遺構出土の土師質火鉢」，『江戸在地系土器研究会通信』34，江戸在地系土器研究会．
小川貴司，1979，「回転糸切り技法の展開」，『考古学研究』26-1，考古学研究会．
小川貴司，1995，「土器製作技術と実験と（1）考古学にとっての土器製作実験」，『江戸在地系土器研究会通信』49，江戸在地系土器研究会．
小川貴司，1996a，「土器製作技術と実験と（2）ロクロ製作技法とその製品の見所」，『江戸在地系土器研究会通信』50，江戸在地系土器研究会．
小川貴司，1996b，「土器製作技術と実験と（3）近世の土器製作技法の復元に対して」，『江戸在地系土器研究会通信』51，江戸在地系土器研究会．
小川貴司，1998，「板造り焼塩壷の製作技法とその系譜」，『江戸在地系土器の研究』Ⅲ，江戸在地系土器研究会．
小川望，1987，「東京大学本郷構内遺跡の発掘調査」，『考古学ジャーナル』282，ニューサイエンス社．
小川望，1988，「焼塩壷－東京大学構内遺跡出土資料を中心に－」，『江戸の食文化』〔第1回大会 発表要旨〕，江戸遺跡研究会．
小川望，1989a，「近世土器研究の現段階－「江戸在地系土器」について」，『貝塚』43，物質文化研究会．
小川望，1989b，「近世江戸の瓦質・土師質火鉢類」，『第8回研究集会報告資料』，日本中世土器研究会．
小川望，1989c，「埼玉県深谷市に現存する"大沼焼"」，『江戸在地系土器研究会通信』11，江戸在地系土器研究会．
小川望，1990a，「蓋形製品に関する一考察」，『江戸在地系土器研究会通信』14，江戸在地系土器研究会．
小川望，1990b，「大沼焼のレンタンオコシ」，『江戸在地系土器研究会通信』18，江戸在地系土器研究会．
小川望，1990c，「刻印からみた焼塩壷の系統性について―東京大学構内遺跡病院地点出土資料を例に」，『東京大学本郷構内の遺跡 医学部附属病院地点』〔文-8〕，東京大学遺跡調査室．
小川望，1990d，「各地点出土玩具類」，『東京大学本郷構内の遺跡 医学部附属病院地点』〔文-8〕，東京大学遺跡調査室．
小川望，1990e，「埼玉県深谷市の大沼焼製作の見学」，『江戸在地系土器研究会通信』14，江戸在地系土器研究会．

IV．参考文献

小川望，1991 a,「近世江戸の土製火鉢類について－江戸在地系土器に関する一試論」,『近世土器の基礎研究』Ⅶ，日本中世土器研究会．
小川望，1991 b,「「泉州麻生」を生み出した「花塩屋」について」,『江戸在地系土器研究会通信』22，江戸在地系土器研究会．
小川望，1991 c,「麻布台 N26P における廃棄と遺構の認定について」,『江戸在地系土器研究会通信』24，江戸在地系土器研究会．
小川望，1991 d,「ロクロ成形の焼塩壺に関する一考察－法量分布と組成から見た「系統」について－」,『江戸在地系土器の研究』Ⅰ，江戸在地系土器研究会．
小川望，1991 e,「近世江戸の土製火鉢について」,『中近世土器の基礎研究』Ⅶ，日本中世土器研究会．
小川望，1992 a,「コタツをめぐる民具たち」,『多摩のあゆみ』69，たましん地域文化財団．
小川望，1992 b,「鉢形土器」,『江戸出土の陶磁器・土器の諸問題』Ⅰ，江戸陶磁土器研究グループ．
小川望，1992 c,「大名屋敷出土の焼塩壺」,『江戸の食文化』,吉川弘文館．
小川望，1992 d,「有印土製円盤と有孔方板状石製品」,『東京考古』11，東京考古談話会．
小川望，1992 e,「墨書を有する明治期の焼塩壺－東京大学本郷構内遺跡御殿下記念館地点出土資料から－」,『江戸在地系土器研究会通信』29，江戸在地系土器研究会．
小川望，1993 a,「中盛彬『拾遺泉州志』と焼塩壺研究」,『江戸在地系土器研究会通信』33，江戸在地系土器研究会．
小川望，1993 b,「鉢形焼塩壺類と花塩屋－考古資料と文字資料の検討から－」,『東京考古』11，東京考古談話会．
小川望，1993 c,「武蔵野郷土館旧蔵の焼塩壺と『武蔵野』」,『武蔵野』71-2，武蔵野文化協会．
小川望，1993 d,「墨書を有する蓋形製品－真砂第 3 地点 1 号遺構出土資料－」,『江戸在地系土器研究会通信』35，江戸在地系土器研究会．
小川望，1993 e,「土製ホウロクの製作技法とその伝統―埼玉」,『食生活と民具』〔日本民具学会編集 7〕，日本民具学会，雄山閣出版．
小川望，1994 a,「「御壷塩師／堺湊伊織」の刻印をもつ焼塩壺について」,『江戸在地系土器の研究』Ⅱ，江戸在地系土器研究会．
小川望，1994 b,「「泉州麻生」の刻印をもつ焼塩壺に関する一考察」,『日本考古学』1，日本考古学協会．
小川望，1995 a,「「泉湊伊織」の刻印をもつ焼塩壺について―法量分布による若干の考察」,『東京考古』13，東京考古談話会．

IV. 参考文献

小川望, 1995 b,「シキワと称される器台形土製品について」,『民具マンスリー』28-4, 神奈川大学日本常民文化研究所.

小川望, 1995 c,「「泉湊伊織」の刻印をもつ焼塩壺について－法量分布による若干の考察－」,『東京考古』13, 東京考古談話会.

小川望, 1996 a,「焼塩壺－泉州麻生・泉州磨生・泉川麻玉－」,『歴史の文字　記載・活字・活版』, 東京大学総合博物館.

小川望, 1996 b,「焼塩壺の"生産者"に関する一考察－「泉州磨生」の刻印をもつ焼塩壺を例として－」,『古代』101, 早稲田大学考古学研究室.

小川望, 1996 c,「焼塩壺の刻印による年代観について－「泉州麻生」と「御壺塩師／堺湊伊織」を中心に－」,『シンポジウム　江戸出土陶磁器・土器の諸問題』Ⅱ, 江戸陶磁土器研究グループ.

小川望, 1996 d,「江戸遺跡における土器・陶磁器の編年」,『掘り出された都市』, 江戸東京博物館.

小川望, 1997 a,「焼塩壺の成整形技法に関する問題点（上）・（下）－討論会（その2）に向けて－」,『江戸在地系土器研究会通信』57・58, 江戸在地系土器研究会.

小川望, 1997 b,「近世江戸出土の土器類」,『江戸と周辺地域』〔第11回大会 発表要旨〕, 江戸遺跡研究会.

小川望, 1997 c,「江戸在地系土器型録15　ロクロ成形の焼塩壺-1」,『東京の遺跡』57, 東京考古談話会.

小川望, 1997 d,「江戸在地系土器型録15　ロクロ成形の焼塩壺-2」,『東京の遺跡』58, 東京考古談話会.

小川望, 1997 e,「東京国立博物館構内出土焼塩壺の検討」,『(仮称) 上野忍岡遺跡群　東京国立博物館構内地点』〔台-19〕, 東京国立博物館.

小川望, 1998 a,「江戸出土土器類の概観－上方との比較に向けて－」,『上方と江戸－近世考古学から見た東西文化の差異－』〔第10回関西近世考古学研究会大会〕, 関西考古学研究会.

小川望, 1998 b,「江戸における近世初頭の焼塩壺様相」,『江戸在地系土器の研究』Ⅲ, 江戸在地系土器研究会.

小川望, 1999 a,「『武蔵野』口絵の焼塩壺」,『江戸在地系土器研究会通信』68, 江戸在地系土器研究会.

小川望, 1999 b,「江戸遺跡出土土器の諸様相」,『関西近世考古学研究』Ⅶ, 関西近世考古学研究会.

小川望, 1999 c,「出土遺物から見た江戸在地系土器の展開」,『隅田川・江戸川流域のやきもの』, 葛飾区郷土と天文の博物館.

小川望, 2000 a,「「堺本湊焼／吉右衛門」の刻印を持つ焼塩壺－「御壺

塩師／堺湊伊織」との系譜関係を中心に－」,『江戸在地系土器の研究』Ⅳ, 江戸在地系土器研究会.
小川望, 2000 b,「土器からみた江戸と国元－江戸在地系土器と焼塩壺－」,『江戸と国元』〔第 13 回大会発表要旨〕, 江戸遺跡研究会.
小川望, 2001 a,「灯火具1～6」,『図説　江戸考古学研究事典』, 江戸遺跡研究会編　柏書房.
小川望, 2001 b,「焼塩壺」,『図説　江戸考古学研究事典』, 江戸遺跡研究会編　柏書房.
小川望, 2001 c,「火具2　火鉢類」「暖房具1　火鉢類」,『図説　江戸考古学研究事典』, 江戸遺跡研究会編　柏書房.
小川望, 2000 d,「蚊遣り」,『図説　江戸考古学研究事典』, 江戸遺跡研究会編　柏書房.
小川望, 2001 e,「「火打箱」とされる間仕切付箱形土器について」,『江戸在地系土器研究会通信』79, 江戸在地系土器研究会.
小川望, 2002 a,「注口状の突起を有する灯火具 - 出土資料を中心とした集成と考察 -」,『物質文化』73, 物質文化研究会.
小川望, 2002 b,「筒状の芯立をもつ灯火具（1）－土製ヒョウソクⅠ類を中心に－」,『江戸在地系土器の研究』Ⅴ, 江戸在地系土器研究会.
小川望, 2002 c,「「火打箱」とされる間仕切付箱形土器について（補遺）」,『江戸在地系土器研究会通信』80, 江戸在地系土器研究会.
小川望, 2003 a,「技術の系統から見た焼塩壺の生産単位　－成形技法と刻印を読み解く－」,『メタアーケオロジー』4, メタアーケオロジー研究会.
小川望, 2003 b,「基調報告　遺跡からみた江戸のゴミ」,『遺跡からみた江戸のゴミ』〔第 16 回大会発表要旨〕, 江戸遺跡研究会.
小川望, 2004 a,「中央区明石町遺跡出土の鉢形焼塩壺」,『江戸在地系土器研究会通信』87, 江戸在地系土器研究会.
小川望, 2004 b,「基調報告　続　遺跡からみた江戸のゴミ」,『続　遺跡からみた江戸のゴミ』〔第 17 回大会発表要旨〕, 江戸遺跡研究会.
小川望, 2005,「いわゆる「大極上上吉改」の刻印をもつ焼塩壺」,『江戸在地系土器研究会通信』91, 江戸在地系土器研究会.
小川望, 2006 a,「墨書を有する焼塩壺－江戸遺跡出土資料から－」,『メタアーケオロジー』5, メタアーケオロジー研究会.
小川望, 2006 b,「焼塩壺の蓋－江戸遺跡出土資料を中心に－」,『江戸在地系土器の研究』Ⅵ, 江戸在地系土器研究会.
小川望, 2006 c,「「ミなと/宗兵衛」の刻印をもつ焼塩壺に関する続論」,『江戸在地系土器研究会通信』93, 江戸在地系土器研究会.

Ⅳ．参考文献

小川望, 2006d,「焼塩壺の遍在と偏在 - 江戸遺跡出土資料の分析 - 」,『生業の考古学』2, 東京大学考古学研究室.
小川望, 2007,「続　焼塩壺の遍在と偏在 - 汎列島的様相 - 」,『國學院大學考古学紀要』31, 國學院大學考古学資料館.
小川望, 2008,『焼塩壺と近世の考古学』, 同成社.
小川望, 2009,「「天下一」の銘を持つ焼塩壺」,『江戸江戸在地系土器の研究』Ⅶ, 江戸在地系土器研究会.
小川望, 2013,「蚊遣り」,『事典　江戸の暮らしの考古学』, 吉川弘文館.
小川望, 2018,「江戸のブランド品 - 焼塩壺の刻印の模倣から見た商習慣 - 」,『考古学ジャーナル』715, ニューサイエンス社.
小川望・五十嵐　彰, 2006,「港区 No.149<遺跡>（環状 2 号線新橋・虎ノ門地区）出土の焼塩壺 2 例」,『江戸在地系土器の研究』Ⅳ, 江戸在地系土器研究会.
小川望・小俣悟, 1988,「関東の瓦質土師質火鉢類 - 中世鎌倉, 近世江戸を中心に」,『考古学ジャーナル』299, ニューサイエンス社.
小川望・堀内秀樹・坂野貞子, 1996,「江戸遺跡における土器・陶磁器の編年」,『掘り出された都市 - 江戸・長崎・アムステルダム・ロンドン・ニューヨーク』, 江戸東京博物館.
小川望・毎田佳奈子, 2006,「港区№.107 遺跡出土の「○泉」の刻印をもつ焼塩壺」,『江戸在地系土器の研究』Ⅵ, 江戸在地系土器研究会.
小川祐司, 2009,「無穿孔土師質植木鉢の位置づけ」,『巣鴨Ⅻ第 2 分冊』〔豊 -48-2〕, 豊島区教育委員会.
奥村寛純, 1976,「伏見人形概説」,『伏見人形の原型』, 伏偶舎・丹嘉.
落合則子, 1988,「江戸今戸焼史に関する一試論 - 江戸製陶業変遷史における位置づけ」,『江戸在地系土器勉強会通信（仮称）』1, 江戸在地系土器勉強会.
落合則子, 1989,「江戸今戸焼史に関する一試論 - 江戸製陶業変遷史における位置づけ」,『生活文化史』15.
小俣悟, 2005,「「入谷土器」について - 東京都台東区入谷遺跡出土資料の検討 - 」,『江戸時代の名産品と商標』〔第 18 回大会発表要旨〕, 江戸遺跡研究会.
小俣悟, 2011,「「入谷土器」- 東京都台東区入谷遺跡出土資料の検討 - 」,『江戸時代の名産品と商標』, 吉川弘文館.

か

梶原喜世子, 1995,「丸熊マークのいわゆる「温石」について」,『東京考古』13, 東京考古談話会.

Ⅳ．参考文献

梶原勝，1987，「Ⅱ-3　発見された遺物」，『宇津木台遺跡群』Ⅸ，八王子市宇津木台地区遺跡調査会．

梶原勝，1993，「ものからみた多摩の幕末から明治」，『遺跡にみる幕末から明治』〔第6回大会発表要旨〕，江戸遺跡研究会．

梶原勝，1996，「巣鴨遺跡中野組ビル地区1・9号遺構における年代決定の根拠と遺物群」，『シンポジウム江戸出土陶磁器・土器の諸問題』Ⅱ〔発表要旨〕，江戸陶磁土器研究グループ．

梶原勝，2002，「第二編　第九章　第二節近代産業と市内の焼物産業」，『武蔵村山市史　通史編』．

梶原勝，2009，「近世・江戸における『手づくね型成形』カワラケの消長とその歴史的意義」，『江戸在地系土器の研究』Ⅶ，江戸在地系土器研究会．

梶原勝，2010，「近世・江戸における白色系カワラケの消長とその歴史的背景」，『都市江戸のやきもの』〔第23回大会発表要旨〕，江戸遺跡研究会．

梶原勝，2011，「戦国期～徳川政権前期におけるカワラケの歴史的意義」，『第1回近世陶磁研究会資料　幕藩体制下で例年献上された陶磁器』，近世陶磁研究会．

梶原勝，2012，「江戸のカワラケ－17世紀を中心に－」，『江戸在地系カワラケの成立』〔第25回大会発表要旨〕，江戸遺跡研究会．

片桐孝浩，2002，「四国横断自動車道建設に伴う埋蔵文化財発掘調査報告 第三十九冊　原間遺跡Ⅰ第1分冊」，香川県埋蔵文化財センター．

葛飾区遺跡調査会，1996，『上千葉遺跡』．

加藤雄太，2016，「近世京都の土人形　同志社構内出土資料を中心に」，『江戸遺跡研究』3，江戸遺跡研究会．

金森安孝，2000，「仙台城出土の焼塩壺」，『シンポジウム　焼塩壺の旅－ものの始まり堺－』，財団法人　小谷城郷土館・関西近世考古学研究会．

金子健一，1993，「名古屋城三の丸遺跡にみる陶磁器・土器の組成と灯火具の変遷について」，『瀬戸市埋蔵文化財センター研究紀要』1，瀬戸市埋蔵文化財センター．

金子宏章，1994，「江戸近郊の内耳焙烙について」，『江戸在地系土器の研究』Ⅱ，江戸在地系土器研究会．

加納梓，1989，「裸人形について」，『江戸遺跡研究会会報』19，江戸遺跡研究会．

加納梓，1990，「染井遺跡（日本郵船地区）出土の植木鉢類」，『染井Ⅰ』〔豊-1〕，駒込六丁目遺跡（日本郵船地区）調査会．

Ⅳ. 参考文献

上条朝宏，1981，「遺跡出土の土製品類と地下坑採取粘土の分析について」，『白山四丁目遺跡』〔文-3〕，白山四丁目遺跡調査団．
上条朝宏・長佐古真也，1996，「溜池遺跡出土土器灯明皿の胎土分析」，『溜池遺跡』〔千-14〕，都内遺跡調査会．
上高津貝塚ふるさと歴史の広場，2003，『般若寺遺跡と常陸の中世寺院遺跡』．
川口宏海・小山繁夫・中島健吾，1977，「堺市浄光寺出土の焼塩壺について」，『陵』3・4，仏教大学考古学研究会．
川口宏海，1991，「伊丹郷町出土の胞衣壺」，『江戸在地系土器研究会通信』25，江戸在地系土器研究会．
川村紀子，2008，「大阪出土の土製品－大阪市内を中心として－」，『関西近世考古学研究16 土人形から見た近世社会』．
川村紀子，2010，「江戸時代の大坂におけるミニチュア土製品の一考察」，『大阪歴史博物館研究紀要』8，大阪歴史博物館．
川村紀子，2015，「江戸時代の大坂におけるミニチュア土製品の製作について」，『郵政考古紀要』62，大阪郵政考古学会．
関西近世考古学研究会，2008，『関西近世考古学研究16 土人形が見た近世社会』．

き

京都市埋蔵文化財研究所，2007，『伏見城跡』．
京都市埋蔵文化財研究所，2011，『法性寺跡』．
喜多川守貞（朝倉治彦編），1988，『合本守貞漫稿』，東京堂出版．
北原糸子・谷川宣雄，1989，「胞衣納めをめぐる二，三の問題」，『北山伏町遺跡』〔新-7〕，新宿区北山伏町遺跡調査会．
北原直喜，1992，「今戸土人形論」，『考古学と江戸文化』〔第5回大会発表要旨〕，江戸遺跡研究会．
北原直喜，2000，「今戸土人形論」，『江戸文化の考古学』，吉川弘文館．
木下密蓮，1984，「中世の地鎮・鎮壇」，『古代研究』28・29合併号，早稲田古代研究会．
桐生直彦，1991，「杉並区上井草出土の焼塩壺」，『江戸在地系土器研究会通信』22，江戸在地系土器研究会．
桐生直彦，1994，「「江戸」近郊の焼塩壺」，『江戸在地系土器の研究』Ⅱ，江戸在地系土器研究会．
桐生直彦，1998，「「江戸」近郊の焼塩壺Ⅱ」，『江戸在地系土器の研究』Ⅲ，江戸在地系土器研究会．

Ⅳ．参考文献

く

日下正剛，2000 a,「徳島城下町とその周辺地域における焼塩壷出土の様相」,『シンポジウム　焼塩壷の旅－ものの始まり堺－』，財団法人小谷城郷土館・関西近世考古学研究会．

日下正剛，2000 b,「徳島・京・江戸出土の用途不明土器の分類とその用途の考察」,『江戸在地系土器の研究』Ⅳ，江戸在地系土器研究会．

久世深雪，2006,「泥面子の製作技法の一考察」,『江戸在地系土器の研究』Ⅵ，江戸在地系土器研究会．

熊取町教育委員会，1986,『熊取の歴史』．

黒川真頼，1877,「今戸焼」,『増訂工芸志料』巻 3，東洋文庫 254．

桑田忠親，1956,「天下一の号」,『國學院雑誌』57-7，國學院大學．

こ

小出昌洋監修・加賀翠渓編集，1998,「十二，勝俣銓吉郎出品　昭和十一年五月廿六日出品　焼塩壷」,『続日本随筆大成別冊　新耽奇会図録』，吉川弘文館．

小泉和子，1979,『家具と室内意匠の文化史』，法政大学出版局．

古泉弘，1983,『江戸を掘る－近世考古学への招待』，柏書房．

古泉弘，1985,「江戸の街の出土遺物－その展望」,『季刊考古学』13，雄山閣出版．

古泉弘，1987,『江戸の考古学（考古学ライブラリー 48）』，ニューサイエンス社．

古泉弘，1988,「近世遺跡と考古学」,『物質文化』50，物質文化研究会．

古泉弘，1991,「なぜ江戸を掘るのか」,『甦る江戸』，江戸遺跡研究会，新人物往来社．

国立歴史民俗博物館，1989,『暮らしの中の灯火』〔図録〕．

小平教育委員会，2001,『暮らしの道具－「世帯道具字盡」に見る幕末の生活用具』〔特別展図録〕．

木立雅朗，2008,「考古学から見た土人形の出現と展開－偶像・明器・形代・人形の歴史的展開を中心に－」,『関西近世考古学研究 16 土人形が見た近世社会』，関西近世考古学研究会．

小谷寛，2000,「小谷城郷土館所蔵の焼塩壷」,『シンポジウム　焼塩壷の旅－ものの始まり堺－』，財団法人　小谷城郷土館・関西近世考古学研究会．

小谷寛・森村紀代，2000,「焼塩壷の誕生と発展」,『シンポジウム　焼塩壷の旅－ものの始まり堺－』，財団法人　小谷城郷土館・関西近世考古学研究会．

Ⅳ．参考文献

小林克，1991 a，「火もらいについて」，『江戸在地系土器の研究』Ⅰ，江戸在地系土器研究会．

小林克，1991 b，「第24回勉強会の記録と報告」，『江戸在地系土器研究会通信』23．

小林克，1992，「火鉢の孔」，『多摩のあゆみ』69，たましん地域文化財団．

小林克，1994 a，「近世考古学研究と民具研究の協業の可能性－民具資料と考古資料の対比－」，『江戸在地系土器の研究』Ⅱ，江戸在地系土器研究会．

小林克，1994 b，「近世照明具の研究の方法と課題－伝世資料と出土資料の比較から」，『東京考古』12，東京考古談話会．

小林克，1995 a，『あかりの今昔－光と人の江戸東京史－』〔図録〕江戸東京博物館．

小林克，1995 b，「出土資料から見るあかり」，『あかりの今昔－光と人の江戸東京史』，江戸東京博物館．

小林克，1995 c，「近世照明具研究へのアプローチ」，『季刊考古学』53．

小林克，1995 d，「都市江戸と今戸焼」，『近世都市と産業』〔第7回関西近世考古学研究会大会資料集〕，関西近世考古学研究会．

小林克，1996，「近世考古学の一展望」，『掘り出された都市』，江戸東京博物館．

小林克，1998，「都市・物質文化比較の視点」，『史潮』新44号．

小林克，1999 a，「江戸の瓦と今戸焼」，『江戸の物流』〔第12回大会発表要旨〕，江戸遺跡研究会．

小林克，1999 b，「江戸東京のやきもの『今戸焼』」，『隅田川・江戸川流域のやきもの』，葛飾区郷土と天文の博物館．

小林克，2000 a，「あかりの道具研究の方向」，『江戸文化の考古学』，江戸遺跡研究会，吉川弘文館．

小林克，2000 b，「ボウズの用途」，『竹石健二先生澤田大多郎先生還暦記念論文集』，竹石健二先生・澤田大多郎先生の還暦を祝う会．

小林克，2001，「ボウズの変遷予察」，『民具マンスリー』34-6，神奈川大学日本常民文化研究所．

小林克，2002，「隅田川と今戸焼」，『隅田川をめぐるくらしと文化』，東京都江戸東京博物館調査報告書第13集．

小林克，2015 a，「今戸焼　土人形の寄贈とその関係資料に関する覚書」，『東京都江戸東京博物館紀要』5，東京都江戸東京博物館都市歴史研究室．

小林克，2015 b，「江戸時代の瓦漏」，『日本考古学』40，日本考古学協会．

小林克，2017，「今戸焼の窯と製品－遊びに関連して－」，『江戸の遊び』

〔第30回大会発表要旨〕,江戸遺跡研究会.
小林克ほか,1996,「近世考古学の一展望」,『掘り出された都市－江戸・長崎・アムステルダム・ロンドン・ニューヨーク－』(図録),江戸東京博物館.
小林克ほか,1997,『今戸焼 東京都江戸東京博物館調査報告書』4,江戸東京博物館.
小林謙一,1986 a,「焙烙について」,『麻布台一丁目郵政省飯倉分館構内遺跡』〔港 -2〕,麻布台一丁目遺跡調査会.
小林謙一,1986 b,「江戸における近世瓦質・土師質火鉢について－麻布台一丁目遺跡出土資料を中心に」,『慶応義塾大学考古学研究会二十周年記念論集』,慶応義塾大学考古学研究会.
小林謙一,1986 c,「瓦質・土師質土器の数量的分析」,『郵政省飯倉分館構内遺跡』〔港 -2〕,港区麻布台一丁目遺跡調査会.
小林謙一,1989,「江戸における近世灰釉徳利の釘書について」,『物質文化』52,物質文化研究会.
小林謙一,1990 a,「資料紹介 大沼焼の現代焙烙」,『江戸在地系土器研究会通信』14,江戸在地系土器研究会.
小林謙一,1990 b,「近世江戸の瓦質土師質植木鉢について」,『江戸在地系土器研究会通信』17,江戸在地系土器研究会.
小林謙一,1991 a,「江戸遺跡における廃棄の研究」,『東京考古』9,東京考古談話会.
小林謙一,1991 b,「江戸における近世焜炉・土師質焜炉について」,『江戸在地系土器の研究』Ⅰ,江戸在地系土器研究会.
小林謙一,1991 c,「麻布台一丁目遺跡N26号土壙の塩壺類について」,『江戸在地系土器研究会通信』24/25,江戸在地系土器研究会.
小林謙一,1992 a,「暖房具に見る考古資料と民具資料の関係」,『考古学と江戸文化』〔第5回大会発表要旨〕,江戸遺跡研究会.
小林謙一,1992 b,「皿形土器類」,『シンポジウム江戸出土陶磁器・土器の諸問題』1〔発表要旨〕,江戸陶磁土器研究グループ.
小林謙一,1992 c,「土器研究の現状と方針」,『シンポジウム江戸出土陶磁器・土器の諸問題』Ⅰ〔発表要旨〕,江戸陶磁土器研究グループ.
小林謙一,1992 d,「江戸在地系土器成立期の様相」,『関西近世遺跡の在地土器の生産と流通』〔第4回関西近世考古学研究会大会資料集〕,関西近世考古学研究会.
小林謙一,1993,「真砂遺跡第3地点1号遺構の土師質塩壺類」,『江戸在地系土器研究会通信』35,江戸在地系土器研究会.

IV. 参考文献

小林謙一，1994 a,「江戸在地系土器型録9 焜炉1」,『東京の遺跡』43, 東京考古談話会.

小林謙一，1994 b,「江戸在地系土器生産の成立に関する予察－近世都市江戸における17世紀の土師質皿－」,『考古学研究』41-2, 考古学研究会.

小林謙一，1994 c,「江戸在地系土器生産の展開に関する予察」,『江戸在地系土器の研究』Ⅱ, 江戸在地系土器研究会.

小林謙一，1994 d,「現存今戸焼職人の調査」,『民具研究』105, 日本民具学会.

小林謙一，1996 a,「江戸在地系土器と江戸出土土師質塩壷類の編年（要旨）」,『シンポジウム 江戸出土陶磁器・土器の諸問題』Ⅱ〔発表要旨〕, 江戸陶磁土器研究グループ.

小林謙一，1996 b,「竪穴住居跡のライフサイクルからみた住居廃絶時の状況－南関東の縄文中期集落での遺物出土状態を中心に－」,『すまいの考古学－住居の廃絶をめぐって』, 山梨県考古学協会.

小林謙一，1997 a,「江戸在地系土器の質に関する議論－両角まり「瓦質と土師質」に答える－」,『江戸在地系土器研究会通信』59, 江戸在地系土器研究会.

小林謙一，1997 b,「江戸在地形土器成立期の土師質皿の製作技術」,『関西近世考古学研究』Ⅴ, 関西近世考古学研究会.

小林謙一，1998,「17世紀前葉の土師質皿－丸の内三丁目遺跡52号土坑出土土師質皿の位置づけ－」,『江戸在地系土器の研究』Ⅲ, 江戸在地系土器研究会.

小林謙一，2000 a,「近世以降の土器窯に対する考古学的調査からみた田口家土器焼成窯の考察」,『武蔵村山市史調査報告書第9集 武蔵村山市中藤 田口窯調査報告書』, 武蔵村山市.

小林謙一，2000 b,「福井県小浜市現存の達磨窯－近世以降の小型平窯についての予察」,『江戸在地系土器の研究』Ⅳ, 江戸在地系土器研究会.

小林謙一，2000 c,「暖房具に見る考古資料と民具資料の関係」,『江戸文化の考古学』, 江戸遺跡研究会, 吉川弘文館.

小林謙一，2003 a,「近世瓦質土師質火鉢・焜炉類の生産・流通と使用－東日本を中心に－」,『第5回四国城下町研究会 四国と周辺の土器Ⅱ－火鉢・焜炉類にみる流通と生活形態－発表要旨・資料集』, 四国城下町研究会.

小林謙一，2003 b,「江戸遺跡における廃棄研究－廃棄遺構・廃棄の場の検討－」,『遺跡からみた江戸のゴミ』〔第16回大会発表要旨〕, 江

戸遺跡研究会.

小林謙一, 2005,「近現代における土器生産」,『近現代考古学の射程～今なぜ近現代を語るのか～』, 考古学リーダー3　メタ・アーケオロジー研究会編, 六一書房.

小林謙一, 2007,「近世・近現代考古学のライフサイクル論」,『近世・近現代考古学入門　「新しい時代の考古学」の方法と実践』, 鈴木公雄ゼミナール編, 慶應義塾大学出版会.

小林謙一, 2010,「江戸在地系土器研究の現状と課題」,『都市江戸のやきもの』〔第23回大会発表要旨〕, 江戸遺跡研究会.

小林謙一・菅沼圭介・両角まり, 1986,「瓦質・土師質土器」,『麻布台一丁目　郵政省飯倉分館構内遺跡』〔港-2〕, 港区麻布台一丁目遺跡調査団.

小林謙一・辻真人, 1991,「博多瓦町焼きの土器職人の調査」,『江戸在地系土器研究会通信』21, 江戸在地系土器研究会.

小林謙一・両角まり, 1992,「江戸における近世土師質塩壺類の研究」,『東京考古』10, 東京考古談話会.

小林忠, 2007,「公文浮世絵コレクション母子絵百景よみがえる江戸の子育て」, 河出書房新社.

小林照子, 2012 a,「東京大学構内遺跡出土人形・玩具の分類」,『東京大学構内遺跡調査研究年報』8　2009・2010年度〔文-136〕, 東京大学埋蔵文化財調査室.

小林照子, 2012 b,「東京大学構内遺跡出土人形・玩具の年代的推移について」,『東京大学構内遺跡調査研究年報』8　2009・2010年度〔文-136〕, 東京大学埋蔵文化財調査室.

小林照子, 2016,「成形技法からみた土人形の系譜 - 17世紀中葉の西行のCT画像から - 」,『江戸遺跡研究』3, 江戸遺跡研究会.

駒井銅之助, 1972,『かわら日本史』, 雄山閣.

近藤さおり, 2000,「記念館前遺跡の胞衣」,『明治大学記念館前遺跡』〔千-22〕, 明治大学考古学博物館.

近野正幸, 1989,「東京都品川区東大井出土の焼塩壺について」,『立正考古』29.

さ

坂詰秀一, 1994,「江戸の考古学事始め」,『八百八町の考古学－シンポジウム江戸を掘る』, 山川出版社.

櫻井準也, 1990,「ゴミ穴の使用期間と季節性－魚骨と瓦質土師質土器の出土状況から」,『江戸在地系土器研究会通信』18, 江戸在地系土器研究会.

IV．参考文献

笹尾局之，2000，「江戸時代のあかり」，『江戸文化の考古学』，江戸遺跡研究会，吉川弘文館．

笹尾局之・小林克，1992，「江戸時代のあかり」，『考古学と江戸文化』〔第5回大会発表要旨〕，江戸遺跡研究会．

佐々木彰，1990 a，「江戸時代のカワラケの動態と推移―大聖寺藩上屋敷跡出土の資料を中心に」，『東京大学本郷構内の遺跡 医学部附属病院地点』〔文 -8〕，東京大学遺跡調査室．

佐々木彰，1990 b，「近世焙烙の研究―大聖寺藩上屋敷跡出土資料を中心に」，『物質文化』53，物質文化研究会．

佐々木彰，1993，「江戸近郊の焙烙についての覚書き」，『足立区立郷土博物館紀要』15，足立区立郷土博物館．

佐々木彰，1996 a，「汐留遺跡の焙烙の変遷」，『汐留遺跡』〔港 -23〕，汐留地区遺跡調査会．

佐々木彰，1996 b，「汐留遺跡出土のカワラケの動態と推移」，『汐留遺跡』〔港 -23〕，汐留地区遺跡調査会．

佐々木彰，2000 a，「本郷元町遺跡出土の灯火具」，『本郷元町』Ⅳ〔文 -21-3〕，都立学校遺跡調査会．

佐々木彰，2000 b，「明治の焙烙」，『菅谷遺跡』〔荒 -3〕，都立学校遺跡調査会．

佐々木彰，2002，「葛西城出土の内耳土器の検討－いわゆる「Bタイプ」を中心に－」，『葛西城発掘30周年記念論文集 中近世史研究と考古学』，談話会．

佐々木達夫，1977，「幕末・明治初頭の塩壺とその系譜」，『考古学ジャーナル』134，ニューサイエンス社．

佐々木達夫，1978，「一九世紀中葉の灯器」，『金沢大学法文学部論集 史学編』25，金沢大学法文学部．

佐々木達夫・佐々木花江，1975，「東京都日枝神社境内の調査」，『考古学ジャーナル』105，ニューサイエンス社．

佐藤公保ほか，1990，『名古屋城三の丸遺跡（1）』，『(愛知県埋蔵文化財センター調査報告書)』15，愛知県埋蔵文化財センター．

し

四国徳島城下町研究会，2001，「第3回四国徳島城下町研究会発表要旨・資料集 四国と周辺の土器－炮烙の生産と流通－」．

芝野圭之助，2003，「泉南地域の砂糖の生産について」，『郵政考古紀要』32，郵政考古 大阪・郵政考古学会．

島田貞彦，1926，「考古片録（3） 泉州麻生銘小壺」，『歴史と地理』

18-3, 史学地理学同攷会, 肇文社星野書店.
嶋谷和彦, 1991 a, 「織豊期の犬形土製品」, 『関西近世考古学研究』Ⅰ, 関西近世考古学研究会.
嶋谷和彦, 1991 b, 「"地鎮め"の諸相」, 『近世都市の構造』〔第 3 回関西近世考古学研究会大会発表要旨〕, 関西近世考古学研究会.
嶋谷和彦, 1992, 「"地鎮め"の諸相」, 『関西近世考古学研究』Ⅲ, 関西近世考古学研究会.
嶋根豪全, 1989, 「土製人形について」, 『白金館祉遺跡』Ⅲ－研究編, 白金館址遺跡調査会.
清水明, 1994, 「泉州麻生の塩壺」, 『歴研通信』12, 泉南市歴史研究会.
白神典之・増田達彦, 1991, 「堺における近世の陶磁器と土器について」, 『関西近世考古学研究』Ⅰ, 関西近世考古学研究会.
新宿区内藤町遺跡調査会, 1992, 『新宿内藤町遺跡に見る江戸のやきものと暮らし』〔図録〕.

す

菅原道, 1994, 「焼塩壺の計量分析」, 『考古学における計量分析－計量考古学への道（Ⅳ）－』, 統計数理研究所.
菅原道, 1996, 「焼塩壺に関する統計数理的考察」, 『汐留遺跡』〔港-23〕, 汐留地区遺跡調査会.
鈴木公雄ほか, 1985, 「東京都港区内の江戸時代遺跡」, 『季刊考古学』13, 雄山閣.
鈴木重治, 1985 a, 「堺の焼塩壺」, 『日本民俗文化大系』13, 小学館.
鈴木重治, 1985 b, 「近世土器の編年」, 『中近世土器の基礎研究』Ⅰ, 日本中世土器研究会.
鈴木章生, 2001, 『江戸の名所と都市文化』, 吉川弘文館.
鈴木裕子, 1989, 「東京大学本郷構内遺跡御殿下記念館地点出土の 17 世紀代のかわらけ」, 『江戸在地系土器勉強会通信（仮称）』8, 江戸在地系土器勉強会.
鈴木裕子, 1991, 「江戸遺跡の瓦灯について－ラフスケッチ－」, 『江戸在地系土器の研究』Ⅰ, 江戸在地系土器研究会.
鈴木裕子, 1995 a, 「V. まとめにかえて 瓦質植木鉢について」, 『伝中・上富士前』Ⅰ〔豊-7〕, 豊島区教育委員会.
鈴木裕子, 1995 b, 「江戸在地系土器型録 12 植木鉢」, 『東京の遺跡』47, 東京考古談話会.
鈴木裕子, 1998 a, 「土器擂鉢の終焉－江戸と江戸周辺から」, 『江戸在地系土器の研究』Ⅲ, 江戸在地系土器研究会.

Ⅳ. 参考文献

　　鈴木裕子, 1998 b,「江戸遺跡出土の非在地系の深鉢形土器について－豊島区北大塚遺跡エステージ大塚」,『東京考古』16, 東京考古談話会.
　　鈴木裕子, 2000,「江戸出土の伊勢湾周辺の土器－17・18世紀を中心に」,『江戸在地系土器の研究』Ⅳ, 江戸在地系土器研究会.
　　鈴木裕子, 2006,「江戸遺跡出土の型押し成形の焼塩壷」,『江戸在地系土器の研究』Ⅵ, 江戸在地系土器研究会.

せ

　　積山洋, 1984,『難波宮址の研究』8, 大阪市文化財協会.
　　積山洋, 1995,「近世大坂出土の土師質土器編年, 素描」,『大阪府埋蔵文化財協会研究紀要』3－設立10周年記念論集, 大阪府埋蔵文化財協会.
　　積山洋, 1998,「大坂の土師質土器－調理具・照明具・焼塩壷を中心に」,『上方と江戸』〔第10回関西近世考古学研究会大会資料集〕, 関西考古学研究会.
　　積山洋, 1999,「大坂の土師質土器」,『関西近世考古学研究』7, 関西近世考古学研究会.
　　関口広次, 1988,「隅田川沿岸の窯業」,『古文化談叢』20（上）, 九州古文化研究会.
　　千駄ヶ谷遺跡調査会, 1997,『千駄ヶ谷五丁目遺跡（遺物編）』〔渋-7-2〕.

た

　　高嶋幸男, 1985,『火の道具』, 柏書房.
　　高橋艸葉, 1928,「堺の焼塩壷」,『中央史壇』14-3, 国史講習会.
　　高橋幹夫, 1994,『江戸の暮らし図鑑－道具で見る江戸時代』, 芙蓉書房出版.
　　田中一廣, 1991,「泉州名産『焼塩壷』－京都・護王神社境内及び妙心寺塔頭出土資料の紹介をかねて－」,『関西近世考古学研究』Ⅱ, 関西近世考古学研究会.
　　田中一廣, 1992,「泉州名産『焼塩壷』の足跡」,『関西近世遺跡の在地土器の生産と流通』〔第4回関西近世考古学研究会大会資料集〕, 関西近世考古学研究会.
　　田中一廣, 1994,「京都深草の「焼塩壷」伝世品」,『大阪府埋蔵文化財協会　研究紀要』2,（財）大阪府埋蔵文化財協会.
　　田中一廣, 1995,「京の『焼塩壷』二種－中ノ院家出土遺物補遺と妙心寺塔頭遺物その後－」,『花園史学』16, 花園大学史学会・花園大学.
　　田中一廣, 2000,「泉州名産の『焼塩壷』－ものの始まり堺「焼塩壷」特別展より－」,『シンポジウム　焼塩壷の旅－ものの始まり堺－』,

Ⅳ. 参考文献

　　　財団法人　小谷城郷土館・関西近世考古学研究会.
谷川章雄，1991，「地下に埋もれた民俗資料」，『月刊文化財』11月号.
谷川章雄，1993，「考古学からみた近世都市江戸」，『史潮』32, 弘文堂.
谷口榮，2001，『江戸・東京のやきもの　かつしかの今戸焼』，〔かつし
　　かブックレット12〕，葛飾区郷土と天文の博物館.
玉井哲雄，1986，『江戸－失われた都市空間を読む』，平凡社.

ち

千野香織，1997，「土地が描かれることの意味　滋賀県立近代美術館蔵
　　近江名所図屏風再考」，『建築史の回り舞台　－時代とデザインを語る
　　－』，彰国社.

つ

辻真人，1988，「焙烙の変遷」，『江戸の食文化』〔第1回大会発表要旨〕，
　　江戸遺跡研究会.
辻真人，1992，「焙烙の変遷」，『江戸の食文化』，吉川弘文館.
辻真人，1994，「近世都市江戸の成立と焙烙」，『歴史手帖』22-8, 名著出版.
土田泰人，2006，「出土植木鉢の様相」，『伝中・上富士前』V〔豊-33〕，
　　豊島区遺跡調査会.

て

寺島孝一，1995，「「近世考古学」の展望－発掘調査と研究についての
　　一私見」，『平井尚志先生古希記念考古学論孜』，郵政考古学会.

と

栩木真，2003，「遺構間接合から見た廃棄行為の分析」，『遺跡からみた
　　江戸のゴミ』〔第16回大会発表要旨〕，江戸遺跡研究会.
土井光一郎，2000，「「伊豫松山」の焼塩壷　－愛媛県松山市松山城付
　　近の遺跡出土資料紹介－」，『シンポジウム　焼塩壷の旅－ものの始
　　まり堺－』，財団法人　小谷城郷土館・関西近世考古学研究会.
東京大学埋蔵文化調査室編，1999，「東京大学構内遺跡出土陶磁器・土
　　器の分類1」，『東京大学構内遺跡調査研究年報』Ⅱ別冊〔文-36〕，
　　東京大学埋蔵文化財調査室.
東京都教育委員会，1990，『江戸復原図』，東京都教育委員会.
戸田哲也・小松清，1996，「胞衣容器についての一考察－横浜」，『考古
　　論叢神奈河』5, 神奈川県考古学協会.

Ⅳ．参考文献

な

中盛彬，1819，『拾遺泉州志』（かりそめのひとりごと）．

中川近礼，1897，「宝丹主人の薬園より掘出せし古物」，『考古学会雑誌』9，日本考古学会．

中川成夫・加藤晋平，1969，「近世考古学の提唱」，『日本考古学協会』第35回総会研究発表要旨，日本考古学協会．

永越信吾，2008，「中世末から近世初頭のかわらけと内耳土器」，『近世江戸のはじまり』〔第21回大会発表要旨〕，江戸遺跡研究会．

長佐古真也，1990，「近世江戸市場の動向と窯業生産への影響」，『東京大学遺跡調査室発掘報告書　法学部4号館・文学部3号館地点』〔文-7〕，東京大学遺跡調査室．

長佐古真也，1993，「『受付灯明皿』にみる生産と流通　受皿の形式分類と量的把握を通じて」，『東京都埋蔵文化財センター研究論集』ⅩⅡ，東京都埋蔵文化財センター．

長佐古真也，1994，「丸の内三丁目遺跡出土焼塩壷の胎土分析」，『丸の内三丁目遺跡』　附編〔千-7〕，東京都埋蔵文化財センター．

長佐古真也，1996，「蛍光Ｘ線分析法による焼塩壷胎土の元素組成分析」，『溜池遺跡』〔千-14〕，都内遺跡調査会．

中西真也，1989，「竈のミニチュアについて」，『白金館祉遺跡』Ⅲ－研究編，白金館址遺跡調査会．

中野高久，1998a，「江戸遺跡出土の在地系土器製品」，『千駄ヶ谷五丁目遺跡の諸問題』，千駄ヶ谷五丁目遺跡調査会．

中野高久，1998b，「刻印・箆書きからみる「玩具類」」，『江戸在地系土器の研究』Ⅲ，江戸在地系土器研究会．

中野高久，1999，「近世遺跡の胞衣埋納遺構」，『関西近世考古学研究』7，関西近世考古学研究会．

中野高久，2000，「型押し文土器皿」，『江戸在地系土器の研究』Ⅳ，江戸在地系土器研究会．

中野高久，2005，「江戸遺跡における「亀」在印資料の流通と展開」，『江戸時代の名産品と商標』〔第18回大会発表要旨〕，江戸遺跡研究会．

中野高久，2009，「西日本出土の「亀」在印資料－江戸地域との様相差－」，『江戸在地系土器の研究』Ⅳ，江戸在地系土器研究会．

中野高久，2010，「都市江戸におけるミニチュア箱庭道具の意匠と展開～土人形・玩具類の資料化に向けて」，『都市江戸のやきもの』〔第23回大会発表要旨〕，江戸遺跡研究会．

中野高久，2011，「江戸遺跡における「亀」在印資料の流通と展開」，『江戸時代の名産品と商標』，吉川弘文館．

中野高久，2013a，「リアルに作られた飯事道具」，『事典　江戸の暮らしの考古学』，吉川弘文館．

中野高久，2013b，「やきもので作られたさまざまな人形」，『事典　江戸の暮らしの考古学』，吉川弘文館．

中野高久，2017，「江戸の遊び－土人形・玩具類研究の現状と遊芸－」，『江戸の遊び』〔第 30 回大会発表要旨〕，江戸遺跡研究会．

仲光克顕，1998，「墨田区江東橋二丁目遺跡にみる江戸の土製品生産－製作技法の検討を中心に」，『東京考古』16，東京考古談話会．

仲光克顕，2003，「中央区日本橋における廃棄の一例」，『遺跡からみた江戸のゴミ』〔第 16 回大会発表要旨〕，江戸遺跡研究会．

中村倉司，1979，「内耳土器の編年とその問題」，『土曜考古』創刊号，土曜考古学研究会．

奈良貴史，1988，「埋葬施設に伴う土器について」，『（仮称）江戸在地系土器勉強会通信』2，江戸在地系土器勉強会．

成田涼子，2003，「巣鴨町における廃棄の様相－ハーモニーハイツ地区を中心として－」，『遺跡からみた江戸のゴミ』〔第 16 回大会発表要旨〕，江戸遺跡研究会．

成田涼子，2010，「『植木屋』出土の『植木鉢』－鉢物生産の器－」，『都市江戸のやきもの』〔第 23 回大会発表要旨〕，江戸遺跡研究会．

成田涼子，2015，「江戸遺跡出土植木鉢の類型と変遷についての予察－豊島区出土資料を中心として」，『江戸東京博物館調査報告書第 29 集　江戸の園芸』．

成瀬晃司・堀内秀樹・両角まり，1994，「東京大学理学部附属植物園内の遺跡研究温室地点　－ SK27 出土の一括資料－」，『東京考古』12，東京考古談話会．

成瀬晃司，2003，「大名藩邸における廃棄の一例－災害と造成からみた－」，『遺跡からみた江戸のゴミ』〔第 16 回大会発表要旨〕，江戸遺跡研究会．

難波洋三，1989，「市坂の土器作り」，『京都大学構内遺跡調査研究年報』1986 年度〔京都大学埋蔵文化財研究センター紀要Ⅶ〕，埋蔵文化財研究センター．

難波洋三，1992，「徳川氏大坂城期の焙烙」，『難波宮址の研究』9，大阪市文化財協会．

に

西木浩一，1997，「南山伏町の歴史的環境」，『南山伏町遺跡』〔新 -53〕．

日本民具学会編，1997，『日本民具辞典』，ぎょうせい．

Ⅳ. 参考文献

日本のあかり博物館，1997，『あかり－国指定重要有形民俗文化財灯火具資料図録』，日本のあかり博物館．

の

能芝勉，1993，「焼塩壺と花焼塩」，『土器・瓦』10（リーフレット53），京都市埋蔵文化財研究所・京都市考古資料館．

能芝勉，2008，「京域　江戸時代の土製品」，『関西近世考古学研究 16　土人形から見た近世社会』．

乗岡実，2000，「岡山城出土の焼塩壺」，『シンポジウム　焼塩壺の旅－ものの始まり堺－』，財団法人　小谷城郷土館・関西近世考古学研究会．

は

八王子市宇津木台遺跡調査会，1987，『宇津木台遺跡群』Ⅸ．

萩野典子，1990，「ミニチュア土製品」，『いなの』2，大手前女子大学史学研究所文化財調査室．

白田正子，1998，「茨城県における中世末から近世にかけての土師質内耳土器について」『研究ノート』7，財団法人　茨城県教育財団．

浜田恵子，2001，「3 土佐の焙烙－香長平野と周辺の遺跡にみる製品と流通－」，『第3回四国徳島城下町研究会　四国と周辺の土器－炮烙の生産と流通－』，四国徳島城下町研究会．

早崎薫・宮瀧交二，1986，「泥面子について」，『江戸遺跡研究会会報』3，江戸遺跡研究会．

パリノ・サーヴェイ株式会社，1994，「瓦質土器・焼塩壺・瓦の胎土分析」，『南町遺跡』〔新-25〕，新宿区南町遺跡調査団．

ひ

平井和，2001，「徳川大阪城期における土製玩具の三様相」，『大阪市文化財協会紀要』4，（財）大阪市文化財協会．

平田博之，2006，「いわゆる関西系火鉢について」，『江戸在地系土器の研究』Ⅵ，江戸在地系土器研究会．

平野文造，1966，「堺湊壺塩・湊壺屋の旧宅」，『堺の史話』(1)，和泉郷土図書館．

広田長三郎，1971，『欽古堂亀祐』．

ふ

深津正，1995，「灯火具の歴史について」，『あかりの今昔－光と人の江戸東京史－』〔図録〕，江戸東京博物館．

IV. 参考文献

深津正・赤木清志，1991，『関西電力あかりコレクション』，関西電力株式会社.
福原茂樹，2006，「広島城跡出土の焼塩壷について」，『江戸在地系土器の研究』Ⅵ，江戸在地系土器研究会.
藤尾慎一郎，1991，「佐倉と江戸一近世の瓦質・土師質土器からみた地域性」，『国立歴史民俗博物館研究報告』36，国立歴史民俗博物館.
藤本強，1990，『埋もれた江戸』，平凡社.
藤原学，1999，「隅田川の風物詩・達磨窯－その発生から今日まで」，『江戸の物流－陶磁器・漆器・瓦から』〔第12回大会発表要旨〕，江戸遺跡研究会.
二木謙一，1999，『中世武家の作法』，吉川弘文館.

ほ

北陸近世遺跡研究会・奥田尚，1995，「北陸の焼塩壷 －金沢城下出土の鉢形焼塩壷を中心に－」，『石川考古学研究会々誌』38，石川考古学研究会.
星梓，1991，「染井遺跡出土の植木鉢について」，『江戸遺跡研究会会報』29，江戸遺跡研究会.
星梓，1996，「明治期の焼塩史料に関する覚書」，『江戸在地系土器研究会通信』54，江戸在地系土器研究会.
星野猷二，1956，「京都市内出土の小壷形土師器」，『古代学研究』15・16，古代学協会.
堀内秀樹，1993，「時代の変革点－土器からみた」，『江戸遺跡研究会会報』10・12・13・14・15・16・17，江戸遺跡研究会.
堀内秀樹，2004，「廃棄する意識」，『続 遺跡からみた江戸のゴミ』〔第17回大会発表要旨〕，江戸遺跡研究会.

ま

毎田佳奈子，2004，「染井の植木屋－遺構・遺跡にみる植木屋らしさ－」，『続 遺跡からみた江戸のゴミ』〔第17回大会発表要旨〕，江戸遺跡研究会.
前川浩一，2000，「焼塩壷のふるさと －大阪府貝塚市の事例－」，『シンポジウム 焼塩壷の旅－ものの始まり堺－』，財団法人 小谷城郷土館・関西近世考古学研究会.
前田長三郎，1931，『堺焼塩壷考（本文の表題『堺湊の焼塩壷考（未定稿)』）』，私家版.
前田長三郎，1934，「堺焼塩壷考」，『武蔵野』21-3，武蔵野会.

Ⅳ. 参考文献

益井邦夫，1970，「今戸焼考」，『國學院雑誌』71-3，國學院大學.
増山仁，2000，「金沢城下出土の焼塩壷」，『シンポジウム　焼塩壷の旅－ものの始まり堺－』，財団法人　小谷城郷土館・関西近世考古学研究会.
松井かおる，1991，「型抜き遊びについて－遺跡出土メンガタから現代のカタまで」，『江戸在地系土器の研究』Ⅰ，江戸在地系土器研究会.
松田訓，2000，「愛知の焼塩壷　－名古屋城三の丸地区出土資料を中心として－」，『シンポジウム　焼塩壷の旅－ものの始まり堺－』，財団法人　小谷城郷土館・関西近世考古学研究会.
松田訓，2002，「統計処理からみた焼塩壷　－名古屋城三の丸遺跡出土資料を中心として－」，『摂河泉とその周辺の考古学　藤井直正氏古稀記念論文集』，藤井直正氏の古稀を祝う会.
松村記代子，1998，「カワラケの機能についての一試論－千駄ケ谷五丁目遺跡出土墨書土器から」，『千駄ケ谷五丁目遺跡 2 次調査』〔渋-8〕，千駄ヶ谷五丁目遺跡調査会.
松本健，1998，「瑞聖寺旧伊達家墓所出土「胞衣桶」の保存処理に伴う調査」，『港区文化財調査集録』4〔港31〕，港区教育委員会.

み

水島一耀，1967a，「江戸今戸焼考（1）」，『陶説』174，日本陶磁協会.
水島一耀，1967b，「江戸今戸焼考（2）」，『陶説』175，日本陶磁協会.
水野正好，1984，「近世の地鎮・鎮壇」，『古代研究』28・29合併号，早稲田古代研究会.
水野信太郎，1992，『日本煉瓦史の研究』，法政大学出版局.
水本和美，1998a，「土器・陶磁器の分類・計数について」，『伝中・上富士前』Ⅱ〔豊-11〕，駒込一丁目遺跡調査団.
水本和美，1998b，「陶磁器・土器　分類・計数基準」，『伝中・上富士前』Ⅱ　別冊〔豊-11〕，駒込一丁目遺跡調査団.
南川孝司，1974，「泉州湊麻生の壺焼塩考（目次の表題「泉州湊，麻生壺焼塩考（上）」）」，『摂河泉文化資料』創刊号，摂河泉文化資料編集委員会・摂河泉地域史研究会.
宮崎博・村田香澄，1988，「「土製小型鉢」について」，『駒込鰻縄手御先手組屋敷』〔文-32〕，都内遺跡調査会.
宮沢聡・小林謙一，1998，「現存する今戸焼職人に関する調査」，『(仮称)江戸在地系土器勉強会通信』3，江戸在地系土器勉強会.
宮間利之，1998，「戦国期寺院のかわらけ（土器杯）の使用法－上野国長楽寺の場合」，『江戸在地系土器の研究』Ⅲ，江戸在地系土器研究会.

宮間利之，2000,「江戸遺跡の所謂「カワラケ溜り」について」,『東京考古』18，東京考古談話会．
宮本八重子，1981,『所沢絣』，私家版．

む

武蔵村山市史編集委員会，2000,『武蔵村山市史調査報告書第9集　武蔵村山市中藤　田口窯調査報告書』，武蔵村山市．
武蔵村山市立歴史民俗博物館，2015,『ヒバチヤ田口家の火鉢』〔平成27年度特別展解説書〕．

も

望月一樹ほか，2000,『大江戸マルチ人物伝　池上太郎左衛門幸豊』〔図録〕，川崎市民ミュージアム．
森田勉，1983,「焼塩壺考」,『開館十周年記念　太宰府古文化論叢』下巻，九州歴史資料館．
森田義文，2008,「つくば市手子生雄山寺採集の土師質土器について」,『婆良岐考古30』，婆良岐考古同人会．
森村健一，1999,「堺出土の焼塩壺　出現から17世紀中葉までの編年案」,『江戸在地系土器研究会通信』69，江戸在地系土器研究会．
森村健一，2000,「16世紀中葉出現の堺焼塩壺について　－堺環濠都市遺跡出土例から－」,『シンポジウム　焼塩壺の旅－ものの始まり堺－』，財団法人　小谷城郷土館・関西近世考古学研究会．
両角まり，1989,「土師質土器類の成形・調整痕について」,『江戸在地系土器研究会通信』9，江戸在地系土器研究会．
両角まり，1991,「釜形製品と江戸在地系土器の展開」,『江戸在地系土器の研究』Ⅰ，江戸在地系土器研究会．
両角まり，1992a,「瓦質土師質土器類の分類」,『シンポジウム江戸出土陶磁器・土器の諸問題』Ⅰ〔発表要旨〕,江戸陶磁土器研究グループ．
両角まり，1992b,「灯火具」（江戸在地系土器録－5）,『東京の遺跡』37，東京考古談話会．
両角まり，1992c,「増上寺子院群出土の墨書土師質土器について」,『江戸在地系土器研究会通信』28，江戸在地系土器研究会．
両角まり，1992d,「土師質塩壺類」,『シンポジウム　江戸出土陶磁器・土器の諸問題』Ⅰ〔発表要旨〕,江戸陶磁土器研究グループ．
両角まり，1993,「近世土師質塩壺類成形技法の復元とその意味」,『江戸在地系土器研究会通信』33・34，江戸在地系土器研究会．

Ⅳ. 参考文献

両角まり，1994 a,「瓦質と土師質」,『江戸在地系土器研究会通信』40,江戸在地系土器研究会.

両角まり，1994 b,「底部内面に巻簾状の圧痕を持つ土師質塩壺について－小田原城下中宿町遺跡第Ⅱ地点出土の資料－」,『江戸在地系土器研究会通信』43,江戸在地系土器研究会.

両角まり，1994 c,「江戸在地系土器におけるロクロ技術の展開」,『江戸在地系土器の研究』Ⅱ,江戸在地系土器研究会.

両角まり，1996 a,「内耳鍋から焙烙へ－近世江戸在地系焙烙の成立」,『考古学研究』42-4,考古学研究会.

両角まり，1996 b,「C1-d-ホ系土師質塩壺類の型式学的検討」,『シンポジウム　江戸出土陶磁器・土器の諸問題』Ⅱ〔発表要旨〕,江戸陶磁土器研究グループ.

両角まり，1996 c,「瓦質土師質土器類の分類について」,『シンポジウム江戸出土陶磁器・土器の諸問題』Ⅱ〔発表要旨〕,江戸陶磁土器研究グループ.

両角まり，1996 d,「柴又帝釈天遺跡出土の内耳土器について」,『柴又帝釈天遺跡』XⅡ,葛飾区遺跡調査会.

両角まり，1996 e,「上千葉遺跡出土の内耳土器について」,『上千葉遺跡』,葛飾区遺跡調査会.

両角まり，1996 f,「近世における土器の型式と系統－土師質塩壺類の胎土分析」,『東京考古』14,東京考古談話会.

両角まり，1998,「三つの焙烙－焙烙に見る江戸と周辺地域－」,『江戸と周辺地域』〔第11回大会発表要旨〕,江戸遺跡研究会.

両角まり，2000 a,「民具資料の調査」,『武蔵村山市史調査報告書第9集　武蔵村山市中藤　田口窯調査報告書』,武蔵村山市.

両角まり，2000 b,「田口窯と村山大島紬」,『武蔵村山市史調査報告書第9集　武蔵村山市中藤　田口窯調査報告書』,武蔵村山市.

両角まり，2007 a,「ヒバチヤ田口窯の近現代土器－近世江戸地域の土器との比較から－」,『考古学が語る日本の近現代』,同成社.

両角まり，2007 b,「江戸在地系土器の現在・過去・未来」,『近世・近現代考古学入門－「新しい時代の考古学」の方法と実践』,慶應義塾大学出版会.

両角まり・小林謙一，1991,「江戸在地系土器研究における現存土器窯調査の意義－小林克氏に対するコメント－」,『江戸在地系土器研究会通信』23.

IV. 参考文献

や

矢作健二・興津昌宏・橋本真紀夫, 1990, 「擂鉢, 火鉢, 瓦の胎土分析」, 『白鷗』〔台 -1〕, 都立学校遺跡調査会.

矢作健二・植木信吾他, 1994, 「焼塩壺の研究（その1）－胎土分析による問題提起とその検討－」, 『日本文化財科学会第11回大会研究発表要旨集』, 日本文化財科学会.

山口剛志, 1991, 「小田原城とその城下出土のかわらけについて」, 『小田原市郷土文化館研究報告』27, 小田原市郷土文化館.

山口剛志, 1994, 「小田原城出土のかわらけについて」, 『江戸在地系土器の研究』II, 江戸在地系土器研究会.

山沢散水庵, 1934, 「追記（1）芝公園の焼塩壺」, 『武蔵野』21-3, 武蔵野文化協会.

山田光二・小橋保宣, 1972, 「第6章第3節仲間の成立」, 『京都の歴史』5, 学藝書院.

山中章, 1989, 「焼塩を食した古代都市民～焼塩壺の流通からみた宮都の都市性～」, 『平成8年度年報　都城』9, 財団法人向日市埋蔵文化財センター.

山中章, 1993, 「古代宮都の「製塩」土器小考」, 『杉山信三先生米寿記念論集　平安京歴史研究』, 杉山信三先生米寿記念論集刊行会.

山中敏彦, 2001, 「第78回勉強会のコメントを補足して－渡辺誠氏の85年論文「焼塩」の壺焼塩の生産地, 京都市伏見区深草の部分に関するノート－」, 『江戸在地系土器研究会通信』78, 江戸在地系土器研究会.

山中敏彦, 2002, 「宴会の膳に焼塩を置く」, 『江戸在地系土器の研究』V, 江戸在地系土器研究会.

山中敏彦, 2003, 「瓦屋と焼塩, その1－第90回勉強会に参加して－」, 『江戸在地系土器研究会通信』85, 江戸在地系土器研究会.

山中敏彦, 2004, 「「焼塩屋権兵衛」に関するノート－『伏見人形の原型』を読んで－」, 『東京考古』22, 東京考古談話会.

よ

吉田邦夫, 1997, 「土製品の表面付着物について：X線による分析」, 『駒込鰻縄手　御先手組屋敷』〔文 -32〕, 都内遺跡調査会.

吉武牧子・吉田寛, 1993, 「府内城三ノ丸遺跡出土の前土器」, 『江戸在地系土器研究会通信』37, 江戸在地系土器研究会.

米川幸子, 1992, 「民具に見る多摩の暖房具」, 『考古学と江戸文化』〔第5回大会発表要旨〕, 江戸遺跡研究会.

米川幸子, 2000, 「民具に見る多摩の暖房具」, 『江戸文化の考古学』,

IV. 参考文献

　　吉川弘文館.
寄立美江子，1989，「中里遺跡出土の泥めんこ類」，『(仮称) 江戸在地系土器勉強会通信』7，江戸在地系土器勉強会.

り

盧泰康ほか，2007，「台南県仁郷帰仁窯遺址第二期学術調査與研究計画期末報告」，国立台南芸術学院芸術史與芸術評論研究所＜台南＞.

わ

渡辺誠，1982，「松本城二の丸出土の焼塩壺」，『信濃』34-1，信濃史学会.
渡辺誠，1983，「焼塩壺」，『平安京土御門烏丸内裏跡－左京一条三坊九町』〔平安京跡研究調査報告第10号〕，古代学協会.
渡辺誠，1984a，「焼塩壺」，『民具研究』52，日本民具学会.
渡辺誠，1984b，「焼塩壺について」，『江戸のやきものシンポジウム』発表要旨，五島美術館.
渡辺誠，1985a，「焼塩」，『講座・日本技術の社会史』2，日本評論社.
渡辺誠，1985b，「物資の流れ－江戸の焼塩壺」，『季刊考古学』13，雄山閣.
渡辺誠，1987，「粗塩・堅塩と焼塩のこと」，『考古学ジャーナル』284，ニューサイエンス社.
渡辺誠，1988，「焼塩壺」，『江戸の食文化』〔第1回大会発表要旨〕，江戸遺跡研究会.
渡辺誠，1992，「焼塩壺」，『江戸の食文化』，吉川弘文館.
渡辺誠，1993，「出島・長崎市内出土の塩焼壺」，『長崎出島の食文化』，親和銀行ふるさと振興基金.
渡辺ますみ，1989a，「東京大学本郷構内遺跡御股下記念館地点出土の17世紀代の焙烙・土鍋類」，『(仮称) 江戸在地系土器勉強会通信』8，江戸在地系土器勉強会.
渡辺ますみ，1989b，「東京大学本郷構内遺跡御殿下記念館地点出土の瓦質・土師質火鉢類について－17世紀代の様相を中心として」，『江戸在地系土器研究会通信』12，江戸在地系土器研究会.

英文

Schiffer, M.B. 1975, Archaeology as Behavioral Science, 『American Antholopologist』77　pp.836-848.

Ⅴ．江戸遺跡発掘調査報告書一覧

V. 江戸遺跡発掘調査報告書一覧

区—No.	書名・報告書名	シリーズ名	刊年	編集	発行主体
千-1	江戸—都立一橋高校内発掘調査報告		1985	都立一橋高校内遺跡調査団	都立一橋高校内遺跡調査団
千-2	平河町遺跡調査報告書		1986	千代田区教育委員会	千代田区教育委員会
千-3	紀尾井町遺跡調査報告書		1988	千代田区紀尾井町遺跡調査会	千代田区紀尾井町遺跡調査会
千-4	竹橋門—江戸城址北丸竹橋門地区発掘調査報告書—		1991	東京国立近代美術館遺跡調査委員会	東京国立近代美術館遺跡調査委員会
千-5	竹橋門遺跡発掘調査報告書（仮）—番町総合公共施設建設に伴う発掘調査報告書—	千代田区文化財調査報告書5	1994	千代田区教育委員会	千代田区教育委員会
千-6	尾張藩徳川家屋敷跡遺跡発掘調査（仮）新日鐵紀尾井町ビル建設工事に伴う遺跡発掘調査報告書—		1994		新日本製鐵株式会社
千-7	丸ノ内三丁目遺跡—東京国際フォーラム建設予定地の江戸遺跡の調査—	東京都埋蔵文化財センター調査報告第17集	1994	(財)東京都教育文化財団	東京都生活文化局
千-8	和泉伯太藩上屋敷跡	地下鉄7号線溜池・駒込間遺跡発掘調査報告書1	1994	地下鉄7号線溜池・駒込間遺跡調査会	東京都高速度交通営団
千-9	江戸城内 和田倉遺跡	千代田区文化財調査報告書7	1995	千代田区教育委員会	千代田区教育委員会
千-10	江戸城外堀跡 赤坂御門・喰違土橋	地下鉄7号線溜池・駒込間遺跡発掘調査報告書2	1995	地下鉄7号線溜池・駒込間遺跡調査会	帝都高速度交通営団
千-11	麹町六丁目遺跡—尾張藩麹町邸の発掘調査報告書—	地下鉄7号線溜池・駒込間遺跡発掘調査報告書3	1995	地下鉄7号線溜池・駒込間遺跡調査会	帝都高速度交通営団
千-12	法政大学内遺跡		1995	飯田町遺跡調査団	法政大学
千-13	隼町遺跡—警視庁事町宿舎建設工事に伴う調査—		1996		警視庁
千-14	溜池遺跡—総理府大臣官邸整備に伴う埋蔵文化財発掘調査報告書—		1996	都内遺跡調査会永田町二丁目地内調査団	総理府
千-15	溜池遺跡	地下鉄7号線溜池・駒込間遺跡発掘調査報告書7-1,2	1997	地下鉄7号線溜池・駒込間遺跡調査会	帝都高速度交通営団
千-16	尾張藩麹町邸跡II—ハウス食品株式会社東京本社ビル新築工事に伴う遺跡発掘調査報告書—		1997		ハウス食品株式会社
千-17	一ツ橋二丁目遺跡の発掘調査	紀尾井町6-34遺跡調査会	1998	紀尾井町6-34遺跡調査会	
千-18	丸の内一丁目遺跡	千代田区一ツ橋ニ一丁目遺跡調査会	1998	千代田区一ツ橋ニ一丁目遺跡調査会	文部省 学術情報センター
千-19	法政大学構内遺跡		1999	千代田区丸の内一1-40遺跡調査会	日本国有鉄道清算事業団
千-20	外神田一丁目遺跡		1999	飯田町遺跡調査団	法政大学
千-21	外神田一丁目遺跡	江戸城跡北の丸公園地区遺跡	1999	江戸城跡北の丸公園地区遺跡調査団	警視庁
千-22	明治大学記念館前遺跡		2000		明治大学考古学博物館
千-23	江戸城の考古学—江戸城外堀跡の発掘報告—	千代田区四番町遺跡調査会	2001	千代田区四番町遺跡調査会	千代田区教育委員会
千-24	四番町遺跡		1999	千代田区四番町遺跡調査会	東京都住宅局
千-25	岩本町二丁目遺跡	千代田区文化財調査報告書13	2001	千代田区教育委員会	千代田区教育委員会
千-26	飯田町遺跡—千代田区飯田橋二丁目・三丁目再開発事業に伴う埋蔵文化財調査報告書—		2001	飯田町遺跡調査会	飯田町遺跡調査会
千-27	東京駅八重洲北口遺跡		2003	千代田区東京駅八重洲北口遺跡調査会	日本鉄道建設公団株式会社 東日本旅客鉄道株式会社 森トラスト株式会社
千-28	永田町一丁目遺跡	東京都埋蔵文化財センター調査報告第139集	2003	(財)東京都教育文化財団	(財)東京都埋蔵文化財センター
千-29	外神田四丁目遺跡	東京都埋蔵文化財センター調査報告第147集	2004	(財)東京都教育文化財団	(財)東京都埋蔵文化財センター
千-30	文部科学省構内遺跡		2004	文部科学省文化財調査会	文部科学省・文部科学省
千-31	九段南一丁目遺跡		2005	千代田区九段南一丁目遺跡調査会	国土交通省
千-32	丸の内一丁目遺跡II		2005	千代田区丸の内一丁目遺跡調査会	東日本旅客鉄道株式会社

V. 江戸遺跡発掘調査報告書一覧

区・No.	書名・報告書名	シリーズ名	刊年	編集	発行主体
千-33	文部科学省構内遺跡Ⅱ－史跡江戸城外堀跡発掘調査報告書－		2005	文部科学省構内遺跡発掘調査会	霞が関R7号館PFI株式会社・大成・新日鐵・日本電設・三菱重工業建設共同企業体
千-34	富士見一丁目遺跡－武蔵坂沢冨米倉家上屋敷米倉跡の発掘調査報告書－		2006	(株)武蔵文化財研究所	富士見一丁目北部地区市街地再開発組合
千-35	有楽町三丁目遺跡		2006	(株)武蔵文化財研究所	有楽町駅前第一地区市街地再開発組合
千-36	尾張藩麹町邸跡Ⅲ－上智大学第6号館(仮称)建設に伴う埋蔵文化財発掘調査報告書－		2006	武蔵建設株式会社	学校法人上智学院
千-37	和泉伯耆太郎・武蔵岡部藩上屋敷跡－平成18年度参議院議員会館整備事業に伴う三番町遺跡発掘調査報告	東京都埋蔵文化財センター調査報告第216集	2006	(財)東京都教育文化財団	(財)東京都埋蔵文化財センター
千-38	三番町遺跡－(仮称)三番町計画に伴う埋蔵文化財発掘調査報告書－		2008	大成建設株式会社	東京海上日動火災保険株式会社・大成建設株式会社
千-39	江戸城跡－北の丸公園地区の調査－		2009		(財)東京都教育文化財団
千-40	四番町遺跡Ⅱ	東京都埋蔵文化財センター調査報告第234集	2010	(財)東京都教育文化財団	(財)東京都埋蔵文化財センター
千-41	神田渋路町一丁目遺跡－渋路町一丁目西武地区市街地再開発事業に伴う埋蔵文化財発掘調査報告書－		2011	株式会社四門	渋路町一丁目西武地区市街地再開発組合
千-42	尾張藩麹町邸跡－衆議院発議員宿舎整備事業に伴う溜池遺跡緊急調査－	東京都埋蔵文化財センター調査報告第258集	2011	(財)東京都教育文化財団	(財)東京都埋蔵文化財センター
千-43	弥勒寺跡・柄岸院跡	千代田区立四番町歴史民俗資料館調査報告書18	2010	千代田区立四番町歴史民俗資料館	千代田区
千-44	三番町遺跡－(仮称)千代田区三番町プロジェクトに伴う埋蔵文化財発掘調査報告書－		2011	大成エンジニアリング株式会社	三菱興業株式会社
千-45	永田町一丁目遺跡－中央合同庁舎第8号館整備等事業に伴う埋蔵文化財調査報告書－	東京都埋蔵文化財センター調査報告第269集	2011	(財)東京都教育文化財団	(財)東京都埋蔵文化財センター
千-46	三番町遺跡－千鳥ヶ淵隠没者墓苑管理棟改築に伴う埋蔵文化財調査報告書－		2012	加藤建設株式会社文化財調査部	厚生労働省
千-47	紀尾井町遺跡Ⅱ－グランドプリンスホテル赤坂ビル建て替え計画に伴う埋蔵文化財調査報告書－		2013	大成エンジニアリング株式会社	株式会社西武プロパティーズ・大成建設株式会社
千-48	九段坂上貝塚跡・和洋学園九段女子中学校校舎建築工事に伴う埋蔵文化財発掘調査報告書		2014	株式会社四門	学校法人和洋学園九段女子中学校高等学校
千-49	大手町一丁目遺跡－(旧)日本政策投資銀行本社ビル地下部分解体除去工事に伴う埋蔵文化財調査報告書－		2014	加藤建設株式会社文化財調査部	日本政策投資銀行 三菱地所株式会社 加藤建設株式会社
千-50	永田町一丁目遺跡－中込門跡石垣修理工事報告－		2014		千代田区
千-51	史跡江戸城外堀跡－中込門跡石垣修復工事概要－		2015	飯田橋駅西口地区市街地再開発組合	加藤建設株式会社 文化財調査部
千-52	江戸城跡－皇居東御苑二の丸地区－皇宮警察本部大手待所建替工事に伴う埋蔵文化財調査報告書－		2015	東京都教育委員会	加藤建設株式会社 文化財調査部
千-53	有楽町一丁目遺跡－日比谷三井二丁目ビル建て替え工事に伴う埋蔵文化財発掘調査報告書－		2015	三井不動産株式会社・株式会社武蔵文化財研究所	(公財)東京都スポーツ文化事業団
千-54	阿波徳島藩蜂須賀家上屋敷跡・東京駅総武地下ホーム埋蔵文化財発掘調査報告書No.51遺跡報告書		2015	東日本旅客鉄道株式会社 鉄建建設株式会社	株式会社武蔵文化財研究所
千-55	法政大学構内遺跡Ⅱ－法政大学(市ヶ谷)55・58年館(旧建替)工事に伴う埋蔵武蔵地下開発伴う調査		2015	学校法人法政大学・大成建設株式会社 加藤建設株式会社	大成エンジニアリング株式会社
千-56	永田町一丁目遺跡Ⅱ－中央合同庁舎第8号館整備等事業に伴う調査－	東京都埋蔵文化財センター調査報告第308集	2016	東京都埋蔵文化財センター 公益財団法人東京都スポーツ文化事業団	加藤建設株式会社 公益財団法人東京都スポーツ文化事業団

187

Ⅴ．江戸遺跡発掘調査報告書一覧

区	No.	書名・報告書名	シリーズ名	刊年	編集	発行主体
千	56	周辺家屋敷跡 −日本テレビ麹町新スタジオ棟建設プロジェクトに伴う埋蔵文化財発掘調査報告書		2016	日本テレビ放送網株式会社 大成建設株式会社	加藤建設株式会社 文化財調査部 加藤建設株式会社
千	57	近世駿河台の旗本屋敷発掘調査　明治大学記念館前遺跡発掘調査概要		1998	明治大学	明治大学
千	58	坂下遺跡		1998	都内遺跡調査会	都内遺跡調査会
千	59	皇居東御苑内本丸二之門石垣修復工事報告書		2007	宮内庁書陵部	宮内庁書陵部
千	60	江戸城跡　皇居山里門石垣修復工事報告書		2010	宮内庁書陵部	宮内庁書陵部
千	61	尾花澤藩門跡Ⅳ		2014	加藤遺跡調査会	学校法人　上智学院
千	62	千代田区No.34遺跡		2017	千代田区教育委員会	警視庁
千	63	江戸城外堀跡＜外濠公園地点の発掘調査＞外濠流域合流改善貯留施設立坑設置工事に伴う埋蔵文化財発掘調査報告書		2017	千代田区、新宿区	東京都下水道局、鉄建建設(株)
千	64	神田練塀町遺跡　神田練塀町竹の一稲の市街地再開発事業に伴う埋蔵文化財発掘調査報告書		2018	共和(株)	神田練塀町竹の市街地再開発組合
千	65	旧徳川家屋敷跡発掘調査　(仮称) 大手町1-4-2開発計画に伴う埋蔵文化財発掘調査		2018	(株)CEL	丸紅(株)、大成建設(株)
中	1	浜御殿遺跡		1988	浜御殿前遺跡調査会	浜御殿前遺跡調査会
中	2	八丁堀三丁目遺跡		1988	中央区教育委員会	長岡不動産株式会社
中	3	八丁堀二丁目遺跡		1989	中央区教育委員会	長岡不動産株式会社
中	4	京葉線八丁堀遺跡		1990	京葉線八丁堀遺跡調査団	京葉線八丁堀遺跡調査会
中	5	日本橋二丁目遺跡　中央区日本橋二丁目営業車車場建設に伴う緊急発掘調査報告書		2001	日本橋二丁目遺跡調査会	野村建設工業株式会社
中	6	明石町一遺跡 (仮称) 建設工事に伴う緊急発掘調査報告書 中央区明石町1番介護老人保健複合施設		2003	明石町遺跡調査会	都市基盤整備公団
中	7	八丁堀三丁目遺跡　中央区八丁堀三丁目20番　宿泊施設等建設に伴う緊急発掘調査報告書	八丁堀三丁目遺跡 (第2次) 調査会	2003	八丁堀三丁目遺跡 (第2次) 調査会	山万株式会社
中	8	日本橋二丁目遺跡		2003	日本橋二丁目遺跡調査会	三井不動産株式会社・東京急行電鉄株式会社・東京不動産株式会社
中	9	開発事業に伴う日本橋二丁目日本橋牡蠣町一丁目36番土地開発事業改築工事に伴う緊急発掘調査報告書		2004	中央区教育委員会	株式会社エルカカメイ
中	10	日本橋牡蠣町一丁目　緊急発掘調査に伴う日本橋牡蠣町一丁目37番集合住宅建設		2005	日本橋二丁目遺跡調査会	三井不動産株式会社
中	11	明石町　(第20次) 遺跡　−警視庁単身待機宿舎新築等建設事業に伴う緊急発掘調査報告書−	東京都埋蔵文化財センター調査報告第172集	2005	(財)東京都教育文化財団	(財)東京都教育文化財団
中	12	松平越前守屋敷跡遺跡　(新川12−23地点)−中央区新川二丁目23番店舗建設に伴う埋蔵文化財発掘調査報告書		2010	東京都教育委員会	東京都埋蔵文化財センター
中	13	新川二丁目遺跡　−警視庁単身寮機宿舎新川寮 (仮称) 改築工事に伴う緊急発掘調査報告書−		2012	公益財団法人 東京都スポーツ文化事業団 東京都教育委員会	公益財団法人 東京都スポーツ文化事業団
中	14	柳原土手跡遺跡−中央区日本橋馬喰町二丁目1番　学舎建設に伴う緊急発掘調査報告書		2013	中央区教育委員会	学校法人　日本橋女学館
中	15	日本橋人形町二丁目遺跡Ⅰ−中央区日本橋人形町二丁目3番3号建設工事に伴う緊急発掘調査報告書		2013	中央区教育委員会	株式会社セイビ
中	16	築地川区立遺跡Ⅰ−東京国税局 (仮称) 整備事業に伴う埋蔵文化財発掘調査	東京都埋蔵文化財センター調査報告第291集	2014	公益財団法人 東京都スポーツ文化事業団 東京都埋蔵文化財センター	公益財団法人 東京都スポーツ文化事業団　東京都教育委員会事務局図書文化課
中	17	京橋二丁目遺跡Ⅱ−中央区京橋二丁目　土地開発事業に伴う緊急発掘調査		2015	森トラスト株式会社 中央区教育委員会	東京都教育委員会事務局図書文化館 郷土天文館

V. 江戸遺跡発掘調査報告書一覧

区・No.	書名・報告書名	シリーズ名	刊年	編集	発行主体
中-18	京一丁目遺跡-中央区立泰明小学校中央幼稚園建て替えに伴う緊急発掘調査報告書		2015	中央区教育委員会	中央区教育委員会事務局図書文化財課郷土天文館
中-19	築地五丁目遺跡(仮称)整備事業に伴う埋蔵文化財発掘調査その2	東京都埋蔵文化財センター調査報告 第299集	2014	公益財団法人東京都スポーツ文化事業団東京都埋蔵文化財センター	公益財団法人東京都スポーツ文化事業団
中-20	日本橋人形町三丁目遺跡Ⅱ —中央区日本橋人形町三丁目2番8・9号 社屋建設に伴う緊急発掘調査報告書—		2014	中央区教育委員会事務局	ブルーシング中西株式会社
中-21	八丁堀一丁目遺跡Ⅱ-2 —中央区八丁堀一丁目17番 集合住宅建設に伴う緊急発掘調査報告書—		2016	中央区教育委員会事務局図書文化財課郷土天文館	野村不動産株式会社
中-22	伝馬町牢屋敷跡遺跡 —日本橋小伝馬町5番における十思スクエア別館建設に伴う緊急発掘調査報告書—		2016	中央区教育委員会	中央区教育委員会
中-23	明石町遺跡Ⅳ —中央区明石町2番20号 集合住宅建設報告書—		2017	中央区教育委員会事務局図書文化財課郷土天文館	大成有楽不動産株式会社
中-24	新川一丁目遺跡・明正小学校・明正幼稚園建て替えに伴う緊急発掘調査報告書 —中央区新川一丁目13番4号 中央区立新川一丁目遺跡—		2017	中央区教育委員会事務局図書文化財課郷土天文館	中央区教育委員会
中-25	明石町遺跡Ⅲ		2015	中央区教育委員会	
港-1	伊皿子貝塚遺跡		1981		日本電信電話公社
港-2	麻布台一丁目 郵政省飯倉分館構内遺跡		1986		港区伊皿子貝塚遺跡調査会
港-3	港区三田済海寺 長岡藩主牧野家墓所発掘調査報告書		1986		港区麻布台一丁目遺跡調査会
港-4	虎ノ門五丁目 芝神谷町町屋跡遺跡		1988		港区教育委員会
港-5	白金館址遺跡 Ⅰ		1988		森ビル開発株式会社・港区教育委員会
港-6	白金館址遺跡 Ⅱ		1988		白金館址(特別養老人ホーム建設用地)遺跡調査団
港-7	芝公園一丁目増上寺寺院群光学院・貞松院跡 原興院跡—		1988		白金館址(重東関係協会東京都事務公舎建設用地)遺跡調査会
港-8	旧芝離宮庭園 —兵庫村御門・兵松町役所新管建築工事に伴う発掘調査報告書—		1988		港区教育委員会
港-9	西新橋一丁目 港区NO.19遺跡		1989		旧芝離宮庭園調査団
港-10	南麻布一丁目 高齢者在宅サービスセンター等建設に伴う発掘調査報告書		1991		西新橋二丁目遺跡調査団
港-11	港区文化財調査報告第1集 天徳寺寺城第3遺跡		1992		南麻布福祉施設建設用地内遺跡調査団
港-12	天徳寺寺城第3遺跡発掘調査概報 —南品田遺跡の考古学的調査—		1992		港区教育委員会
港-13	伊勢坂野屋市方家屋敷跡発掘調査概報	港区内近世都市江戸関連遺跡発掘調査報告14	1992		天徳寺寺城第3遺跡調査団
港-14	麻布古兵衛町地区の武家屋敷跡遺跡	港区内近世都市江戸関連遺跡発掘調査報告15	1993		伊勢坂野屋市方家屋敷跡遺跡調査会
港-15	播磨龍野藩脇坂家屋敷跡遺跡 新橋停車場構内跡発掘遺跡発掘調査報告書	港区内近世都市江戸関連遺跡発掘調査報告16	1993		(仮称)新スウェーデン大使館建設用地内遺跡調査団地内遺跡調査会
港-16	港区文化財調査報告第1集 大久保城山地区の武家屋敷跡遺跡	港区内近世都市江戸関連遺跡発掘調査報告17	1994		東京都港区教育委員会
港-17	筑前福岡藩黒田家屋敷跡遺跡発掘調査報告書	港区内近世都市江戸関連遺跡発掘調査報告18	1994		(仮称)城山計画用地内遺跡調査会
港-18	伊勢坂下の武家屋敷跡発掘調査報告集 第2集		1994		港区教育委員会
港-19	理光坂下の武家屋敷跡東京法務局港出張所新建設用地内在住跡の発掘調査概報	港区内近世都市江戸関連遺跡発掘調査報告19	1995		東京法務局

189

V. 江戸遺跡発掘調査報告書一覧

区ーNo.	書名・報告書名	シリーズ名	刊年	編集	発行主体
港-20	陸奥八戸藩南部家屋敷跡遺跡発掘調査報告書 I	港区内近世都市江戸関連遺跡発掘調査報告	1995	林野庁六本木宿舎跡地内遺跡調査会	林野庁六本木宿舎跡地内遺跡調査会
港-21	陸奥電土坂口町町屋敷跡遺跡発掘調査報告書	港区内近世都市江戸関連遺跡発掘調査報告20-1	1995	港区教育委員会	岐阜県 中央信託銀行株式会社 三菱地所株式会社
港-22	三河臺町遺跡発掘調査報告書	港区内近世都市江戸関連遺跡発掘調査報告21	1995	港区内近世都市江戸関連遺跡発掘調査団	三菱地所株式会社
港-23	汐留遺跡－汐留地区遺跡埋蔵文化財発掘調査報告書－	港区内近世都市江戸関連遺跡発掘調査報告22	1996	汐留地区遺跡調査会	汐留地区遺跡調査会
港-24	地下鉄7号線白金台・東六本木間遺跡調査報告書		1996	地下鉄7号線白金台・東六本木間遺跡調査会	地下鉄7号線白金台・東六本木間遺跡調査会
港-25	芝田町四丁目町屋敷跡遺跡発掘調査報告書	港区内近世都市江戸関連遺跡発掘調査報告23	1996	港区遺跡調査事務局	港区遺跡調査事務局 原田不動産株式会社
港-26	港区文化財調査集録 第3集		1996	港区教育委員会	港区教育委員会
港-27	麻布坂上遺跡発掘調査報告書		1997	港区内近世都市江戸関連遺跡発掘調査団	建設省関東地方建設局・港区遺跡調査会事務局
港-28	三田臺町・三田裏霞町・芝伊皿子臺町町屋敷跡遺跡発掘調査報告書	港区内近世都市江戸関連遺跡発掘調査報告24	1997	港区No.101遺跡調査団	港区No.101遺跡調査会
港-29	汐留遺跡 I －旧汐留貨物駅跡地内の調査－	調査報告書37集	1997	(財) 東京都教育文化財団 東京都埋蔵文化財センター	(財) 東京都教育文化財団 東京都埋蔵文化財センター 長谷工コーポレーション
港-30	旗本田中家屋敷跡遺跡発掘調査報告書	港区内近世都市江戸関連遺跡発掘調査報告25	1998	港区教育委員会	港区教育委員会
港-31	港区文化財調査集録 第4集		1998	港区教育委員会	港区教育委員会
港-32	汐留遺跡 II －旧汐留貨物駅跡地内の調査－	調査報告書第79集	2000	(財) 東京都教育文化財団 東京都埋蔵文化財センター	(財) 東京都教育文化財団 東京都埋蔵文化財センター
港-33	赤坂七丁目 港区No.92遺跡－新カナダ大使館建設用地内における埋蔵文化財発掘調査報告書－		1990		カナダ大使館 清水建設株式会社
港-34	港区文化財調査集録 第5集		2000	港区教育委員会	港区教育委員会
港-35	港区文化財調査集録 第6集		2002	港区教育委員会	港区教育委員会
港-36	汐留遺跡 III －旧汐留貨物駅跡地内の調査－	東京都埋蔵文化財センター調査報告第125集	2003	(財) 東京都教育文化財団 東京都埋蔵文化財センター	(財) 東京都教育文化財団 東京都埋蔵文化財センター
港-37	宇仁島伊達家屋敷跡遺跡－新国立美術館展示施設（ナショナルギャラリー（仮称））建設に伴う調査－	東京都埋蔵文化財センター調査報告第134集	2003	(財) 東京都教育文化財団 東京都埋蔵文化財センター	東京都建設公団東京支社
港-38	築土場地遺跡発掘調査報告書	港区内近世都市江戸関連遺跡発掘調査報告27	1999	港区遺跡調査事務局	日本生命保険相互会社
港-39	旗本柴田家屋敷跡遺跡・勝安房邸跡遺跡発掘調査報告書		2003	港区遺跡調査事務局	港区遺跡調査事務局
港-40	宇仁島藩伊達家屋敷跡遺跡－政策研究大学院大学設立に伴う調査－	港区内近世都市江戸関連遺跡発掘調査報告第141集	2003	(財) 東京都教育文化財団 東京都埋蔵文化財センター	(財) 東京都教育文化財団 東京都埋蔵文化財センター
港-41	麻布笄町屋敷跡遺跡発掘調査報告書	港区内近世都市江戸関連遺跡発掘調査報告第33	2002	港区遺跡調査事務局	三井不動産株式会社
港-42	超坂糸魚川藩松平家屋敷跡遺跡発掘調査報告書	港区内近世都市江戸関連遺跡発掘調査報告30	2003	港区遺跡調査事務局	赤坂一丁目土地区画整理組合・興和不動産株式会社・岡三リビック株式会社
港-43	承教寺跡・承教寺門前町屋敷跡遺跡発掘調査報告書	港区内近世都市江戸関連遺跡発掘調査報告35	2004	港区遺跡調査委員会事務局	港区遺跡調査委員会事務局
港-44	長門府中藩毛利家屋敷跡遺跡発掘調査報告書 I		2002	港区教育委員会事務局	六本木六丁目地区第一種市街地再開発組合 デイアーステージ特定目的会社
港-45	麻布市ノ町遺武家屋敷遺跡発掘調査報告書	港区内近世都市江戸関連遺跡発掘調査報告29-1	2003	港区遺跡調査委員会事務局	大成建設株式会社 日本生命保険相互会社
港-46	備中新見藩武家屋敷跡		2004	国昭観光業株式会社	国昭観光業株式会社

V. 江戸遺跡発掘調査報告書一覧

区-No.	書名・報告書名	シリーズ名	刊年	編集	発行主体
港-47	萩藩毛利家屋敷跡遺跡	東京都埋蔵文化財センター調査報告第162集	2005	（財）東京都埋蔵文化財センター	（財）東京都教育文化財団東京都埋蔵文化財センター
港-48	近江山上藩稲垣家屋敷跡遺跡発掘調査報告書 I	港区内近世都市江戸関連遺跡発掘調査報告第36	2004	港区遺跡調査事務局	森ビル株式会社
港-49	筑後福岡藩黒田家屋敷跡遺跡第2地点発掘調査報告書	港区内近世都市江戸関連遺跡発掘調査報告第40	2005	港区教育委員会事務局・鹿島建設株式会社 共同発掘調査事務所	衆議院事務局
港-50	豊後岡藩中川家屋敷跡遺跡発掘調査報告書	港区内近世都市江戸関連遺跡発掘調査報告第44	2006	港区遺跡調査事務局	港区教育委員会
港-51	汐留遺跡IV－旧汐留貨物駅構内の調査－	東京都埋蔵文化財センター調査報告第189集	2006	（財）東京都埋蔵文化財センター	東京都埋蔵文化財センターエスエス三田開発特定目的会社
港-52	芝田町五丁目町屋敷跡遺跡発掘調査報告書	港区内近世都市江戸関連遺跡発掘調査報告第38	2005	港区教育委員会事務局	回三ビジック株式会社
港-53	播磨赤穂藩森家屋敷跡遺跡発掘調査報告書	港区内近世都市江戸関連遺跡発掘調査報告第39	2005	港区遺跡調査事務局	港区教育委員会
港-54	近江山上藩稲垣家屋敷跡遺跡発掘調査報告書 II	港区内近世都市江戸関連遺跡発掘調査報告第41	2005	共同発掘調査事務局	社団法人東京倶楽部
港-55	上野沼田藩土岐家屋敷跡遺跡発掘調査年報1－平成14年の調査－	港区内近世都市江戸関連遺跡発掘調査報告第42	2006	港区埋蔵文化財センター	鹿島建設株式会社
港-56	港区埋蔵文化財センター調査年報2－平成15年の調査－		2004	港区埋蔵文化財センター	港区教育委員会
港-57	港区埋蔵文化財センター調査年報3－平成16年の調査－		2005	港区埋蔵文化財センター	港区教育委員会
港-58	港区埋蔵文化財センター調査年報4－平成17年の調査－		2006	港区埋蔵文化財センター	港区教育委員会
港-59	港区埋蔵文化財センター調査年報5－平成18年の調査他－		2007	港区埋蔵文化財センター	港区教育委員会
港-60	港区埋蔵文化財センター調査年報6－平成19年の調査他－		2008	港区埋蔵文化財センター	港区教育委員会
港-61	吾見津和野藩亀井家屋敷跡遺跡発掘調査報告書		2008	港区埋蔵文化財センター	港区教育委員会
港-62	港区下屋敷跡I－港区No.149遺跡－環状六号線・虎ノ門地区 第二種市街地再開発事業に伴う埋蔵文化財調査	東京都埋蔵文化財センター調査報告第226集	2009	（財）東京都埋蔵文化財センター	（財）東京都教育文化財団東京都埋蔵文化財センター
港-63	愛宕下藩細井家屋敷跡遺跡発掘調査報告書 新橋・虎ノ門	港区内近世都市江戸関連遺跡発掘調査報告第47	2007	（株）武蔵文化財研究所	三田小山町地区市街地再開発組合
港-64	筑前秋月藩黒田家屋敷跡遺跡発掘調査報告書 II	港区内近世都市江戸関連遺跡発掘調査報告第50	2008	港区教育委員会事務局	三田小山町地区市街地再開発組合
港-65	筑前秋月藩黒田家屋敷跡遺跡発掘調査報告書 II	港区内近世都市江戸関連遺跡発掘調査報告第29-2	2004	港区遺跡調査事務局	六本木六丁目地区市街地再開発組合
港-66	長門長府藩毛利家屋敷跡遺跡 麻布桜田町町屋敷跡遺跡	港区内近世都市江戸関連遺跡発掘調査報告第29-5	2004	港区遺跡調査事務局	六本木六丁目地区市街地再開発組合
港-67	長門長府藩毛利家屋敷跡遺跡 大法寺跡遺跡 円陽寺跡遺跡発掘調査報告書	港区内近世都市江戸関連遺跡発掘調査報告第29-4	2004	港区遺跡調査事務局	六本木六丁目地区市街地再開発組合
港-68	東禅寺跡 貴人青銅銭	港区内近世都市江戸関連遺跡発掘調査報告第45	2006	港区遺跡調査事務局	株式会社長谷コーポレーション
港-69	上行寺跡附 上行寺門前町屋敷跡遺跡発掘調査報告書	港区内近世都市江戸関連遺跡発掘調査報告第51	2009	港区教育委員会事務局	財務省関東財務局東京財務事務所
港-70	石見津和野藩亀井家屋敷跡遺跡発掘調査報告書 II	港区内近世都市江戸関連遺跡発掘調査報告第52	2009	港区教育委員会事務局図書文化財係	港区教育委員会
港-71	肥前唐津藩小笠原家屋敷跡遺跡発掘調査報告書 II	港区内近世都市江戸関連遺跡発掘調査報告第53	2010	港区教育委員会事務局（同事務局図書文化財係）	港区教育委員会
港-72	播磨赤穂藩森家屋敷跡遺跡発掘調査報告書 II		2011	港区教育委員会	港区教育委員会
港-73	港区埋蔵文化財調査年報7－平成20年の調査他－			港区教育委員会	港区教育委員会
港-74	港区埋蔵文化財調査年報8－平成21年の調査他－			港区教育委員会	港区教育委員会

191

V．江戸遺跡発掘調査報告書一覧

区	No.	書名・報告書名	シリーズ名	刊年	編集	発行主体
港	75	愛宕下遺跡Ⅱ・港区№149遺跡―環状第二号線　新橋・虎ノ門地区　第二種市街地再開発事業に伴う埋蔵文化財発掘調査	東京都埋蔵文化財センター調査報告第254集	2011	（財）東京都教育文化財団　東京都埋蔵文化財センター	（財）東京都教育文化財団　東京都埋蔵文化財センター
港	76	会津藩保科（松平）家屋敷跡遺跡―慶應義塾中等部新体育館・プール建設計画に伴う埋蔵文化財発掘調査報告書―		2011	慶應義塾大学文学部民族考古学研究室　共和開発調査株式会社	住友不動産株式会社　慶應義塾大学
港	77	陸嶼爬児島津家品屋敷跡第1遺跡発掘調査報告	港区内近世都市江戸関連遺跡発掘調査報告31	2002	港区遺跡調査事務局	森トラスト株式会社　株式会社バスコ
港	78	陸奥八戸藩南部家屋敷跡遺跡　陸奥八戸藩南部家屋敷跡下層遺跡発掘調査報告書		2012	港区遺跡調査事務局	西武鉄道株式会社
港	79	増上寺寺中城第2遺跡発掘調査報告書	港区内近世都市江戸関連遺跡発掘調査報告43	2006	港区教育委員会	港区教育委員会
港	80	陸奥盛岡藩南部屋敷跡遺跡発掘調査概要報告書	港区内近世都市江戸関連遺跡発掘調査報告46	2007	港区教育委員会（図書・文化財課文化係）	財団法人東京ヨーガスクーア
港	81	妙玄院跡・妙立寺門前町屋敷跡遺跡発掘調査報告書	港区内近世都市江戸関連遺跡発掘調査報告49	2007	港区教育委員会・岡三北ッ牧証券株式会社	総合地所株式会社　平和不動産株式会社　東京不動産株式会社
港	82	港区埋蔵文化財調査年報9-平成22年の調査他		2011	港区教育委員会	港区教育委員会
港	83	港区埋蔵文化財調査年報10-平成23年の調査他		2013	港区教育委員会	港区教育委員会
港	84	愛宕下遺跡Ⅲ・港区№149遺跡―環状第二号線　新橋・虎ノ門地区　第二種市街地再開発事業に伴う埋蔵文化財発掘調査	東京都埋蔵文化財センター調査報告第286集	2014	（公財）東京都スポーツ文化事業団　東京都埋蔵文化財センター	（公財）東京都スポーツ文化事業団　東京都埋蔵文化財センター
港	85	品川台場（第五）遺跡・品川ふ頭再編整備事業に伴う埋蔵文化財発掘調査報告	東京都埋蔵文化財センター調査報告第290集	2014	（公財）東京都スポーツ文化事業団　東京都埋蔵文化財センター	（公財）東京都スポーツ文化事業団　東京都埋蔵文化財センター
港	86	陸奥八戸藩南部家屋敷跡遺跡第11ふ頭発見24年の調査		2014	港区教育委員会	港区教育委員会
港	87	陸後森藩久保田家屋敷跡遺跡・丹波亀山藩松平家屋敷跡遺跡の調査報告書		2014	港区教育委員会	港区教育委員会
港	88	旗本花岡家屋敷跡遺跡―警視庁麻布警察署庁舎改築工事に伴う調査	東京都埋蔵文化財センター調査報告第306集	2015	（公財）東京都スポーツ文化事業団　東京都埋蔵文化財センター	（公財）東京都スポーツ文化事業団　東京都埋蔵文化財センター
港	89	旗馬町石家屋敷跡遺跡―虎ノ門・六本木地区市街地再開発事業地先遺跡のⅩ-ⅩⅡ-2遺跡発掘調査報告書		2015	虎ノ門一丁目地区市街地再開発組合	（同事務局図書　文化財課文化財係）
港	90	港区埋蔵文化財発掘NO.10・11・12遺跡発掘調査報告書	港区内近世都市江戸関連遺跡発掘調査報告60	2015	港区教育委員会	港区教育委員会（同事務局図書　文化財課文化財係）
港	91	長門萩藩毛利家屋敷跡遺跡発掘調査報告書	港区内近世都市江戸関連遺跡発掘調査報告58[TM9]	2015	港区教育委員会　共和開発株式会社	港区教育委員会（同事務局図書　文化財課文化財係）
港	92	常陸下館藩石川家屋敷跡遺跡発掘調査報告書	港区内近世都市江戸関連遺跡発掘調査報告57[TM27]	2015	共和開発株式会社　六本木三丁目地区市街地再開発組合	共和開発株式会社
港	93	港区近世寺院跡遺跡発掘調査報告書―不明発見見寺院跡遺跡の調査		2015	港区教育委員会	港区教育委員会（同事務局図書　文化財課文化財係）
港	94	品川台場（第五）遺跡2―平成26年度品川ふ頭再編整備事業に伴う発掘調査	東京都埋蔵文化財センター調査報告第301集	2015	公益財団法人東京都スポーツ文化事業団	公益財団法人東京都スポーツ文化事業団
港	95	豊後日出藩木下家屋敷跡遺跡発掘調査報告書	港区内近世都市江戸関連遺跡発掘調査報告54[TM73]	2013	港区教育委員会　共和開発株式会社	港区教育委員会（同事務局図書　文化財課文化財係）
港	96	麻布龍土町町屋敷跡遺跡発掘調査報告書	港区内近世都市江戸関連遺跡発掘調査報告55[TM71]	2013	港区教育委員会　共和開発株式会社	日本土地建物株式会社
港	97	肥前五島（福江）藩五島家屋敷跡遺跡発掘調査報告書	港区内近世都市江戸関連遺跡発掘調査報告61	2016	港区教育委員会（同事務局図書　文化財課文化財係）	ベンブローク・六本木7・リアルエステート・リミテッド
港	98	港区埋蔵文化財13-平成26年の調査		2016	港区教育委員会	港区教育物株式会社
港	99	旧日金御料地遺跡確認調査報告書―東京都庭園美術館改修工事に伴う事前調査―		2015	港区教育委員会（同事務局図書　文化財課文化財係）	東京都生活文化局文化振興部企画調整課

V. 江戸遺跡発掘調査報告書一覧

区・No.	書名・報告書名	シリーズ名	刊年	編集	発行主体
港-100	汐留遺跡 旧汐留貨物駅構内遺跡発掘調査概報IV		1998	(財)東京都教育文化財団・東京都埋蔵文化財センター	(財)東京都教育文化財団・東京都埋蔵文化財センター
港-101	石見津和野藩亀井家屋敷遺跡発掘調査報告書III		2014	港区教育委員会	港区教育委員会
港-102	武蔵川越藩松平家屋敷跡遺跡発掘調査報告書	港区内近世江戸関連遺跡発掘調査報告62	2016	(株)武蔵文化財研究所	(株)ホテルオークラ
港-103	愛宕下武家屋敷群・旗本大嶋家・旗本大野家屋敷跡遺跡群発掘調査報告書		2017	港区教育委員会	森ビル(株)
港-104	愛宕下武家屋敷群・陸奥一関藩田村家屋敷跡遺跡・収蔵庫棟新築工事に伴う発掘調査		2017	港区教育委員会、大成エンジニアリング(株)	大林新星和不動産(株)
港-105	和歌山徳川家屋敷跡遺跡 赤坂御用地事務所・港区No.170遺跡発掘調査		2017	(公財)東京都スポーツ文化事業団東京都埋蔵文化財センター	(公財)東京都スポーツ文化事業団京都埋蔵文化財センター
港-106	旧日金御料地遺跡		2017	港区教育委員会	港区教育委員会
港-107	豊前小倉新田藩小笠原家屋敷跡遺跡		2017	港区教育委員会	港区教育委員会
港-108	旗本妻木家屋敷遺跡発掘調査報告書 学校法人慈恵大学 所外来棟(仮称)・中央機他機械化工事に伴う埋蔵文化財発掘調査報告書		2017	(株)四門	学校法人慈恵大学 (株)竹中工務店
港-109	肥後熊本藩細川家屋敷跡遺跡発掘調査報告書		2017	港区教育委員会	港区教育委員会
港-110	肥前佐賀藩鍋島家屋敷跡遺跡発掘調査報告書		2017	(株)四門	国家公務員共済組合連合会戸田病院
港-111	港区No.105遺跡(仮称)西新橋二丁目計画に伴う埋蔵文化財発掘調査年報12 平成25年度の調査	港区内近世都市江戸関連遺跡発掘調査報告66【TM105】	2015	(株)谷合園ホールディングス	(株)米谷園ホールディングス
港-112	港区埋蔵文化財調査年報14 平成27年度の調査		2015	港区教育委員会	港区教育委員会
港-113	港区埋蔵文化財調査年報第3遺跡発掘調査報告書IV		2017	港区教育委員会	港区教育委員会
港-114	越後長岡藩牧野家屋敷跡遺跡		2018	国際文化財(株)	駐日カタール国大使館
港-115			2018	港区教育委員会	三井不動産レジデンシャル(株)
港-116	北青山三丁目遺跡 北青山三丁目地区まちづくりプロジェクト民活事業における埋蔵文化財発掘調査		2018	(公財)東京都スポーツ文化事業団都市埋蔵文化財センター	(公財)東京都スポーツ文化事業団京都埋蔵文化財センター
新-1	妙正寺川No.1遺跡 ー多目的遊水地事業に伴う緊急発掘調査報告書ー	妙正寺川No.1遺跡調査会	1986		妙正寺川No.1遺跡調査会
新-2	自證院遺跡ー新宿区立富久小学校改築工事に伴う緊急発掘調査報告書ー	自證院遺跡調査会	1987		自證院遺跡調査会
新-3	百人町三丁目遺跡ー新宿百人町タワーホウム建設に伴う緊急発掘調査報告書ー	新006	1987		百人町三丁目遺跡調査会
新-4	百人町三丁目遺跡ー西戸山住宅新築工事に伴う緊急発掘調査報告書ー	新003	1987		西戸山住宅遺跡調査会
新-5	落合遺跡ー落合調布池建設に伴う緊急発掘調査報告書ー	新009	1988		落合公園遺跡調査会
新-6-1	三栄町遺跡	新007	1988		新宿区教育委員会
新-6-2	三栄町遺跡ー角貝貝製品・動物遺存体編ー	新018	1991		新宿区教育委員会
新-7	北山伏町遺跡ー新宿区立特別養護老人ホーム建設に伴う緊急発掘調査報告書ー	新010	1989		北山伏町遺跡調査会
新-8	紅葉堀遺跡ー地下鉄有楽町線護田橋駅出入口工事に伴う緊急発掘調査報告書ー	新012	1990		帝都高速度交通営団
新-9	市谷仲之町遺跡ー新宿区立中之小学校改築工事に伴う緊急発掘調査報告書ー	新011	1990		新宿区教育委員会
新-10	戸山遺跡ー厚生年金研究所庁舎(仮称)建設に伴う緊急発掘調査報告書ー	新013	1991		新宿区戸山遺跡調査会

193

V. 江戸遺跡発掘調査報告書一覧

区–No.	書名・報告書名	シリーズ名	刊年	編集	発行主体
新–11	四谷三丁目遺跡－東京消防庁四谷消防署合同庁舎建設事業に伴う緊急発掘調査報告書－	新019	1991	新宿区四谷三丁目遺跡調査団	東京消防庁
新–12	枲谷東王寺町遺跡－パーク・コート市ヶ谷東王寺新築工事に伴う緊急発掘調査報告書－	新015	1991	新宿区教育委員会	新宿区教育委員会
新–13	南元町遺跡－(株)富久町社屋新築工事に伴う緊急発掘調査報告書－日本上下水道設計株式会社第2次緊急発掘調査報告書	新017	1991	新宿区南元町遺跡調査会	新宿区南元町遺跡調査会
新–14	自証院遺跡－日本上下水道設計(株)富久町社屋新築工事に伴う第2次緊急発掘調査報告書	新014	1991	日本上下水道設計株式会社	日本上下水道設計株式会社
新–15	発昌寺跡－公明新聞新館建設に伴う緊急発掘調査報告書	新016	1991	新宿区発昌寺跡遺跡調査会	新宿区発昌寺跡遺跡調査会
新–16	細工町遺跡－(仮称)新宿区立神工町高齢者住宅サービスセンター・建設に伴う緊急発掘調査報告書	新020	1992	新宿区厚生部遺跡調査会	新宿区厚生部遺跡調査会
新–17	市谷仲之町遺跡Ⅱ－(仮称)東京生命市ヶ谷ビル建設に伴う緊急発掘調査報告書	新023	1992	新宿区市谷仲之町遺跡調査会	東京生命保険相互会社
新–18	内藤町遺跡－放水5号線整備事業に伴う緊急発掘調査報告書	新022	1992	新宿区内藤町遺跡調査会	東京都建設局
新–19	修行寺跡－(仮称)富久町マンション新築工事に伴う緊急発掘調査報告書	新021	1992	新宿区修行寺跡遺跡調査団	株式会社エスペランドプロジェクト
新–20	西新宿三丁目遺跡－東京オペラシティ建設用地内埋蔵文化財調査報告書	新028	1993	東京オペラシティ建設・遺跡協議会	東京オペラシティ建設・遺跡協議会
新–21	尾張藩戸山屋敷跡－大蔵省印刷局市ヶ谷倉庫新築工事に伴う緊急発掘調査報告書	新026	1993	新宿区市谷本村町遺跡調査会	大蔵省印刷局
新–22	早稲田南町遺跡－新宿区西早稲田第四アパート改築工事に伴う緊急発掘調査報告書	新030	1993	新宿区西早稲田地区遺跡調査会	新宿区西早稲田地区遺跡調査会
新–23	円徳寺跡－新宿区立若葉高齢者住宅サービスセンター建設に伴う緊急発掘調査報告書	新024	1993	新宿区厚生部遺跡調査会	新宿区厚生部遺跡調査会
新–24	北新宿遺跡－(仮称)新宿区立新宿特別養護老人ホーム・人建設に伴う緊急発掘調査報告書	新029	1993	新宿区福祉部遺跡調査会	新宿区福祉部遺跡調査会
新–25	南寺町遺跡－兵庫県東京新宿市ヶ谷寮改築工事に伴う発掘調査報告書	新031	1994	新宿区南寺町遺跡調査会	兵庫県
新–26	荒木町遺跡－(仮称)荒木町マンション新築工事に伴う緊急発掘	新032	1994	荒木町遺跡調査会	荒木町遺跡調査会
新–27	三米町遺跡Ⅵ－ライラック三米建設工事に伴う発掘調査	新038	1994	新宿区三米町遺跡調査会	新宿区三米町遺跡調査会
新–28	早稲田南町遺跡－新宿区立早稲田第四アパート改築工事に伴う緊急発掘調査報告書	新035	1994	新宿区西早稲田地区遺跡調査会	新宿区西早稲田地区遺跡調査会
新–29	矢来町遺跡－新宿区立矢来町区民住宅建設に伴う緊急発掘調査報告書	新034	1994	新宿区遺跡調査会	新宿区遺跡調査会
新–30	江戸城外堀跡－牛込御門外橋詰	地下鉄7号線溜池・駒込間遺跡発掘調査報告書2 新036	1994	地下鉄7号線溜池・駒込間遺跡調査会	帝都高速度交通営団
新–31	百人町遺跡Ⅳ－東日本旅客鉄道株式会社ドミトリー戸山建設事業に伴う発掘調査	新045	1995	新宿区百人町三丁目遺跡調査団	東日本旅客鉄道株式会社
新–32	市谷仲之町遺跡Ⅲ－(仮称)新宿区防災センター建設に伴う緊急発掘調査報告	新046	1995	新宿区遺跡調査会(市谷仲之町遺跡)	新宿区遺跡調査会(市谷仲之町遺跡)
新–33	市谷本村町遺跡－尾張藩徳川家上屋敷跡－大蔵省印刷局市ヶ谷倉庫建設工事に伴う緊急発掘調査報告書	新041	1995	新宿区市谷本村町遺跡調査会	新宿区市谷本村町遺跡調査会
新–34	幽霊待宿遺跡舎部遺跡第二種市街地再開発事業に伴う緊急発掘調査新宿歴史博物館報告書	新042	1995	新宿区教育委員会	新宿区教育委員会
新–35	市谷仲之町遺跡西遺跡Ⅰ－(仮称)NTT電話線地下埋設工事新宿区荒木町No.3マンホール改修工事に伴う緊急発掘調査報告書－	新039	1995	新宿区法光寺跡遺跡調査団	日本電信電話株式会社

194

Ⅴ. 江戸遺跡発掘調査報告書一覧

区・No.	書名・報告書名	シリーズ名	刊年	編集	発行主体
新-36	百人町三丁目遺跡Ⅲ—東京都清掃局新宿中継所(仮称)建設工事・東京都市計画道路事業補助線街路72号線整備事業に伴う緊急発掘調査教育委員会	新054	1996	新宿区遺跡調査会	東京都清掃局新宿区
新-37	住吉町遺跡Ⅰ—新宿区立吉住松町社会教育会館改築工事に伴う緊急発掘調査報告書—	新048	1996	新宿区遺跡調査会(住吉町遺跡)	新宿区遺跡調査会(住吉町遺跡)
新-38	若松町遺跡—新宿区若松町特別出張所等区民施設工事に伴う緊急発掘調査報告書—	新055	1996	新宿区遺跡調査会(若松町遺跡)	新宿区・新宿区遺跡調査会
新-39	尾張藩上屋敷遺跡発掘調査報告書Ⅰ	東京都埋蔵文化財センター調査報告第30集	1996	(財)東京都埋蔵文化財センター	(財)東京都埋蔵文化財センター
新-40	江戸城外堀跡 市ヶ谷御門外橋詰・御堀端	地下鉄7号線溜池・駒込間遺跡発掘調査報告書5-1,2 新056・新062	1996	東京都埋蔵文化財センター・駒込間地下鉄7号線溜池	東京都埋蔵文化財センター帝都高速度交通営団
新-41	百人町三丁目西遺跡Ⅱ—(仮称)百人家族住宅工事に伴う埋蔵文化財発掘調査報告書「大久保住宅」改築工事に伴う—	新050	1996	新宿区百人町三丁目西遺跡調査団	新宿区百人町三丁目西遺跡調査団
新-42	住吉町遺跡Ⅱ—東京武蔵小吉住松町郵政局舎建設工事に伴う緊急発掘調査報告書—	新058	1996	新宿区住吉町遺跡調査会	新宿区住吉町遺跡調査会
新-43	市ヶ谷加賀町一丁目遺跡Ⅰ—(仮称) 日本電信電話株式会社 市ヶ谷加賀町工事に伴うの新築工事に伴う緊急発掘調査報告書—	新061	1996	新宿区市ヶ谷加賀町一丁目遺跡調査会	新宿区市ヶ谷加賀町一丁目遺跡調査会
新-44	下戸塚遺跡Ⅱ—(仮称)メゾン・エクレール西早稲田建田事業に伴う埋蔵文化財発掘調査報告書—	新060	1996	新宿区下戸塚遺跡調査団	新宿区下戸塚遺跡調査団
新-45	筑土八幡町遺跡—東京消防庁牛込消防署庁舎建設工事に伴う埋蔵文化財発掘調査報告書—	新053	1996	新宿区筑土八幡町遺跡調査団	新宿区筑土八幡町遺跡調査団
新-46	江戸城外堀跡 四谷御門外橋詰・御堀端・町遺跡	地下鉄7号線溜池・駒込間遺跡発掘調査報告書4-1,2 新051・52	1996	地下鉄7号線溜池・駒込間遺跡調査会	帝都高速度交通営団
新-47	南町遺跡Ⅰ—(仮称)DIA PARK市ヶ谷建設工事に伴う埋蔵文化財発掘調査報告書—	新059	1996	新宿区南町遺跡調査会	新宿区南町遺跡調査会
新-48	愛住町遺跡Ⅰ—(仮称)警視庁四谷警察署四谷寮建設工事に伴う埋蔵文化財発掘調査報告書—	新070	1997	新宿区愛住町遺跡調査団	新宿区愛住町遺跡調査団
新-49	市ヶ谷加賀町一丁目遺跡Ⅱ—東京消防庁新宿消防署庁舎改築工事に伴う緊急発掘調査報告書—	新065	1997	新宿区消防庁	東京消防庁
新-50	西早稲田三丁目プロジェクト新築事業に伴う埋蔵文化財発掘調査報告書Ⅱ	新067	1997	新宿区西早稲田三丁目遺跡調査団	新宿区西早稲田三丁目遺跡調査団
新-51	尾張藩上屋敷遺跡発掘調査報告書Ⅱ	東京都埋蔵文化財センター調査報告第40集 新071	1997	(財)東京都埋蔵文化財センター・早稲田大学校地埋蔵文化財調査室	(財)東京都埋蔵文化財センター・早稲田大学
新-52	下戸塚遺跡の調査—第4冊 中沼世帯—	新072	1997	早稲田大学校地埋蔵文化財調査室	早稲田大学
新-53	内藤町遺跡—警視庁牛込警察署改築に伴う緊急発掘調査報告書—	新064	1997	新宿区南山伏町遺跡調査会	警視庁
新-54	百人町三丁目遺跡Ⅰ—新宿区営住吉町コーポラス等の建設に伴う緊急発掘調査報告書—	新068	1997	新宿区遺跡調査会	新宿区遺跡調査会
新-55	会長なにわ建設工事に伴う緊急発掘調査報告書—社団法人市町村職員互助会互助会館改築工事に伴う緊急発掘調査報告書—	新069	1997	新宿区市ヶ谷加賀町一丁目遺跡調査団	社団法人市町村職員互助会
新-56	百人町三丁目遺跡Ⅲ—新宿区百人町三丁目第2団住宅建設に伴う緊急発掘調査報告書—	新066	1997	新宿区百人町三丁目遺跡調査会	東京都住宅局
新-57	内藤町遺跡Ⅱ—都営住宅建設に伴う共同住宅建設に伴う—	新074	1997	新宿区内藤町遺跡調査団	朝日建物株式会社
新-58	山伏城地（江戸時代坂屋敷伏決定地整備他の選者）—朝日建物株式会社による緊急発掘調査報告書アルファ—	新075	1997	新宿区坂町内遺跡調査会	日新建設株式会社
新-59	百人町三丁目遺跡Ⅴ—都市計画道路事業補助第72号線第二期第2工区整備事業に伴う緊急発掘調査報告書—	新076	1998	新宿区補助第72号線遺跡調査会	新宿区

195

V. 江戸遺跡発掘調査報告書一覧

区・No.	書名・報告書名	シリーズ名	刊年	編集	発行主体
新-60	市谷仲之町西遺跡Ⅱ－朝日生命保険相互会社コロネード市ヶ谷・建設に伴う緊急発掘調査報告書－	新077	1998	新宿区市谷仲之町西遺跡調査団	朝日生命保険相互会社
新-61	松平福津守上屋敷跡Ⅲ	東京都埋蔵文化財センター調査報告第53集 新083	1998	(財)東京都教育文化財団東京都埋蔵文化財センター	東京都下水道局
新-62	松平福津守上屋敷跡下水暗渠・新宿区荒木町付近再構築工事TNo.3分坑施工に伴う発掘調査報告書	新081	1998	新宿区埋蔵文化財No.102遺跡調査団	東京都下水道局
新-63	四谷一丁目遺跡－東京電力株式会社新設工事に伴う緊急発掘調査報告書－	新078	1998	新宿区四谷一丁目遺跡調査団	東京電力株式会社
新-64	四谷仲之町遺跡Ⅱ－日本司法書士会館建設工事に伴う緊急発掘調査報告書－	新082	1998	新宿区司法書士会館遺跡調査団	日本司法書士会連合会東京司法書士会
新-65	荒木町遺跡Ⅱ－宗教法人解脱会本部新築工事に伴う緊急発掘調査報告書－	新079	1998	新宿区荒木町遺跡調査団	宗教法人解脱会
新-66	市谷左門町遺跡Ⅰ－大日本印刷株式会社事務所ビル	新090	1998	新宿区大日本印刷遺跡調査団	大日本印刷株式会社
新-67	四谷工事に伴う建設工事に伴う緊急発掘調査報告書Ⅱ－東京都住宅供給公社「トミンハイム市谷薬王寺町」建設工事に伴う緊急発掘調査報告書	新080	1998	新宿区薬王寺町遺跡調査団	東京都住宅供給公社
新-68	住吉町南遺跡・市谷台町遺跡・住吉町西遺跡Ⅱ－都市計画道路放射第6号線整備事業に伴う埋蔵文化財発掘調査報告書	新087	1998	放射第6号線遺跡調査団	東京都建設局
新-69	若宮町遺跡－マートルコート若宮町新築工事に伴う緊急発掘調査報告書	新091	1998	新宿区若宮町遺跡調査団	株式会社荒井商店
新-70	市谷仲之町遺跡Ⅳ（仮称）プリンスハイツ市谷新築工事に伴う緊急発掘調査工事	新086	1998	新宿区王子不動産遺跡調査団	王子不動産株式会社創価学会
新-71	上落合二丁目西遺跡（仮称）アドリーム落合地点－（仮称）アドリーム落合新築事業に伴う埋蔵文化財発掘調査報告書	新085	1998	新宿区上落合二丁目西遺跡調査団	株式会社フジタ
新-72	筑土八幡町遺跡Ⅱ（仮称）筑土八幡町計画新築事業に伴う埋蔵文化財発掘調査報告書	新089	1998	新宿区筑土八幡町遺跡調査団	大野隆義
新-73	尾張藩上屋敷跡遺跡Ⅲ	東京都埋蔵文化財センター調査報告第70集 新098	1999	(財)東京都教育文化財団東京都埋蔵文化財センター	東京都下水道局
新-74	信濃町遺跡－創価学会世界女性センター新築事業に伴う緊急発掘調査工事	新100	1999	新宿区信濃町遺跡調査団	創価学会
新-76	法九町遺跡Ⅱ－東京都下水道局による荒木町付近再構築工事に伴う緊急発掘調査工事	新095	1999	新宿区荒木町付近遺跡調査団	東京都下水道局
新-77	市谷仲之町遺跡Ⅴ－滋賀県民住宅新築工事に伴う緊急発掘調査報告書	新096	1999	滋賀県民住宅職員寮遺跡調査団	滋賀県
新-78	筑土八幡町遺跡Ⅲ－新宿区戸山一丁目付近下水幹線整備工事に伴う発掘調査報告書	新097	1999	No.85遺跡調査団	東京都下水道局
新-79	払方町遺跡－警視庁払方寮建設事業に伴う緊急発掘調査報告書	新092	1999	新宿区払方町遺跡調査団	大蔵省印東財務局警察庁
新-80	市谷本村町遺跡Ⅳ 尾張徳川家屋敷跡－大蔵省印刷局市谷分廠改築に伴う緊急発掘調査報告書	新093	1999	新宿区本木村町遺跡調査団	大蔵省印刷局
新-81	正定院跡－（仮称）神楽坂マンション－PJ新築工事に伴う緊急発掘調査報告書	新099	1999	新宿区正定院跡調査団	株式会社人達株式会社福子工務店
新-82	住宅の建設工事に伴う（仮称）神楽坂マンション－PJ新築工事に伴う緊急発掘調査報告書	新104	2000	新宿区正定院跡調査団	株式会社フジテレビジョン
新-83	稲荷前遺跡Ⅲ－早稲田大学科学大学院建設工事にともなう遺跡保存工事	新102	2000	早稲田大学文化財整理室	早稲田大学
新-84	尾張藩上屋敷跡遺跡Ⅴ	東京都埋蔵文化財センター調査報告第86集 新111	2000	(財)東京都教育文化財団東京都埋蔵文化財センター	

Ｖ．江戸遺跡発掘調査報告書一覧

区－No.	書名・報告書名	シリーズ名	刊年	編集	発行主体
新-85	下戸塚遺跡Ⅳ 環状4号線（西早稲田地区）地点・環状第4号線（西早稲田地区）整備事業に伴う埋蔵文化財発掘調査報告書【近世編】	新107	2000	財団法人新宿区生涯学習財団	東京都建設局
新-86	新宿一丁目遺跡Ⅲ－都市計画道路環状第5号線整備事業に伴う埋蔵文化財発掘調査報告書－		2000	財団法人新宿区生涯学習財団	東京都建設局
新-87	若宮町遺跡Ⅶ－井上自建ビル栄駐車場株式会社ジ・オーク八ビル新築工事に伴う緊急発掘調査報告書－	新105	2000	財団法人若宮町遺跡調査団	新宿区若宮町遺跡調査団
新-88	四谷一丁目遺跡Ⅲ－都市計画道路環状第2号線整備事業に伴う埋蔵文化財発掘調査報告書－	新108	2000	財団法人新宿区生涯学習財団	東京都建設局
新-89	喜久井町遺跡Ⅱ－早稲田大学喜久井町キャンパスハイテクリサーチセンター建設に伴う埋蔵文化財発掘調査報告書	新109	2000	財団法人新宿区生涯学習財団	早稲田大学
新-90	四谷二丁目南遺跡（仮称）四谷伏見町新築計画新築工事に伴う埋蔵文化財発掘調査報告書	新124	2001	加藤建設株式会社埋蔵文化財調査部	三菱地所株式会社
新-91	四谷三丁目遺跡－（仮称）四谷三丁目計画新築工事に伴う埋蔵文化財発掘調査報告書	新120	2001	財団法人新宿区生涯学習財団	東急建設株式会社
新-92	市谷田町一丁目遺跡－（仮称）市谷田町ビル工事工事に伴う埋蔵文化財発掘調査報告書	新118	2001	財団法人新宿区生涯学習財団	株式会社大栄建業
新-93	南山伏町遺跡Ⅲ－（仮称）南山伏町マンション新築工事に伴う埋蔵文化財発掘調査報告書	新112	2000	財団法人新宿区生涯学習財団	髙木孝一・堀口冨実夫・泉アーバンライフ株式会社
新-94	喜久井町遺跡 早稲田大学 喜久井町キャンパス新築工事一部（部）コヘイテクリサーチ補助事業による研究棟新築工事に伴う埋蔵文化財発掘調査報告書	新088	1998	財団法人喜久井町遺跡調査団	早稲田大学
新-95	四谷三栄町一丁目遺跡－（仮称）四谷見附若葉パークハウス建設に伴う埋蔵文化財発掘調査報告書	新110	2000	財団法人新宿区生涯学習財団	三菱地所株式会社
新-96	文化財発掘調査概要報告書（仮称）下落合戸山工屋新築工事に伴う緊急発掘調査報告	新114	2001	新宿区教育委員会	国際興業株式会社
新-97	尾張徳川家上屋敷跡遺跡Ⅵ	東京都埋蔵文化財センター調査報告第87集 新113	2001	（財）東京都埋蔵文化財センター	（財）東京都教育委員会
新-98	尾張徳川家上屋敷跡Ⅶ	東京都埋蔵文化財センター調査報告第97集 新121	2001	（財）東京都埋蔵文化財センター	（財）東京都教育委員会
新-99	尾張徳川家上屋敷跡Ⅷ	東京都埋蔵文化財センター調査報告第98集 新122	2001	（財）東京都埋蔵文化財センター	（財）東京都教育委員会
新-100	市谷加賀町Ⅰ丁目遺跡Ⅱ－（仮称）市谷加賀町マンション新築工事に伴う埋蔵文化財発掘調査部	新133	2001	東京都教育庁生涯学習部埋蔵文化財調査部	三井不動産株式会社
新-101	（仮称）市谷本村町遺跡－尾張藩徳川家市ヶ谷本府屋敷上屋敷大腰（教会沢）新築工事に伴う緊急発掘調査報告書	新044	1995	新宿区教育委員会	新宿区医師会クリエイト
新-102	市谷本村寺内町遺跡Ⅲ－（仮称）市ヶ谷本村町マンション新築工事に伴う建設に伴う埋蔵文化財発掘調査報告書	新129	2001	財団法人新宿区生涯学習財団	オリックス・リアルエステート株式会社
新-103	牛込城址Ⅱ－（仮）バーデンガーデン神楽坂（仮称）新築に伴う建物・建設工事に伴う埋蔵文化財発掘調査報告書	新127	2001	大成エンジニアリング株式会社	常名造船株式会社
新-104	馬場下町遺跡－早稲田高校校舎2号館建築工事に伴う埋蔵文化財発掘調査報告書	新131	2001	大成エンジニアリング株式会社	学校法人早稲田高等学校
新-105	新宿区（御苑）タワーマンション地点－（仮）新宿王子丁目共同住宅建設工事に伴う新築工事に伴う埋蔵文化財発掘調査報告書	新135	2001	東京都教育庁生涯学習部埋蔵文化財調査部	株式会社早稲田総合地所
新-106	早稲田三丁目遺跡Ⅴ－（仮称）西早稲田文化財共同住宅建設工事に伴う埋蔵文化財発掘調査報告書	新128	2001	リミックス株式会社	株式会社ブジタ
新-107	西伊賀町遺跡ドットコム株式会社本社ビル新築工事に伴う埋蔵文化財発掘調査報告書	新125	2001	財団法人新宿区生涯学習財団	プレーンドットコム株式会社

V．江戸遺跡発掘調査報告書一覧

区-No.	書名・報告書名	シリーズ名	刊年	編集	発行主体
新-108	市谷田町三丁目遺跡 －（仮称）市谷田町マンション新築工事に伴う埋蔵文化財発掘調査報告書－	新138	2002		三井建設株式会社
新-109	市谷本村町遺跡 尾張藩上屋敷跡－市ヶ谷北地区－	東京都埋蔵文化財センター調査報告第109集 新144	2002	（財）東京都教育文化財団	（財）東京都埋蔵文化財センター
新-110	市谷本村町遺跡 尾張藩上屋敷跡－市ヶ谷西地区－	東京都埋蔵文化財センター調査報告第115集 新136	2002	（財）東京都教育文化財団	（財）東京都埋蔵文化財センター
新-111	市谷仲之町西遺跡Ⅱ －（仮称）中之町賃貸文化財住宅建設に伴う埋蔵文化財発掘調査報告書－	新139	2002	（財）東京都埋蔵文化財団	東京都住宅供給公社
新-112	尾張藩上屋敷跡Ⅸ	東京都埋蔵文化財センター調査報告第113集 新145	2002	（財）東京都教育文化財団	（財）東京都埋蔵文化財センター
新-113	尾張藩上屋敷跡Ⅹ	東京都埋蔵文化財センター調査報告第114集 新146	2002	（財）東京都教育文化財団	（財）東京都埋蔵文化財センター
新-114	内藤町遺跡 都立新宿高等学校改築工事に伴う埋蔵文化財調査報告書	東京都埋蔵文化財センター調査報告第118集 新148	2002	（財）東京都教育文化財団	（財）東京都埋蔵文化財センター
新-115	尾張藩上屋敷跡ⅩⅠ	東京都埋蔵文化財センター調査報告第119集 新149	2002	（財）東京都埋蔵文化財センター	東京興業株式会社
新-116	白銀町遺跡	新154	2002	ダイナトレー株式会社埋蔵文化財事業部	学校法人東京理科大学
新-117	市谷本村町遺跡Ⅱ －（仮称）東京茶道会館新築工事に伴う埋蔵文化財発掘調査報告書－	新150	2002	大成エンジニアリング株式会社	小澤孝保
新-118	神楽坂四丁目遺跡 （仮称）神楽坂四丁目プロジェクト計画用地埋蔵文化財発掘調査報告書	新151	2002		株式会社小澤勲銀線行
新-119	市谷砂土原町遺跡Ⅱ －（仮称）市ヶ谷・砂土原町3丁目マンション建設事業に伴う埋蔵文化財発掘調査報告書－	新152	2002	大成エンジニアリング株式会社	丸紅株式会社三井住友銀行
新-120	坂町遺跡	新143	2002	財団法人新宿区生涯学習財団	創価学会
新-121	信濃町南遺跡－創価学会本部新宿会館新築工事に伴う埋蔵文化財発掘調査報告書－	新157	2003	大成エンジニアリング株式会社	創価学会
新-122	水野原遺跡	新153・新156	2003	財団法人新宿区生涯学習財団	学校法人東京女子医科大学
新-123	市谷本村町遺跡 －（仮称）藤和神楽坂5丁目プロジェクト建設に伴う調査報告書－	新158	2003	財団法人新宿区生涯学習財団	藤和不動産株式会社
新-124	市谷仲之町遺跡 －（仮称）市谷仲之町マンション新築工事に伴う埋蔵文化財発掘調査報告書－	新159	2003		東急不動産株式会社・東京建物株式会社・セントラル総合開発株式会社
新-125	信濃町南遺跡－落状3号舘（信濃町地区整備事業に伴う調査）－	東京都埋蔵文化財センター調査報告第135集 新161	2003	（財）東京都教育文化財団	（財）東京都埋蔵文化財センター
新-126	市谷田町三丁目遺跡Ⅱ －昌福田女子マンション新築工事に伴う－	新165	2003	三井友建設株式会社	小学館ドラベル株式会社
新-127	尾張藩徳川家下屋敷跡遺跡	新160	2003	新宿区戸山遺跡調査会	早稲田大学
新-128	四谷四丁目遺跡Ⅳ －（仮称）四谷プロジェクト新築工事に伴う埋蔵文化財発掘調査報告書－	新164	2003	加藤建設株式会社	旭化成株式会社
新-129	天龍寺跡	新167	2004		オリックス・リアルエステート株式会社
新-130	筑土八幡町遺跡Ⅲ －（仮称）新宿区白銀台2丁目マンション新築工事に伴う埋蔵文化財発掘調査報告書－	新169	2004	財団法人新宿区生涯学習財団	東京建物株式会社
新-131	四谷四丁目遺跡 －（仮称）四谷4丁目プロジェクト新築工事に伴う埋蔵文化財発掘調査報告書－	新173	2004	共和開発株式会社	株式会社大命・ニチメン株式会社
新-132	原町二丁目遺跡Ⅰ 旧牛込原町小学校跡地点 －介護老人保健施設・保育園新築事業に伴う埋蔵文化財緊急発掘調査報告書－	新168	2004	財団法人新宿区生涯学習財団	医療法人財団群精会社会福祉法人幸

198

V．江戸遺跡発掘調査報告書一覧

区-No.	書名・報告書名	シリーズ名	刊年	編集	発行主体
新-133	新宿区埋蔵文化財緊急調査報告集 I 中落二丁目遺跡・納戸町遺跡・連光寺跡・宝龍寺跡・牛込坂跡III・四谷三丁目遺跡II・四谷三丁目遺跡III・三栄町遺跡IX・百人町三丁目遺跡VII・島田佐内墓所	新170	2004	財団法人新宿区生涯学習財団	財団法人新宿区生涯学習財団
新-134	市谷薬王寺町遺跡IV―（仮称）市谷薬王寺町遺跡新築工事に伴う市谷薬王寺町遺跡発掘調査報告書―	新174	2004	三井住友建設株式会社	三井不動産株式会社
新-135	白銀町西遺跡―白銀町W遺跡ICERビルマーキットレジデンス神楽坂TWICERビルマーキットレジデンス新築工事に伴う発掘調査報告書―	新172	2004	デイケイトレード株式会社埋蔵文化財事業部	三菱地所不動産株式会社野村不動産株式会社
新-136	南山伏町遺跡IV―（仮称）二十騎町マンション新築工事に伴う埋蔵文化財発掘調査報告書―	新175	2004	加藤建設株式会社	株式会社ゼファー
新-137	内藤町遺跡III―新宿御苑食堂棟その他建築工事に伴う埋蔵文化財発掘調査報告書―	新115	2001	財団法人新宿区生涯学習財団	国土交通省関東地方整備局
新-138	若宮町遺跡III―（仮称）市谷船河原町マンション計画に伴う埋蔵文化財発掘調査報告書―	新171	2003	デイケイトレード株式会社埋蔵文化財事業部	三菱地所株式会社
新-139	宝泉寺跡II―（仮称）新宿区横寺町戸建住宅A・B棟新築工事に伴う埋蔵文化財発掘調査報告書―	新176	2004	デイケイトレード株式会社埋蔵文化財事業部	株式会社ジョイント・コーポレーション
新-140	内藤町遺跡IV―（仮称）新宿御苑食堂マンション新築工事に伴う埋蔵文化財発掘調査報告書―	新126	2001	共和開発株式会社第三開発	野村不動産株式会社
新-141	四谷一丁目南遺跡―宗教法人カトリック聖パウロ修道会四谷修道院新築工事に伴う埋蔵文化財発掘調査報告書―		2004	大成エンジニアリング株式会社	宗教法人カトリック聖パウロ修道会
新-142	大京町東遺跡―（仮称）介護老人保健施設四谷建設工事に伴う発掘調査報告書―		2004	株式会社第三開発	医療法人社団木杉会
新-143	市谷木村町遺跡―市谷木村町マンション計画に伴う埋蔵文化財発掘調査報告書―	東京都埋蔵文化財センター調査報告第176集	2005	（財）東京都埋蔵文化財センター	野村不動産株式会社
新-144	新宿六丁目遺跡	東京都埋蔵文化財センター調査報告第163集	2005	（財）東京都埋蔵文化財センター	日本テレビ放送網株式会社
新-145	（信濃町南遺跡III―（仮称）信濃町プロジェクトに伴う埋蔵文化財発掘調査報告書―		2005	東京都埋蔵文化財センター	東京建物株式会社
新-146	若宮町遺跡IV―（仮称）若宮逢坂テラス新築工事に伴う家屋家解体（仮）埋蔵文化財発掘調査報告書―		2005	デイケイトレード株式会社埋蔵文化財事業部	興和不動産株式会社三菱地所株式会社
新-147	新宿区十二社遺跡―南元町東地点発掘調査に伴う報告書―		2005	大成エンジニアリング株式会社	宗教法人明治神宮
新-148	新宿加賀町遺跡II―日本興亜株式会社加賀町寮建築工事に伴う埋蔵文化財発掘調査報告書―		2005	加藤建設株式会社	日本銀行
新-149	市谷仲之町遺跡VI―（仮称）新宿区市谷仲之町マンション計画に伴う埋蔵文化財発掘調査報告書―		2006	デイケイトレード株式会社埋蔵文化財事業部	三井不動産株式会社
新-150	市谷砂土原町III―（仮称）市ヶ谷砂土原町マンション計画に伴う埋蔵文化財発掘調査報告書―		2006	大成エンジニアリング株式会社	住友不動産株式会社
新-151	若宮町遺跡V―（仮称）若宮町計画に伴う埋蔵文化財発掘調査報告書―		2006	加藤建設株式会社	古河潤之助
新-152	舟町遺跡―（仮称）新宿区舟町計画新設建物建築工事に伴う調査報告書―		2006	（株）武蔵文化研究所	三井不動産株式会社
新-153	尾張藩上屋敷跡XII―防衛庁新宿地区埋蔵文化財発掘調査報告―		2006	（財）東京都埋蔵文化財センター	（財）東京都埋蔵文化財センター
新-154	百人町三丁目遺跡VI―JR東日本戸山原社宅跡地用地発掘調査報告書―	東京都埋蔵文化財センター調査報告第180集	2006	（財）東京都埋蔵文化財センター	エスエスブイ山開発完了目の会社住宅都市建物株式会社・ネオパス市谷
新-155	市谷仲之町遺跡IV―（仮称）新宿区市谷仲之町マンション計画工事に伴う埋蔵文化財発掘調査報告書―		2006	加藤建設株式会社	有限会社ヌーヴ信託銀行株式会社
新-156	市谷砂土原町III―（仮称）市谷砂土原町パークハウス新築工事に伴う埋蔵文化財発掘調査報告書―		2005	デイケイトレード株式会社埋蔵文化財事業部	三菱地所株式会社

199

V. 江戸遺跡発掘調査報告書一覧

区	No.	書名・報告書名	シリーズ名	刊年	編集	発行主体
新	157	四谷三丁目遺跡Ⅱ―新宿区立四谷小学校および四谷保一元化施設建設(江戸遺跡)埋蔵文化財発掘調査報告書―		2006	デイ・エイ・トレード株式会社埋蔵文化財事業部	新宿区教育委員会
新	158	筑土城跡(江戸遺跡)の調査 筑土八幡マンション新築工事に伴う埋蔵文化財発掘調査報告書		2006	三菱地所株式会社	三菱地所株式会社
新	159	南町遺跡Ⅵ―ルネ神楽坂建設事業に伴う緊急発掘調査報告書―		2007	総合地所株式会社	総合地所株式会社
新	160	内藤町遺跡(環状第5の1号線地区)	東京都埋蔵文化財センター調査報告第202集	2007	(財)東京都埋蔵文化財センター	(財)東京都埋蔵文化財センター
新	161	市谷仲之町遺跡Ⅷ―(仮称)市谷仲之町(Ⅱ)工事計画に伴う埋蔵文化財発掘調査報告書		2007	デイ・エイ・トレード株式会社埋蔵文化財事業部	三井不動産株式会社
新	162	市谷砂土原町三丁目遺跡Ⅲ―集合住宅新築工事に伴う埋蔵文化財発掘調査報告書―		2007	大成エンジニアリング株式会社	住友不動産株式会社
新	163	木製原遺跡Ⅲ―東京女子医科大学―新棟(仮称)建設工事に伴う埋蔵文化財発掘調査報告書		2007	共和開発株式会社	学校法人東京女子医科大学
新	164	法正寺宿跡(仮)アデプトビラ神楽坂建設に伴う埋蔵文化財発掘調査		2007	大成エンジニアリング株式会社	スミセキ・コンテック株式会社
新	165	矢来町遺跡Ⅰ―(仮称)スタイルハウス矢来建設工事に伴う埋蔵文化財発掘調査報告書		2007	新宿区教育委員会	三菱地所株式会社
新	166	新宿区文化財調査年報2 平成17年度		2007	新宿区教育委員会	新宿区教育委員会
新	167	新宿区四谷三丁目遺跡Ⅴ―(仮称)四谷一丁目計画に伴う埋蔵文化財調査報告書		2007	加藤建設株式会社	ニューツアズ1999株式会社
新	168	全勝寺遺跡―(仮称)新宿区弁町計画に伴う埋蔵文化財発掘調査		2007	共和開発株式会社	株式会社リーマックコンサルタンツ
新	169	若松町遺跡(豊明小倉子屋敷跡遺跡)―平成19年度―埋蔵文化財発掘調査4号枠(仮)田町(整備前整体)	東京都埋蔵文化財センター調査報告第217集	2008	(財)東京都埋蔵文化財センター	学校法人東京女子医科大学・学校法人早稲田大学
新	170	坂町遺跡Ⅵ―株式会社帝国データバンク東京支社新築工事に伴う埋蔵文化財		2008	デイ・エイ・トレード株式会社埋蔵文化財事業部	株式会社帝国データバンク
新	171	木製原遺跡Ⅳ―連携融合拠点(仮称)新築工事に伴う埋蔵文化財調査報告書		2008	岡三リビック株式会社	早稲田大学
新	172	法光寺遺跡Ⅲ―(仮称)坂町共同住宅建築工事に伴う埋蔵文化財発掘調査報告書		2008	(財)東京都埋蔵文化財センター	株式会社アドラルコーポレーション
新	173	尾張徳川家下屋敷跡Ⅴ―国立国際医療センター新築整備第1期工事に伴う調査	東京都埋蔵文化財センター調査報告第219集	2008	(財)東京都埋蔵文化財センター	(財)東京都埋蔵文化財センター
新	174	市谷左内町遺跡Ⅱ―(仮称)市谷左内地区第一種市街地再開発事業に伴う埋蔵文化財発掘調査	東京都埋蔵文化財センター調査報告第222集	2008	(財)東京都埋蔵文化財センター	(財)東京都埋蔵文化財センター
新	175	神楽坂四丁目遺跡Ⅱ―(仮称)神楽坂4丁目プロジェクト新築工事に伴う埋蔵文化財発掘調査報告書		2008	デイ・エイ・トレード株式会社埋蔵文化財事業部	ニューオータニアーバンコーポレイション株式会社
新	176	市谷仲之町遺跡Ⅸ―スペース市谷仲之町プレイス建設に伴う埋蔵文化財発掘調査報告書		2008	加藤建設株式会社	三菱地所株式会社
新	177	信濃町遺跡Ⅲ―信濃町17番地計画工事に伴う埋蔵文化財発掘調査報告書		2008	株式会社ダイケン	創価学会
新	178	若葉三丁目遺跡―(仮称)若葉3・2共同ビル新築工事に伴う埋蔵文化財発掘調査報告書		2008	株式会社 四門	財団法人 首都圏不燃建築公社
新	179	西方寺跡遺跡Ⅱ―(仮)株式会社ユニカ新宿ビル建設に伴う埋蔵文化財発掘調査報告書		2008	大成エンジニアリング株式会社	株式会社ユニカ
新	180	東円寺墓所跡―(仮称)新宿区富久町PROJECTに伴う埋蔵文化財発掘調査報告書		2008	株式会社若アド東京本店	株式会社モリモト
新	181	新宿四丁目遺跡Ⅱ―(仮称)新宿四丁目プロジェクトに伴う埋蔵文化財発掘調査報告書		2008	デイ・エイ・トレード株式会社埋蔵文化財事業部	株式会社アーバンコーポレイション
新	182	市谷柳町遺跡―(仮称)市谷柳町マンション新築工事に伴う埋蔵文化財発掘調査報告書		2008	デイ・エイ・トレード株式会社埋蔵文化財事業部	野村不動産株式会社

V. 江戸遺跡発掘調査報告書一覧

区	No.	書名・報告書名	シリーズ名	刊年	編集	発行主体
新	183	山伏町遺跡－(仮称) 神楽坂山伏町計画に伴う埋蔵文化財発掘調査報告書－		2009	加藤建設株式会社 埋蔵文化財事業部	野村不動産株式会社
新	184	宝泉寺跡地Ⅲ－(山崎記念救護施設宿舎) 新築工事に伴う埋蔵文化財発掘調査報告－		2009	株式会社四門 文化財研究室	日本赤十字社
新	185	市谷山伏町上ノ台遺跡－子ども家庭総合センター(仮称) の建設に伴う埋蔵文化財発掘調査報告書－		2009	(財)東京都文化財団 東京都埋蔵文化財センター	(財)東京都教育文化財団 東京都埋蔵文化財センター
新	186	市谷甲良町遺跡Ⅲ－新宿区市谷山伏町計画に伴う埋蔵文化財発掘調査報告書－	東京都埋蔵文化財センター 調査報告第332集	2009	大成エンジニアリング株式会社	東急不動産株式会社
新	187	木野原遺跡Ⅳ－学校法人東京女子医科大学第一病棟新築工事に伴う発掘調査報告書－		2009	共和開発株式会社	学校法人東京女子医科大学
新	188	市谷田町3丁目遺跡－(仮称)市谷田町3丁目計画に伴う埋蔵文化財発掘調査報告書－		2009	加藤建設株式会社 文化財調査部	三菱地所株式会社
新	189	内藤町遺跡－新宿御苑大温室の整備に伴う埋蔵文化財発掘調査報告書－	東京都埋蔵文化財センター 調査報告第246集	2010	(財)東京都教育文化財団 東京都埋蔵文化財センター	(財)東京都教育文化財団 東京都埋蔵文化財センター
新	190	市谷加賀町二丁目遺跡－共同住宅建築工事に伴う埋蔵文化財発掘調査報告書－		2009	大成エンジニアリング株式会社 文化財調査部	株式会社コスモスイニシア
新	191	矢来町遺跡Ⅱ－矢来町特別養護老人ホーム新築工事に伴う埋蔵文化財発掘調査報告書－		2009	テイケイトレード株式会社 事業部	社会福祉法人 三輪会
新	192	市谷薬王寺町遺跡Ⅵ－(仮称)市谷薬王寺計画用地埋蔵文化財発掘調査報告書－		2009	テイケイトレード株式会社 事業部	三井不動産レジデンシャル株式会社
新	193	箪笥町遺跡－(仮称)箪笥町共同住宅新築工事に伴う埋蔵文化財発掘調査報告書－		2010	加藤建設株式会社 文化財調査部	三菱地所株式会社
新	194	柏木成子町遺跡－新宿八丁目地区第一種市街地再開発組合－		2010	大成エンジニアリング株式会社	西新宿八丁目成子地区市街地再開発組合
新	195	木野原遺跡Ⅴ－都営若松町アパート建設に伴う埋蔵文化財発掘調査－	東京都埋蔵文化財センター 調査報告第252集	2010	(財)東京都教育文化財団 東京都埋蔵文化財センター	(財)東京都教育文化財団 東京都埋蔵文化財センター
新	196	市谷仲之町西遺跡Ⅳ－(仮称)市谷仲之町計画に伴う埋蔵文化財発掘調査報告書－		2011	共和開発株式会社	東急不動産株式会社
新	197	百人町三丁目西遺跡Ⅲ－(仮称)百人町三丁目西計画 ニューマン事業部－	東京都埋蔵文化財センター 調査報告第259集	2011	(財)東京都教育文化財団 東京都埋蔵文化財センター	(財)東京都教育文化財団 東京都埋蔵文化財センター
新	198	市谷仲之町西遺跡Ⅱに伴う埋蔵文化財発掘調査報告書－		2011	株式会社CEL	野村不動産株式会社 有限会社
新	199	小川町遺跡－(仮称)講談社ビル計画に伴う新築工事に伴う埋蔵文化財調査報告書－		2011	テイケイトレード株式会社 事業部	株式会社講談社
新	200	四谷坂町三丁目遺跡－(仮称)韓国大使館飯倉ビル新築工事に伴う埋蔵文化財調査報告書－		2011	大成エンジニアリング株式会社 文化財調査部	駐日韓国大使館韓国文化院
新	201	新宿区文化財調査年報5 平成20年度		2010	(財)新宿区地域文化部文化観光国際課	(財)新宿区地域文化部文化観光国際課
新	202	市谷仲之町遺跡年報6 平成21年度		2011	(財)新宿区地域文化部文化観光国際課	(財)新宿区地域文化部文化観光国際課
新	203	市谷仲之町遺跡Ⅹ－弦巻市ヶ谷(22) 埋蔵文化財発掘調査報告書－	東京都埋蔵文化財センター 調査報告第263集	2011	(財)東京都教育文化財団 東京都埋蔵文化財センター	(財)東京都教育文化財団 東京都埋蔵文化財センター
新	204	信農町南遺跡Ⅳ－(仮称)創価学会総本部新築に伴う埋蔵文化財発掘調査報告		2011	株式会社四門	創価学会
新	205	弁天町遺跡－都営弁天町団地建替事業に伴う埋蔵文化財調査報告書－	東京都埋蔵文化財センター 調査報告第116集	2002	(財)東京都教育文化財団 東京都埋蔵文化財センター	(財)東京都教育文化財団 東京都埋蔵文化財センター
新	206	市谷田町二丁目遺跡－集合住宅建設に伴う埋蔵文化財発掘調査報告書－		2012	共和開発株式会社	丸紅株式会社
新	207	新宿区文化財調査年報Ⅰ－グローベル四ツ谷プロジェクト新築工事に伴う埋蔵文化財Ⅰ		2012	共和開発株式会社	株式会社グローベルス
新	208	全勝寺遺跡Ⅱ		2012	大成エンジニアリング株式会社 文化財調査部	新宿区文化観光財団

201

V．江戸遺跡発掘調査報告書一覧

区-No.	書名・報告書名	シリーズ名	刊年	編集	発行主体
新-209	尾張徳川家下屋敷跡Ⅶ－（R24）若松住宅埋蔵文化財発掘調査－	東京都埋蔵文化財センター調査報告第276集	2012	（財）東京都埋蔵文化財センター	（財）東京都スポーツ文化事業団 東京都埋蔵文化財センター
新-210	余丁町遺跡		2012	東京都埋蔵文化財センター	株式会社ディア・ライフ
新-211	筑土八幡町遺跡Ⅳ－新社屋建設工事に伴う埋蔵文化財発掘調査報告書－		2012	大成建設株式会社 埋蔵文化財調査部	株式会社井村総本店
新-212	払方町遺跡Ⅱ－集合住宅建設工事に伴う埋蔵文化財発掘調査報告書－		2012	大成エンジニアリング株式会社 埋蔵文化財調査部	阪急不動産株式会社
新-213	四谷三丁目遺跡Ⅳ－集合住宅建設に伴う埋蔵文化財発掘調査報告		2012	共和開発株式会社	丸紅株式会社
新-214	南元町遺跡Ⅱ（赤葉学当寺寺跡）		2012	国際文化財株式会社	株式会社大京
新-215	四谷伝馬町新一丁目遺跡 平成22年度		2012	新宿区地域文化部文化観光国際課	新宿区地域文化部文化観光国際課
新-216	舎人町遺跡－西富久地区 第一種市街地再開発事業に伴う埋蔵文化財発掘調査報告書－		2012	大成エンジニアリング株式会社 埋蔵文化財調査部	西富久地区市街地再開発組合
新-217	大京町遺跡－マイキャステルハウス新宿御苑 ベースセンター下新築計画に伴う埋蔵文化財発掘調査報告書－		2012	ダイナトレード株式会社 埋蔵文化財事業部	三菱地所レジデンス株式会社
新-218	市谷台町三丁目遺跡Ⅳ－スタイルハウス市谷台上原新築工事に伴う埋蔵文化財発掘調査報告書－		2013	加藤建設株式会社 文化財調査部	加藤建設株式会社
新-219	三栄町遺跡Ⅳ（仮称）四谷保健地総合施設・消防所センター等施設建設に伴う埋蔵文化財発掘調査報告書		2013	新宿区	新宿区
新-220	尾張徳川家下屋敷跡Ⅷ－整地内病棟建替え工事に伴う埋蔵文化財発掘調査報告書－		2013	共和開発株式会社	独立行政法人国立国際医療研究センター
新-221	市谷田町一丁目遺跡Ⅱ－（仮称）市谷田町1丁目計画に伴う埋蔵文化財調査報告書－		2011	加藤建設株式会社 調査部	共和建設株式会社 三菱地所株式会社 大日本印刷株式会社
新-222	尾張徳川家下屋敷跡Ⅸ－（仮称）東五軒町ML計画に伴う埋蔵文化財調査報告書－		2013	三井不動産レジデンシャル株式会社 埋蔵文化財研究所	三井不動産レジデンシャル株式会社
新-223	尾張徳川家下屋敷跡Ⅹ－集合住宅建設に伴う埋蔵文化財発掘調査報告書－		2013	大成エンジニアリング株式会社 埋蔵文化財調査部	独立行政法人国立国際医療研究センター
新-224	白銀町西遺跡Ⅲ－大日本印刷株式会社に伴う埋蔵文化財調査報告書		2013	共和開発株式会社	清水総合開発株式会社 共和開発株式会社
新-225	若葉三丁目遺跡Ⅱ－（仮称）四谷須賀町プロジェクト新築工事に伴う埋蔵文化財調査報告書		2014	加藤建設株式会社	エヌ・ティ・ティ都市開発株式会社 加藤建設株式会社
新-226	新宿区文化財調査年報8 平成23・24年度		2014	新宿区地域文化部文化観光課	新宿区福祉部二葉保育園
新-227	市谷寺町－東福寺元保育教育工事に伴う埋蔵文化財発掘調査報告書－		2013	株式会社CEL	社会福祉法人二葉保育園
新-228	市谷左門町遺跡－大日本印刷株式会社市谷工場整備事業		2014	株式会社和興開発研究所	大日本印刷株式会社
新-229	市谷東王寺町遺跡Ⅱ－環境第3号線（東王）整備事業に伴う埋蔵文化財発掘調査報告書－	東京都埋蔵文化財センター調査報告第292集	2014	（公財）東京都埋蔵文化財センター	（公財）東京都スポーツ文化事業団 東京都埋蔵文化財センター
新-230	新宿区柳町遺跡Ⅱ－（仮称）市谷柳町Ⅱ計画に伴う埋蔵文化財発掘調査報告書－		2013	新宿区地域文化部文化観光課	東京都地域文化部文化観光課
新-231	南町遺跡Ⅵ－（仮称）市谷上原町Ⅱ計画に伴う埋蔵文化財発掘調査報告書－		2014	株式会社CEL	株式会社CEL
新-232	若松町遺跡－東京都赤十字血液センター建設工事に伴う埋蔵文化財発掘調査報告書		2014	共和開発株式会社	共和開発株式会社
新-233	市谷甲良町遺跡Ⅳ－新宿区甲良町計画に伴う埋蔵文化財発掘調査報告書		2014	東京都埋蔵文化財センター	大成エンジニアリング株式会社 文化財調査部所
新-234	市谷左内町Ⅲ－滋賀銀行新宿志賀寮工事に伴う埋蔵文化財発掘調査報告書		2014	三菱地所レジデンス株式会社	株式会社滋賀銀行
新-235	北町遺跡－（仮称）新宿区北町計画に伴う埋蔵文化財発掘調査報告書		2015	大成エンジニアリング株式会社	新宿区地域文化部文化観光課
新-236	（省略）			大成エンジニアリング株式会社	東急不動産株式会社

V. 江戸遺跡発掘調査報告書一覧

区・No.	書名・報告書名	シリーズ名	刊年	編集	発行主体
新-235	南榎町遺跡Ⅲ 一区営住宅の再編整備（仮称）牛込町ニューポータス　等に伴う埋蔵文化財調査報告書		2015	株式会社四門　首都圏不燃建築公社	株式会社四門　文化財事業部
新-236	北山伏町遺跡Ⅱ－旗本屋敷25号線（小川町地区）伴う調査	東京都埋蔵文化財センター調査報告第289集	2014	一般財団法人　東京都埋蔵文化財センター	（公財）東京都スポーツ文化事業団東京都埋蔵文化財センター
新-237	市谷本村町遺跡−防衛研究（2・4）埋蔵文化財発掘調査−	東京都埋蔵文化財センター調査報告第294集	2014	株式会社四門内文化財事業部	（公財）東京都スポーツ文化事業団東京都埋蔵文化財センター
新-238	西早稲田一丁目遺跡　早稲田大学早稲田通りの新教室棟（仮称）新築工事に伴う埋蔵文化財発掘調査報告書		2016	早稲田大学文化財調査室	早稲田大学
新-239	若葉三丁目遺跡Ⅳ　集合住宅新築工事に伴う埋蔵文化財発掘調査報告書		2016	加藤建設株式会社 文化財事業部	株式会社リーガル不動産　加藤建設株式会社
新-240	北新宿二丁目遺跡Ⅳ　カテドラル北新宿新築工事に伴う埋蔵文化財発掘調査報告Ⅸ		2008	株式会社四門内文化財事業部	日本ヘヴァジング株式会社
新-241	北町遺跡Ⅸ　新宿区立愛日小学校建設に伴う埋蔵文化財調査報告書		2016	株式会社四門内文化財事業部	新宿区
新-242	北町遺跡Ⅷ　新宿区友愛園下屋敷跡		2016	株式会社（株）	学法会　学習院
新-243	市谷甲良町遺跡Ⅵ（仮称）新宿区市谷甲良町計画に伴う埋蔵文化財発掘調査報告書		2017	共和開発（株）	（株）ミューコン
新-244	左門町遺跡　警視庁四ツ谷警察署庁舎改築工事に伴う埋蔵文化財調査報告Ⅵ		2017	（公財）東京都スポーツ文化事業団東京都埋蔵文化財センター	（公財）東京都スポーツ文化事業団東京都埋蔵文化財センター
新-245	信濃町遺跡調査報告書Ⅵ		2017	（株）東京航業研究所	聴濤義塾
新-246	新宿四丁目遺跡　平成26・27年度		2017	新宿区文化観光産業部文化観光課文化資源係	新宿文化観光産業部文化観光課文化資源係
新-247	西新宿六丁目遺跡（仮称）西新宿六丁目ホテル計画に伴う埋蔵文化財発掘調査報告書		2017	国際文化財（株）	（株）フジタ
新-248	山伏町遺跡Ⅱ（仮称）山吹町298番所に伴う埋蔵文化財調査報告書		2017	加藤建設株式会社 文化財調査部	三菱地所レジデンス（株）
新-249	左門町遺跡Ⅲ・南元町遺跡　環状第五の一号線　天貫町工事に伴う埋蔵文化財発掘調査報告書		2018	（公財）東京都スポーツ文化事業団東京都埋蔵文化財センター	（公財）東京都スポーツ文化事業団東京都埋蔵文化財センター
新-250	市谷木村町遺跡（27）埋蔵文化財発掘調査		2018	（公財）東京都スポーツ文化事業団東京都埋蔵文化財センター	（公財）東京都スポーツ文化事業団東京都埋蔵文化財センター
新-251	新宿四丁目遺跡 平成26・27年度		2018	新宿区文化観光産業部文化観光課	新宿区文化観光産業部文化観光課
新-252	西新宿六丁目遺跡Ｘ　メゾンドール早稲田大学建設工事に伴う埋蔵文化財建替組合		2018	加藤建設株式会社 文化財調査部	メゾンドール早稲田管理建替組合
新-253	信濃町遺跡Ⅸ　創価学会総合案内センター新地区財調査報告Ⅸ		2018	創価建設株式会社（株）	創価学会
新-254	信濃町遺跡　Ⅸ 慶應病院ガーデンタワー建設工事に伴う埋蔵文化財発掘調査報告書		2018	テイタイトレード（株）	（株）小学館
新-255	若松町遺跡　最高裁判所長官公邸敷地埋蔵文化財発掘調査		2018	（公財）東京都スポーツ文化事業団東京都埋蔵文化財センター	（公財）東京都スポーツ文化事業団東京都埋蔵文化財センター
文-1	動坂貝塚遺跡		1978	動坂貝塚調査会	動坂貝塚調査会
文-2	向ヶ丘貝塚−東京大学構内弥生二丁目遺跡の発掘調査報告		1979	東京大学文学部考古学研究室	東京大学文学部
文-3	白山四丁目遺跡		1981	白山四丁目遺跡調査団	白山四丁目遺跡調査団
文-4	真砂遺跡		1987	真砂遺跡調査会	真砂遺跡調査会
文-5	郡代屋敷立会調査報告集Ⅰ		1988	東京都教育庁社会教育部文化課	東京都教育委員会
文-6	東京大学本郷構内の遺跡　理学部7号館地点	東京大学遺跡調査室発掘調査報告書1	1989	東京大学理学部遺跡調査室	東京大学理学部遺跡調査室

203

Ⅴ．江戸遺跡発掘調査報告書一覧

区・No.	書名・報告書名	シリーズ名	刊年	編集	発行主体
文-7	東京大学本郷構内の遺跡　法学部4号館・文学部3号館建設地遺跡	東京大学遺跡調査室発掘調査報告書2	1990	東京大学遺跡調査室	東京大学文学部
文-8	東京大学本郷構内の遺跡　医学部附属病院中央診療棟・設備管理棟・給水設備地点、医学部附属病院 山上会館・御殿下記念館地点		1990		東京大学医学部附属病院・医学部附属病院・共同溝建設地点
文-9	東京大学本郷構内の遺跡　第3地点 (仮称)ＫＳビル新築工事に伴う埋蔵文化財発掘調査報告書	東京大学埋蔵文化財調査室発掘調査報告4	1990		東京大学埋蔵文化財調査室
文-10	真砂遺跡　第3地点　御殿下記念館地点、文京ふるさと歴史館建設工事に伴う埋蔵文化財発掘調査報告書		1990		文京区真砂遺跡調査会
文-11	真砂遺跡　第2地点　文京ふるさと歴史館建設工事に伴う発掘調査報告書		1991		文京区遺跡調査会
文-12	神田上水千川幹線下水道移設工事に伴う発掘調査報告書		1991		文京区教育委員会社会教育課
文-13	神田上水石垣遺跡発掘調査報告書－神田川お茶の水分水路工事に伴う神田上水石垣遺構の調査	文京区埋蔵文化財発掘調査報告書第1集	1992		文京区神田上水遺跡調査団
文-14	本富士町遺跡　本富士警視庁本富士警察署庁舎建て替え工事に伴う発掘調査報告書	文京区埋蔵文化財発掘調査報告書第2集	1993		文京区遺跡調査会
文-15	上富士前町遺跡　(仮称)富士ビル建設工事に伴う埋蔵文化財調査報告書	文京区埋蔵文化財発掘調査報告書第3集	1993		文京区遺跡調査会
文-16	新諏訪町遺跡　興和不動産ホテル棟新築工事に伴う埋蔵文化財調査報告書	文京区埋蔵文化財発掘調査報告書第4集	1993		文京区遺跡調査会
文-17	黒鍬町遺跡　科研製薬研究地整備計画に伴う埋蔵文化財発掘調査報告書	文京区埋蔵文化財発掘調査報告書第5集	1994		文京区遺跡調査会
文-18	小石川町遺跡　住宅金融公庫公舎改築に伴う埋蔵文化財発掘調査報告書	文京区埋蔵文化財発掘調査報告書第6集	1994		文京区遺跡調査会
文-19	本郷追分・東京大学構内および隣接地区における下水道工事に伴う発掘調査報告書		1994		文京区千川幹線遺跡調査会
文-20	箱町遺跡・三菱史料館建設に伴う埋蔵文化財調査報告	文京区埋蔵文化財発掘調査報告書第7集	1995		東京大学構内雨水調整池遺跡調査会 (財) 三菱経済研究所
文-21-1	本郷元町Ⅲ－都立工芸高等学校 (先端技術教育センター) 地点		1995		都立学校遺跡調査会
文-21-2	本郷元町Ⅲ－都立工芸高等学校 (先端技術教育センター) 地点		1999		都立学校遺跡調査会
文-21-3	本郷元町Ⅳ－都立工芸高等学校 (先端技術教育センター) 地点		2000		都立学校遺跡調査会
文-22	原町遺跡－徳島県職員住宅建設に伴う発掘調査報告書		1996		徳島県
文-23	駒込町遺跡－鹿島建設（株）自社ビル建設に伴う埋蔵文化財発掘調査事業に伴う発掘調査報告書	文京区埋蔵文化財発掘調査報告書第8集	1996		鹿島建設株式会社
文-24	春日町遺跡Ⅴ地点　東京ドームホテル棟新築工事に伴う埋蔵文化財発掘調査報告書	文京区埋蔵文化財発掘調査報告書第9集	1996		株式会社東京ドーム
文-25	原町遺跡・梨畑遺跡　地下鉄7号線溜池・駒込間遺跡発掘調査報告6	文京区埋蔵文化財発掘調査報告書第10集	1996		帝都高速度交通営団
文-26	本郷台遺跡－カトリック東京大司教区下水道施設建設事業に伴う発掘調査報告書	文京区埋蔵文化財発掘調査報告書第11集	1996		文京区遺跡調査会
文-27	原町遺跡－王子不動産（株）マンション建設に伴う埋蔵文化財発掘調査事業に伴う発掘調査報告書	文京区埋蔵文化財発掘調査報告書第13集	1996		王子不動産（株）
文-28	弥生町Ⅱ地点－防火水槽埋設工事に伴う埋蔵文化財発掘調査報告書	文京区埋蔵文化財発掘調査報告書第14集	1996		東京消防庁
文-29	上富士前町遺跡－カトリック東京大司教区マンション建設に伴う埋蔵文化財発掘調査報告書	文京区埋蔵文化財発掘調査報告書第12集	1997		カトリック東京大司教区 日本信販株式会社

V．江戸遺跡発掘調査報告書一覧

区ー No.	書名・報告書名	シリーズ名	刊年	編集	発行主体
文-30	東京大学構内遺跡調査研究年報1 -1996年度		1997	東京大学埋蔵文化財調査室	東京大学埋蔵文化財調査室
文-31-1	小石川 窪町遺跡（都立小石川高等学校地点）Ⅰ 近世・近代陶磁編		1997	都内遺跡調査会	都内遺跡調査会
文-31-2	小石川 窪町遺跡（都立小石川高等学校地点）Ⅱ 近世・近代金物編		1998	都内遺跡調査会	都内遺跡調査会
文-32	駒込蠣崎第Ⅰ 御先手組屋敷－都立向丘高校地点における埋蔵文化財発掘調査報告書－		1997	都内遺跡調査団	都内遺跡調査会
文-33	神明貝塚－個人住宅建設に伴う埋蔵文化財発掘調査報告書－	文京区埋蔵文化財発掘調査報告書第15集	1998	文京区遺跡調査会	文京区教育委員会
文-34	真砂第Ⅳ地点－個人住宅建設に伴う埋蔵文化財発掘調査報告書	文京区埋蔵文化財発掘調査報告書第16集	1998	文京区遺跡調査会	文京区教育委員会
文-35-1	日影町Ⅰ		1998	都立学校遺跡調査会	都立学校遺跡調査会
文-35-2	日影町Ⅱ		1999	都立学校遺跡調査会	都立学校遺跡調査会
文-36	日影町Ⅲ		2000	都立学校遺跡調査会	都立学校遺跡調査会
文-37	小石川牛天神下（都立文京旱学校発掘調査報告書班）		2000	東京大学文京旱学校遺跡調査班	都内遺跡調査会
文-38	大塚町遺跡				
文-39	駒込富士前町Ⅱ遺跡第Ⅱ地点－文京区駒込駅改築建設に伴う埋蔵文化財発掘調査報告書	文京区埋蔵文化財発掘調査報告書第22集	2000	文京区遺跡調査会	文京区役所区民課
文-40	春日町遺跡第Ⅵ地点・警視庁施設建設に伴う発掘調査報告書	文京区埋蔵文化財発掘調査報告書第23集	2002	都内遺跡調査会	警視庁総務部
文-41	指ヶ谷町遺跡－文部省施設建設に伴う埋蔵文化財発掘調査報告書	文京区埋蔵文化財発掘調査報告書第19集	2000	文京区遺跡調査会	文部省
文-42	お茶の水女子大学構内遺跡第Ⅱ地点・お茶の水女子大学総合研究棟新営に伴う埋蔵文化財発掘調査報告書		2002	お茶の水女子大学埋蔵文化財調査室	お茶の水女子大学埋蔵文化財調査室
文-43	弓町遺跡・集合住宅等建築に伴う発掘調査報告－1998・1999年度発掘調査報告書－		2002	東京地所株式会社	東京地所株式会社
文-44	駒込西片町遺跡・東京国税局本郷寮改築等建設に伴う発掘調査報告書	文京区埋蔵文化財発掘調査報告書第25集	2002	文京区遺跡調査会	国土交通省財務省東京国税局
文-45	上富士前町遺跡第Ⅲ地点・店舗建設に伴う発掘調査報告書	文京区埋蔵文化財発掘調査報告書第26集	2002	文京区遺跡調査会	朝日信用金庫
文-46	駒込蠣殻町遺跡ほか－集合住宅建設に伴う発掘調査報告書	文京区埋蔵文化財発掘調査報告書第30集	2003	文京区遺跡調査会	文京区教育委員会
文-47	白山御殿跡ほか－集合住宅建設に伴う発掘調査報告書	文京区埋蔵文化財発掘調査報告書第28集	2003	文京区遺跡調査会	日商物産株式会社
文-48	春日町遺跡第Ⅲ・Ⅵ地点－文京区役所庁舎新築建築に伴う発掘調査報告書	文京区埋蔵文化財発掘調査報告書第20集	2000	文京区遺跡調査会	文京区役所
文-49	真砂第Ⅴ地点・区立本郷小学校建設に伴う発掘調査報告書	文京区埋蔵文化財発掘調査報告書第27集	2003	文京区遺跡調査会	文京区教育委員会
文-50	小日向遺跡		1999	学校遺跡調査会	学校法人貞静学園
文-51	原町東遺跡－学校法人東洋大学新築建築に伴う埋蔵文化財発掘調査報告書	文京区埋蔵文化財発掘調査報告書第29集	2004	文京区遺跡調査会	三井不動産株式会社
文-52	駒込蠣殻町遺跡第Ⅱ地点－集合住宅建築に伴う発掘調査報告書		2004	学校法人東洋大学	学校法人東洋大学
文-53	春日町遺跡第Ⅶ地点－（株）東京電力新築建築に伴う発掘調査報告書	文京区埋蔵文化財発掘調査報告書第18集	2004	文京区遺跡調査会	東京電力株式会社
文-54	東京ドーム第3次造園用地再開発事業計画に伴う発掘調査報告書		2004	文京区遺跡調査会	株式会社東京ドーム

205

V．江戸遺跡発掘調査報告書一覧

区一No.	書名・報告書名	シリーズ名	刊年	編集	発行主体
文-56	東京大学構内遺跡調査研究年報4 －2001・2002・2003年度		2004	（財）東京大学埋蔵文化財調査室	東京大学埋蔵文化財調査室
文-57	お茶の水貝塚・三楽病院地点東察地区−	東京都埋蔵文化財センター調査報告第120集	2002	（財）東京都教育文化財団東京都埋蔵文化財センター	（財）東京都教育文化財団東京都埋蔵文化財センター
文-58	駒込浅嘉町遺跡第Ⅱ地点－集合住宅建設に伴う埋蔵文化財発掘調査報告書−	文京区埋蔵文化財発掘調査報告書第24集	2000	株式会社ジェイアール東日本住宅開発・文京区遺跡調査会	株式会社ジェイアール東日本住宅開発
文-59	駒籠町南遺跡−本駒込二丁目団地改良工事に伴う調査報告書−	文京区埋蔵文化財調査報告第15集	2004	（財）東京都教育文化財団東京都埋蔵文化財センター	（財）東京都教育文化財団東京都埋蔵文化財センター
文-60	林町遺跡第Ⅱ地点−集合住宅建設に伴う埋蔵文化財調査報告書−	文京区遺跡調査報告第21集	2000	文京区遺跡調査会	NTTUシティ株式会社
文-61	千駄木三丁目南遺跡−（仮称）文京区本郷図書館等建設用地埋蔵文化財調査報告書−	B-46	2005	文京区教育委員会	文京区教育委員会
文-62	大塚窪町遺跡−文京区立窪町小学校舎改築に伴う発掘調査報告書−	B-47	2005	加藤建設株式会社	文京区
文-63	弓町遺跡第3地点−集合住宅建設に伴う発掘調査報告書−	B-48	2005	武蔵文化財研究所	明和地所株式会社
文-64	弓町遺跡第4地点−マーチュアルサイト小石川建設事業に伴う緊急発掘調査報告書−	B-49	2005	岡三リビック株式会社	住友不動産株式会社
文-65	金助町北遺跡−集合住宅建設に伴う埋蔵文化財発掘調査報告書−	B-50	2005	加藤建設株式会社	日本土地建物株式会社
文-66	真砂町遺跡第6地点−集合住宅建設に伴う埋蔵文化財発掘調査報告書−	B-51	2005	デイケイレート株式会社	三井不動産株式会社
文-67	動坂町遺跡第3地点−（仮称）本駒込四丁目トランクルーム建設工事に伴う発掘調査報告書−	B-52	2005	四門文化財事業部	長田　誠
文-68	真砂町遺跡第5地点−（仮）株式会社医学書院新本社工事に伴う埋蔵文化財発掘調査報告書−	B-53	2006	大成エンジニアリング株式会社	医学書院
文-69	三軒町遺跡−共同住宅工事に伴う発掘調査報告書−	B-54	2006	共和開発株式会社	鹿島建設株式会社
文-70	春日町（小石川後楽園）遺跡第6地点−（仮称）春日町後楽園マンション新築工事に伴う発掘調査報告書−	東京大学埋蔵文化財調査室発掘調査報告第5	2005	デイケイレート株式会社	東京大学埋蔵文化財調査室
文-71	東京大学本郷構内の遺跡−医学部附属病院外来診療棟地点−		2005	共和開発株式会社	東京大学埋蔵文化財調査室
文-72	東京大学本郷構内の遺跡−工学部1号館地点−	東京大学埋蔵文化財調査室発掘調査報告第6	2006	加藤建設株式会社	東京大学埋蔵文化財調査室
文-73	本郷一丁目南遺跡−学校法人桜蔭学園校舎建設に伴う埋蔵文化財発掘調査報告書−	B-57	2006	大成エンジニアリング株式会社	学校法人桜蔭学園
文-74	駒込浅嘉町遺跡第3地点−集合住宅建設工事に伴う埋蔵文化財発掘調査報告書−	B-58	2006	加藤建設株式会社	東京建物株式会社
文-75	春日町（小石川後楽園）遺跡第10地点−後楽1・3地点における発掘調査報告書−	B-59	2007	共和開発株式会社	株式会社東京ドーム
文-76	東京大学構内遺跡調査研究年報5 －2003・2004・2005年度		2006		東京大学埋蔵文化財調査室
文-77	大塚窪町−シティハウス文京茗荷谷新築工事に伴う埋蔵文化財発掘調査報告書−		2007	デイケイレート株式会社埋蔵文化財事業部	住友不動産株式会社
文-78	千駄木三丁目南遺跡第2地点		2007	共和開発株式会社	学校法人東洋大学
文-79	東京大学本郷構内の遺跡　工学部14号館地点	東京大学埋蔵文化財調査室発掘調査報告第6	2006	加藤建設株式会社	東京大学埋蔵文化財調査室
文-80	真砂町遺跡　第7地点−（仮称）本郷真砂プロジェクト新築工事に伴う発掘調査報告書−	B-68	2007		野村不動産株式会社
文-81	龍岡町遺跡　第2地点−集合住宅新築工事に伴う発掘調査報告書−	B-71	2007	大成エンジニアリング株式会社	インペラ建設株式会社

V．江戸遺跡発掘調査報告書一覧

区-No.	書名・報告書名	シリーズ名	刊年	編成	発行主体
文-82	大塚町遺跡 第3地点−文京区立文林中学校・第七中学校統合校建設工事に伴う埋蔵文化財発掘調査報告書	B-72	2007	ダイイチトレード株式会社埋蔵文化財事業部	文京区
文-83	昌林院遺跡−(仮称)リエトハイ石川新築に伴う埋蔵文化財発掘調査報告書−	B-73	2007	株式会社加藤建設	株式会社エーアイシー
文-84	大塚町遺跡第5地点−跡見学園女子大学新棟建設に伴う埋蔵文化財発掘調査報告書	B-74	2008	株式会社 武蔵文化財研究所	学校法人跡見学園
文-85	龍岡町遺跡−第3地点−(仮称)湯島4丁目プロジェクト新築工事に伴う埋蔵文化財発掘調査報告書	B-78	2008	大成エンジニアリング株式会社	株式会社トーシンパートナーズ
文-86	東京大学構内遺跡調査研究年報6 2006年度		2006	東京大学埋蔵文化財調査室	東京大学埋蔵文化財調査室
文-87	大塚遺跡−茗荷谷駅前地区市街地再開発事業に伴う発掘調査−	東京都埋蔵文化財センター調査報告第223集	2008	(財)東京都埋蔵文化財センター	東京都埋蔵文化財センター
文-88	本郷五丁目東遺跡−(仮称)本郷パークハウス ザ・プレミエ新築工事に伴う埋蔵文化財発掘調査報告書−	B-77	2008	加藤建設株式会社	野村不動産株式会社
文-89	弓町遺跡 第6地点本郷パークハウス ザ・プレミエフォート建設に伴う埋蔵文化財発掘調査報告書	B-66	2008	ダイイチトレード株式会社埋蔵文化財事業部	三菱地所株式会社・メックアーバンティ株式会社・藤和不動産株式会社
文-90	昌林院遺跡第2地点−集合住宅建築に伴う埋蔵文化財発掘調査報告書	B-81	2008	ダイイチトレード株式会社埋蔵文化財研究所	文京区教育委員会
文-91	本郷台遺跡群第13地点、店舗・事務所用新築ビル建設に伴う埋蔵文化財発掘調査報告書	B-65	2008	株式会社ベスル	センコームライフ株式会社
文-92	本郷五丁目遺跡−(仮称)グローリ春日本郷新築工事に伴う埋蔵文化財発掘調査報告書	B-75	2008	東京大学埋蔵文化財調査室	野尻和夫
文-93	本郷五丁目西遺跡−(仮称)「PJ共同住宅・店舗新築工事に伴う埋蔵文化財発掘調査報告書−	B-70	2008	ダイイチトレード株式会社埋蔵文化財事業部	学校法人淑徳学園
文-94	春日町第1地点				
文-95	伝通院寮員寮−淑徳学園校舎新築工事に伴う埋蔵文化財緊急発掘調査報告書	B-83	2008	大成エンジニアリング株式会社	学校法人淑徳学園
文-96	駒込五丁目前遺跡第6地点−(仮称)本駒込2丁目計画地点の埋蔵文化財発掘調査報告書−	B-79	2008	大成エンジニアリング株式会社	住友不動産株式会社
文-97	本郷台遺跡群第13地点、事務所用新築ビル建設に伴う埋蔵文化財発掘調査報告書	B-55	2006	大成エンジニアリング株式会社	住友不動産株式会社
文-98	小石川二丁目東遺跡−(仮称)古河ビル建築工事に伴う緊急発掘調査報告書	B-85	2008	文京区教育委員会	平野清一郎
文-99	小石川二丁目東遺跡−(仮称)古河ビル建築工事に伴う個人住宅建築に伴う埋蔵文化財緊急発掘調査概報		1997	東京学芸大学附属竹早中学校早期発掘調査団	社団法人古流松藤会
文-100	陸軍学校地内遺跡発掘事業用地附属−個人住宅建築に伴う埋蔵文化財発掘調査報告書	B-63	2008	ダイイチトレード株式会社 埋蔵文化財事業部	文京区教育委員会
文-101	上富士前町遺跡 第4地点−個人住宅建築に伴う埋蔵文化財発掘調査報告書	B-82	2008	(財)東京都埋蔵文化財センターダイイチトレード株式会社埋蔵文化財事業部	東京学芸大学
文-102	千駄木五丁目南遺跡−公務員宿舎「千駄木宿舎」建替えに伴う発掘調査		2009		ダイイチトレード株式会社 埋蔵文化財事業部小西氏
文-103	護国寺門前町遺跡小西氏共同住宅新築工事に伴う埋蔵文化財発掘調査報告書	B-89	2009	ダイイチトレード株式会社埋蔵文化財事業部	(財)東京都埋蔵文化財センター
文-104	小日向三丁目東遺跡−拓殖大学文京キャンパス整備事業に伴う埋蔵文化財発掘調査報告書		2010	大成エンジニアリング株式会社	学校法人拓殖大学
文-105	春日町遺跡第4地点−お茶の水女子大学の水女子大学院人教育大学建設予定地内における埋蔵文化財発掘調査報告書−		2009	お茶の水女子大学埋蔵文化財発掘調査団	お茶の水女子大学埋蔵文化財調査団
文-106	春日町遺跡−国際仏教大学院大学院大学建設予定地内における埋蔵文化財調査	東京都埋蔵文化財センター調査報告第237集	2009	(財)東京都埋蔵文化財センター	(財)東京都埋蔵文化財センター

207

Ⅴ．江戸遺跡発掘調査報告書一覧

区－No.	書名・報告書名	シリーズ名	刊年	編集	発行主体
文－107	東京大学本郷構内の遺跡浅野地区工学部基盤センター変電室1地点，工学部風洞実験室地点，工学部風環境シミュレーション風洞実験室，支障ケーブル地点，工学部武田先端知ビル地点	東京大学埋蔵文化財調査室発掘調査報告9	2009	東京大学埋蔵文化財調査室	東京大学埋蔵文化財調査室
文－108	駒込浅嘉町遺跡第Ⅲ地点（仮称）本駒込五丁目プロジェクト当該工事に伴う発掘調査報告書	B-69	2010	株式会社ベスコ	有限会社ベイシックプロパティーズインベストメント
文－109	後楽二丁目遺跡第5地点に伴う埋蔵文化財発掘調査報告書・後楽2丁目西地区第一種市街地再開発事業に伴う発掘調査	東京都埋蔵文化財センター調査報告第241集	2010	（財）東京都教育委員会文化財団	（財）東京都教育委員会文化財団
文－110	大塚町・大塚遺跡一般国道254号小日向拡幅事業に伴う発掘調査	東京都埋蔵文化財センター調査報告第243集	2010	（財）東京都教育委員会文化財団	（財）東京都教育委員会文化財団
文－111	大塚町遺跡第6地点お茶の水女子大学（大塚2丁目地）学生宿舎建設に伴う発掘調査報告書	B-96	2010	武蔵文化財研究所	国立大学法人お茶の水女子大学
文－112	小石川三丁目遺跡一文京区小石川三丁目13番10号地点の共同住宅建築に伴う埋蔵文化財発掘調査報告書		2010	大成エンジニアリング株式会社	株式会社サンビア
文－113	小日向三丁目遺跡に伴う埋蔵文化財発掘調査報告書・第2地点-拓殖大学キャンパス整備事業に伴う埋蔵文化財発掘調査報告書		2010	大成エンジニアリング株式会社	学校法人拓殖大学
文－114	霞稲荷遺跡第3地点-東洋文庫本所事務所建設工事に伴う埋蔵文化財発掘調査報告書		2010	大成エンジニアリング株式会社	財団法人東洋文庫
文－115	湯島大学御茶ノ水地点第4地点・集合住宅建築工事に伴う埋蔵文化財発掘調査報告書	B-61	2010	株式会社ベスコ	大豊不動産株式会社・株式会社NEXTVISION
文－116	護国寺境内遺跡-講堂月光殿（旧日本院学校）収蔵庫保存修理事業伴う発掘調査報告書		2010	（財）東京都教育文化財センター	（財）東京都教育文化財団
文－117	大塚三丁目遺跡一筑波大学大塚地区校舎建設事業に伴う緊急発掘調査報告書	東京都埋蔵文化財センター調査報告第251集	2010	東京都埋蔵文化財センター・文京区教育委員会共同開発株式会社	東京都埋蔵文化財センター・筑波大学・放送大学学園
文－118	大塚三丁目遺跡－東京大学教育学部附属中等教育学校インフラジェニアモデリングクラブハウス地点	東京大学埋蔵文化財調査室発掘調査報告10	2011	東京大学埋蔵文化財調査室	東京大学埋蔵文化財調査室
文－119	本駒込群第2地点文京区教育研究年報7 2007・2008年度	B-92	2011	文京区教育委員会	文京区役所
文－120	春日町遺跡第4地点（仮称）文京区小日向建設工事に伴う第3埋蔵文化財発掘調査報告書	B-100	2011	大成エンジニアリング株式会社	三菱地所レジデンス株式会社
文－121	昌林院跡第4地点（仮称）文京通商ビル建設事業に伴う第3埋蔵文化財発掘調査報告書	B-99	2011	文京区教育委員会	学校法人中央大学
文－122	春日町（小石川後楽園）遺跡第11地点-中央大学後楽キャンパス新2号館建設に伴う緊急発掘調査報告書	B-107	2010	東京学芸大学附属竹早中学校文化財発掘調査団	東京学芸大学
文－123	護国寺高等学校・院東守山寺下屋敷跡東京学芸大学付属早中学校地内発掘調査（仮称）・東京学芸大学付属早中学校地新校舎校建設に伴う発掘調査報告書	B-101	2012	文京区教育委員会	野村不動産株式会社
文－124	化町第5地点（仮称）	B-106	2012	文京区武蔵文化財研究所	文京区教育委員会
文－125	駒込追分町南遺跡-文京区第六中学校新校舎建築事業に伴う埋蔵文化財発掘調査	B-109	2012	大成エンジニアリング株式会社	科研製薬株式会社・ド・ン・キホーテ
文－126	霞稲荷遺跡第4地点-集合住宅本郷一丁目33番地内の開発事業に伴う埋蔵文化財発掘調査報告書	B-119	2012	大成エンジニアリング株式会社	野村不動産株式会社
文－127	春日町東遺跡-集合住宅建設に伴う埋蔵文化財発掘調査報告書	B-114	2012	株式会社武蔵文化財研究所	奥和地所株式会社
文－128	弓町遺跡第5地点-集合住宅建設に伴う埋蔵文化財発掘調査報告書	B-115	2012	株式会社武蔵文化財研究所	奥和不動産株式会社
文－129	勧牧遺跡 第4地点	B-118	2012	文京区教育委員会	文京区教育委員会
文－131	小石川植物園-小石川植物園周辺道路第一期整備工事に伴う埋蔵文化財発掘調査報告書	B-125	2012	文京区教育委員会	文京区教育委員会
文－132	大塚坂下町遺跡-日本大学豊山高等学校・中学校新校舎建設工事に伴う埋蔵文化財発掘調査報告書		2012	文京区教育委員会	文京区教育委員会

V．江戸遺跡発掘調査報告書一覧

区・No.	書名・報告書名	シリーズ名	刊年	編集	発行主体
文-133	小石川植物園西遺跡－白山三丁目7番先（都）下水道工事・小石川植物園先）地点事業計画に伴う埋蔵文化財発掘調査報告書－	B-127	2013	文京区教育委員会	文京区教育委員会
文-134	東京大学本郷構内の遺跡　総合研究博物館新館地点	東京大学埋蔵文化財調査室発掘調査報告書11	2012	東京大学埋蔵文化財調査室	東京大学埋蔵文化財調査室
文-135	東京大学本郷構内の遺跡　医学部附属病院受変電設備棟地点	東京大学埋蔵文化財調査室発掘調査報告書12	2012	東京大学埋蔵文化財調査室	東京大学埋蔵文化財調査室
文-136	東京大学構内遺跡調査研究年報8　2009・2010年度	B-122	2013	東京大学埋蔵文化財調査室	東京大学埋蔵文化財調査室
文-137	弓町遺跡第10地点－集合住宅建築に伴う埋蔵文化財発掘調査報告書－	B-130	2013	大成エンジニアリング株式会社	大成エンジニアリング株式会社　埋蔵文化財調査部
文-138	柳沢家駒込屋敷（六義館・六義園）跡第2地点－ハイツ駒込マンション建替事業に伴う埋蔵文化財発掘調査報告書－	B-132	2013	デイケイトレード株式会社　埋蔵文化財調査部	住友不動産株式会社　ハイツ駒込マンション建替組合
文-139	林遺跡第3地点　事業用地開発計画に伴う埋蔵文化財発掘調査報告書	B-142	2014	デイケイトレード株式会社　埋蔵文化財調査部	株式会社　肥後銀行
文-140	本郷六丁目遺跡－肥後銀行本郷六丁目社宅新築工事に伴う埋蔵文化財発掘調査報告書－	B-145	2014	文京区教育委員会	文京区教育委員会
文-141	駒込神明町貝塚・駒込鼻等学校建設に伴う埋蔵文化財調査報告書	B-134	2014	サンユーホームズ株式会社	大成不動産株式会社
文-142	真砂町遺跡第10地点－文京区本郷四丁目36番地2号地内の開発事業に伴う埋蔵文化財発掘調査報告書－	B-135	2014	大成エンジニアリング株式会社　埋蔵文化財調査部門	大成エンジニアリング株式会社　埋蔵文化財調査部門
文-143	柳沢家駒込屋敷（六義館・六義園）跡第3地点－集合住宅建設に伴う埋蔵文化財調査報告書	B-121	2014	東光不動産株式会社	文化財調査コンサルセンター
文-144	小日向三丁目東遺跡　第6地点－拓殖大学文京キャンパス整備事業に伴う埋蔵文化財発掘調査報告書－	B-124	2015	学校法人　拓殖大学	文京区教育委員会
文-145	稲岡町遺跡　第7地点－文京区湯島四丁目11番地内の開発事業に伴う新教育センター建設計画に伴う埋蔵文化財発掘調査報告書－	B-128	2015	文京区教育委員会	文京区教育委員会
文-146	本郷三丁目遺跡（仮称）上念道路整備計画・順天堂大学・ホスピタル再建設工事（仮称）Brilliia本郷三丁目新築工事に伴う埋蔵文化財調査報告書－	B-143	2015	三菱地所レジデンス株式会社	大成エンジニアリング株式会社　埋蔵文化財調査部門
文-147	駒込町遺跡第11地点－駒込高等学校建設に伴う埋蔵文化財発掘調査報告書－	B-153	2015	デイケイトレード株式会社　埋蔵文化財調査部	東京都教育委員会武蔵文化財研究所
文-148	本郷元町遺跡第2地点－集合住宅建設に伴う埋蔵文化財発掘調査報告書－	B-133	2016	文京区教育委員会　アーク不動産株式会社	文京区教育委員会
文-149	東京大学本郷構内の遺跡　医学部附属病院入院A地点	東京大学埋蔵文化財発掘調査報告書13	2016	東京大学埋蔵文化財調査室	東京大学埋蔵文化財調査室
文-150	第7地点－文京区浴天堂大学ホスピタル　（仮称）C棟建設工事　（仮称）Brillia本郷三丁目（3号館解体工事）に伴う埋蔵文化財調査報告書－（仮称）上念道路整備計画・順天堂大学第二工区 2011・2012年度	B-149	2015	デイケイトレード株式会社　埋蔵文化財調査部	文京区教育委員会
文-151	本郷三丁目遺跡（仮称）順天堂大学キャンパス・ホスピタル再建設工事（仮称）C棟建設工事　（仮称）Brillia本郷三丁目（3号館解体工事）に伴う埋蔵文化財調査報告書－	B-149	2016	デイケイトレード株式会社　埋蔵文化財調査部	文京区教育委員会
文-152	水道二丁目遺跡第3地点－文京区水道二丁目4番5号地点専用住宅建設に伴う埋蔵文化財発掘調査報告書－	B-150	2015	デイケイトレード株式会社　埋蔵文化財調査部	文京区教育委員会
文-153	円林寺跡－文京区本郷込3-1-5地内（オープンハウス）地点の新築工事に伴う埋蔵文化財発掘調査報告書－	B-150	2016	デイケイトレード株式会社　埋蔵文化財調査部	株式会社オープンハウス・ディベロップメント
文-154	後楽一丁目遺跡	B-152	2016	加藤建設株式会社	三菱地所レジデンス株式会社　加藤建設株式会社
文-155	本郷町遺跡－集合住宅建設に伴う埋蔵文化財発掘調査報告書－	B-155	2016	文京区教育委員会　デイケイトレード株式会社　埋蔵文化財調査部	株式会社オープンハウス・ディベロップメント

209

V．江戸遺跡発掘調査報告書一覧

区—No.	書名・報告書名	シリーズ名	刊年	編集	発行主体
台-1	旧都立白鴎高校内埋蔵文化財発掘調査報告書		1990	都立学校遺跡調査会	都立学校遺跡調査会
台-2	東京都山谷堀・永寺内遺跡Ⅰ・Ⅱ―上野高等学校内埋蔵文化財発掘調査報告書―		1990	都立学校遺跡調査会	都立学校遺跡調査会
台-3	東京松清町遺跡発掘調査報告書―浅草郵便局庁舎・簡易保険施設事業団事業用ビル（仮称）新築工事に伴う事前発掘調査―		1994	台東区文化財調査会	台東区文化財調査会
台-4	上野忍岡遺跡（東京国立科学博物館地点たんけん館地点・屋外展示模型地点）発掘調査報告書		1995	国立科学博物館上野地区埋蔵文化財発掘調査団	国立科学博物館上野地区埋蔵文化財発掘調査団
台-5	上野忍ケ岡遺跡　国立西洋美術館地点調査報告書―21世紀ギャラリー（仮）新築工事に伴う事前発掘調査―		1996	国立西洋美術館埋蔵文化財発掘調査委員会	国立西洋美術館埋蔵文化財発掘調査委員会
台-6	旧岩崎家住宅所在遺跡　消防施設改築工事に伴う発掘調査報告書		1997	台東区勝島貝塚遺跡調査委員会	台東区勝島貝塚遺跡調査委員会
台-7	池之端七軒町遺跡（慶安年跡）　警視庁上野警察署単身寮機関舎上野警察建設工事に伴う発掘調査報告書		1997	台東区池之端七軒町遺跡調査会	台東区池之端七軒町遺跡調査会
台-8	東京芸術大学音楽学部東海寺高等学校合併教室増設予定地点　奏楽堂建設予定地点発掘調査報告書	東京芸術大学構内遺跡発掘調査報告書1	1997	東京芸術大学発掘調査団	東京芸術大学発掘調査団
台-9	上野忍岡遺跡群　東京国立文化財研究所所管予定地点発掘調査報告書		1997	東京国立文化財研究所	東京国立文化財研究所
台-10	上野忍岡遺跡群　上野駅西方自由通路建設地点―JR上野駅西方自由通路建設に伴う作業合検査に伴う緊急発掘調査報告書	台東区埋蔵文化財発掘調査報告書4	1999	台東区文化財調査会	台東区文化財調査会
台-11	上野忍岡遺跡群　国立国会図書館支部上野図書館（国際子ども図書館）の増築工事にに伴う発掘調査	台東区埋蔵文化財発掘調査報告書5	1999	台東区文化財調査会	台東区文化財調査会
台-12	浅草寺西傍遺跡・旧常磐線新浅草駅建設工事に伴う緊急発掘調査報告書	台東区埋蔵文化財発掘調査報告書6	1999	台東区文化財調査会	台東区文化財調査会
台-13	車町遺跡・東京地方合同庁舎建設工事に伴う緊急発掘調査報告書	台東区埋蔵文化財発掘調査報告書7	1999	台東区文化財調査会	台東区文化財調査会
台-14	上野忍岡遺跡群　上野動物博物館防火貯水槽新設工事に伴う緊急発掘調査報告書	台東区埋蔵文化財発掘調査報告書8	2000	台東区文化財調査会	台東区文化財調査会
台-15	谷中三崎町遺跡（正運寺跡）―大京マンション建設工事に伴う緊急発掘調査報告書―	台東区埋蔵文化財発掘調査報告書9	2001	台東区文化財調査会	台東区文化財調査会
台-16	上野忍岡遺跡群おおんど館建設おおんど館建設に伴う発掘調査報告書	台東区埋蔵文化財発掘調査報告書10	2001	台東区文化財調査会	台東区文化財調査会
台-17	上野忍岡遺跡群　国立国会図書館支部上野図書館地点Ⅱ　国立国会図書館支部上野図書館（国際子ども図書館）の外構Ⅱ期工事に伴う発掘調査報告書	台東区埋蔵文化財発掘調査報告書15		東京国立博物館構内建設工事遺跡発掘調査団	東京国立博物館構内建設工事遺跡発掘調査団
台-18	上野忍岡遺跡群　東京国立博物館平成館地点　東京国立博物館平成館（仮称）新築工事（仮称）におよび法隆寺（仮称）―皇太子殿下御成婚記念東京国立博物館平成館―工事に伴う緊急発掘調査報告書		1997	東京国立博物館構内発掘調査団	東京国立博物館構内発掘調査団
台-19	宝物館建設地点発掘調査報告書―東京国立博物館平成館（仮称）および法隆寺宝物館ビル建設工事に伴う緊急発掘調査報告書―		1997	台東区	台東区
台-20	西西平台地点・新築院建設工事発掘調査報告書	台東区埋蔵文化財発掘調査報告書11	2001	台東区文化財調査会	台東区文化財調査会
台-21	雷門遺跡　雷門一丁目18番地地点　コスモ浅草雷門マンション建設工事に伴う緊急発掘調査報告書	台東区埋蔵文化財発掘調査報告書18	2002	台東区文化財調査会	台東区文化財調査会
台-22	大規模改修工事に伴う調査―台東区土壌汚染対策法改変及び大規模改修工事に伴う調査―	台東区埋蔵文化財センター第169集	2005	東京都教育文化財センター	（財）東京都教育文化財センター
台-23	上車坂町遺跡、東上野四丁目地点、東上野四丁目基盤整備地点所有地内事前発掘調査報告書	台東区埋蔵文化財発掘調査報告書19	2002	東京国立文化財調査会	東京都埋蔵文化財センター

210

V. 江戸遺跡発掘調査報告書一覧

区-No.	書名・報告書名	シリーズ名	刊年	編集	発行主体
台-24	上車坂町遺跡 東上野四丁目8番地地点 ー都市基盤整備公団所有地内事前発掘調査報告書ー		2003	台東区文化財調査会	台東区教育委員会
台-25	浅草寺遺跡 日本堤消防署二天門出張所地点・東京消防庁日本堤消防署二天門出張所新築工事に伴う発掘調査報告書	台東区埋蔵文化財発掘調査報告書23	2005	台東区文化財調査会	台東区文化財調査会
台-26	南元町遺跡 蔵前二丁目8番地地点	台東区埋蔵文化財発掘調査報告書29	2006	台東区文化財調査会	台東区文化財調査会
台-27	谷中下工匠町遺跡 谷中五丁目5番地点-(仮称)谷中地区防災ふれあい広場整備工事に伴う緊急発掘調査報告書-	台東区埋蔵文化財発掘調査報告書31	2006	台東区文化財調査会	台東区文化財調査会
台-28	中根岸遺跡 根岸三丁目12番地区広場地点-根岸3丁目防災広場及び通り抜け整備防災広場に伴う緊急発掘調査報告書-	台東区埋蔵文化財発掘調査報告書30	2006	台東区文化財調査会	台東区文化財調査会
台-29	池之端七軒町遺跡 池之端二丁目1番地(仮称)台東区池之端1丁目計画地地点-JFE都市開発株式会社建設工事に伴う緊急発掘調査報告書	台東区埋蔵文化財発掘調査報告書35	2007	台東区文化財調査会	台東区文化財調査会
台-30	上野忍岡遺跡群 東京国立博物館平成館(仮称)外構工事地点ーⅡ ー皇太子殿下御成婚記念東京国立博物館平成館(仮称)外構工事ーⅡに伴う緊急発掘調査報告書				
台-31	上野忍岡遺跡群 上野動物園ログ舎地点				
台-32	上三崎南遺跡・日本美術院施設立替工事に伴う事前発掘調査報告書		2001	台東区文化財調査会	台東区文化財調査会
台-33	二長町東遺跡 台東一丁目34番地点-事務所ビル建設工事に伴う発掘調査報告書		2003	台東区文化財調査会	台東区文化財調査会
台-34	浅草菊屋橋遺跡 台東区No.66遺跡-東京都下水道局寿一丁目、二丁目付近再構築工事に伴う緊急発掘調査報告書		2003	台東区文化財調査会	台東区文化財調査会
台-35	上野忍岡遺跡群 国立科学博物館 新館Ⅱ期建設工事地点・国立科学博物館新館等新館Ⅱ期建設工事に伴う発掘調査報告書				
台-36	台東町No.68遺跡 (仮称)所光歌堂東側地下入口建設工事に伴う発掘調査報告書	台東区埋蔵文化財調査報告第25集	2004	加藤建設株式会社 埋蔵文化調査部	台東区文化財調査会
台-37	芝崎町三丁目遺跡群-下水道局による管渠改良工事に伴う緊急発掘調査報告書		2005	台東区文化財調査会	台東区文化財調査会
台-38	西町遺跡 台東一丁目23番地点・東京都下水道局寿一丁目、二丁目再構築工事に伴う緊急発掘調査報告書		2005	台東区文化財調査会	台東区文化財調査会
台-39	茅町二丁目遺跡 池之端一丁目12番地点・本郷台遺跡群・湯島向柳町遺跡・湯島四丁目12番地点・(仮称)忍岡住宅改築工事に伴う発掘調査報告書		2007	台東区文化財調査会	鹿島・戸田・勝村建設工共同企業体
台-40	上野広小路遺跡		2007	台東区文化財調査会	台東区文化財調査会
台-41	浅草下車町二丁目遺跡 千束三丁目20番地地点・台東区立新台東病院等建設工事に伴う発掘調査報告書		2008	台東区文化財調査会	台東区文化財調査会
台-42	池之端七軒町遺跡 台東二丁目2番地地点・宗教法人大本東京本部地点ー東京苑潮東京本部建設工事に伴う緊急発掘調査報告書		2008	台東区文化財調査会	台東区文化財調査会
台-43	入谷遺跡 下谷一丁目2番地地点-集合住宅建設工事に伴う緊急発掘調査報告書		2008	台東区文化財調査会	台東区文化財調査会
台-44	上車坂町遺跡 東上野四丁目8・9番地点 (仮称)東上野六丁目計画事務所ビル建設工事に伴う発掘調査報告書		2008	台東区文化財調査会	台東区文化財調査会
台-45	松葉寺町遺跡・電泳二丁目7番集合住宅建設工事に伴う緊急発掘調査報告書		2008	台東区文化財調査会	台東区文化財調査会

V. 江戸遺跡発掘調査報告書一覧

区	No.	番名・報告書名	シリーズ名	刊年	編集	発行主体
台	46	向柳原町一丁目遺跡−マンション新築工事に伴う発掘調査報告書−		2009	デイサイト株式会社 埋蔵文化財事業部	ICFセット株式会社 株式会社ジオダイナミック
台	47	台東区№120遺跡 浅草一丁目11番地点−(仮称)トレトイン浅草建物建設に伴う埋蔵文化財発掘調査報告書−		2009	加藤建設株式会社	藤和不動産株式会社 株式会社モリモト
台	48	芝崎町二丁目遺跡−(仮称)西浅草二丁目計画に伴う埋蔵文化財発掘調査報告書−		2009	台東区教育委員会	台東区教育委員会
台	49	仲御徒町二丁目遺跡 上野五丁目27番地点第1次調査−JR御徒町駅バリアフリー施設工事に伴う埋蔵文化財発掘調査報告書1−		2009	大成エンジニアリング株式会社	住友不動産株式会社
台	50	三好町遺跡(仮称) 蔵前二丁目16番地点 蔵前二丁目16番地点計画工事に伴う埋蔵文化財発掘調査報告書		2010	デイサイト株式会社 埋蔵文化財事業部	デイサイト株式会社 埋蔵文化財事業部
台	51	東京松内町遺跡 西浅草一丁目1番8号地点−マンション新築に伴う緊急発掘調査報告書−		2010	デイサイト株式会社 埋蔵文化財事業部	デイサイト株式会社 埋蔵文化財事業部
台	52	中根岸遺跡 根岸三丁目建設に伴う緊急発掘調査報告書		2010		
台	53	仲御徒町二丁目遺跡 上野五丁目27番地点第2次調査−JR御徒町駅バリアフリー施設工事に伴う埋蔵文化財発掘調査報告書2−		2010		
台	54	入谷遺跡、下谷二丁目1番地点−集合住宅建設工事に伴う緊急発掘調査報告書−		2010		台東区文化財調査会
台	55	三長町北遺跡 台東一丁目34番地点−御徒町変電所新設に伴う埋蔵文化財調査事務報告書−		2010		台東区文化財調査会
台	56	台中清水町遺跡 池之端四丁目22番地点−集合住宅建設工事に伴う緊急発掘調査報告書−		2010		台東区文化財調査会
台	57	豊住町遺跡 下谷三丁目5番地点−集合住宅建設工事に伴う緊急発掘調査報告書−		2010		台東区文化財調査会
台	58	下谷同朋町遺跡 東上野一丁目26番地点−御徒町変電所新設に伴う埋蔵文化財調査事務報告書−	台東区埋蔵文化財発掘調査報告書58	2010	加藤建設株式会社 文化財調査部	台東区文化財調査会
台	59	浅草遺跡 西浅草三丁目28番地点		2010		台東区文化財調査会
台	60	上野忍岡遺跡群 上野桜木町一丁目10番地点−集合住宅建設に伴う緊急発掘調査報告書−	台東区埋蔵文化財発掘調査報告書58	2010		台東区文化財調査会
台	61	上野芸術学部遺跡 東京芸術大学音楽学部5号館地点 東京芸術大学芸術学部地中熱処理施設地点 発掘調査報告書1	東京芸術大学埋蔵文化財発掘調査団調査報告書1	2010	東京芸術大学埋蔵文化財発掘調査団	東京芸術大学埋蔵文化財発掘調査団
台	62	池之端七軒町遺跡 池之端二丁目 ルネッサンスシリーズ・上野池之端地点−集合住宅建設工事に伴う緊急発掘調査報告書−	台東区埋蔵文化財発掘調査報告書52	2010		台東区文化財調査会
台	63	上野忍岡遺跡群 上野桜木町二丁目4番地点−社団法人上田茶人事務所建設工事に伴う概要報告書−	台東区埋蔵文化財発掘調査報告書53	2010		台東区文化財調査会
台	64	上野忍岡遺跡群 上野桜木町一丁目15番地点−集合住宅建設工事に伴う緊急発掘調査報告書−	台東区埋蔵文化財発掘調査報告書54	2010		台東区文化財調査会
台	65	駒形遺跡群 駒形二丁目1番地点−第1次調査・第2次調査 新本社ビル建設工事に伴う緊急発掘調査概要報告書−	台東区埋蔵文化財発掘調査報告書55	2010		台東区文化財調査会
台	66	駒形遺跡群 駒形二丁目7番地点−集合住宅建設工事に伴う緊急発掘調査概要報告書−	台東区埋蔵文化財発掘調査報告書56	2010		台東区文化財調査会
台	67	上野忍岡遺跡群 台東二丁目35番地点−集合住宅建設工事に伴う緊急発掘調査報告書−	台東区埋蔵文化財発掘調査報告書57	2011		台東区文化財調査会
台	68	浅草寺境内跡浅草二丁目地点−(仮称)浅草二丁目ホテル建設計画に伴う埋蔵文化財発掘調査報告書−	台東区埋蔵文化財発掘調査報告書58	2011		東京電力株式会社 株式会社竹中工務店
台	69	池之端七軒町遺跡−池之端上野地区マンション建設に伴う発掘調査報告書−	台東区埋蔵文化財発掘調査報告書60	2011	デイサイト株式会社 埋蔵文化財事業部	デイサイト株式会社 埋蔵文化財事業部

V. 江戸遺跡発掘調査報告書一覧

区‐No.	書名・報告書名	シリーズ名	刊年	編集	発行主体
台-70	浅草福井町遺跡 浅草橋一丁目22番15号地点（台東区旧福井中学校跡地活用事業実施に伴う埋蔵文化財発掘調査報告書）	台東区埋蔵文化財発掘調査報告書63	2011	大成エンジニアリング株式会社	ヒューリック株式会社 株式会社中工務店
台-71	上野恩賜公園内の台東区上野公園内生態備考事業に伴う発掘調査報告書	台東区埋蔵文化財発掘調査報告書	2011	加藤建設株式会社	東京都東部公園緑地事務所
台-72	上根岸町遺跡（根岸三丁目6番13号地点の大槽樹設備に伴う緊急発掘調査報告書）	台東区埋蔵文化財発掘調査報告書62	2012	ダイダイトレード株式会社 埋蔵文化財調査部	ダイダイトレード株式会社 埋蔵文化財調査部
台-73	北稲荷町遺跡（仮称）東上野五丁目共同ビル計画に伴う埋蔵文化財発掘調査報告書	台東区埋蔵文化財発掘調査報告書46	2010	加藤建設株式会社 文化財調査部	東京地下鉄株式会社 伊藤忠商事株式会社 株式会社フジタ
台-74	北稲荷町遺跡（広徳寺跡）一（仮称）東上野4丁目計画新築工事に伴う埋蔵文化財発掘調査報告書	台東区埋蔵文化財発掘調査報告書65	2012	加藤建設株式会社 文化財調査部	株式会社フジタ
台-75	浅草松清町遺跡（仮称）松清町ビル・地下鉄田原町ビル（仮称）建築に伴う埋蔵文化財発掘調査報告書	台東区埋蔵文化財発掘調査報告書66	2013	加藤建設株式会社 文化財調査部	東京地下鉄株式会社 株式会社銭高組
台-76	上野忍岡遺跡群 国際子ども図書館増築棟新営工事に伴う発掘調査報告書	台東区埋蔵文化財発掘調査報告書	2013	ダイダイトレード株式会社 埋蔵文化財調査部	（財）東京都スポーツ文化事業団 東京都埋蔵文化財センター
台-77	仲御徒町三丁目遺跡ーJR御徒町駅バリアフリー施設工事に伴う第1・2次調査報告書	東京都埋蔵文化財センター調査報告第279集	2015		台東区教育委員会
台-78	寿一丁目遺跡（東場等）寿二丁目計画に伴う埋蔵文化財発掘調査報告書	台東区埋蔵文化財発掘調査報告書74	2015	株式会社グローブマネージメント	大成エンジニアリング株式会社 埋蔵文化財調査部門
台-79	浅草寺遺跡ー東京楽天地再開発に伴う埋蔵文化財発掘調査	台東区埋蔵文化財発掘調査報告書	2013	台東区教育委員会	株式会社東京楽天地
台-80	上野忍岡遺跡群 東京国立博物館正門再整備工事に伴う発掘調査報告書	台東区埋蔵文化財発掘調査報告書69	2014	加藤建設株式会社	東京国立博物館
台-81	上野忍岡遺跡群 谷中霊園地区谷中霊園植木移植工事に伴う発掘調査報告書	台東区埋蔵文化財発掘調査報告書72	2014	台東区教育委員会	ダイダイトレード株式会社 埋蔵文化財事業部
台-82	浅草寺遺跡・浅草二丁目番地点老人ホーム建設に伴う発掘調査報告書	台東区埋蔵文化財発掘調査報告書71	2014	台東区教育委員会	東京都東部公園緑地事務所
台-83	谷羽端通り遺跡	台東区埋蔵文化財発掘調査報告書70	2017	台東区教育委員会	
台-84	上長町東遺跡 台東一丁目35番5号地点.		2017		台東区教育委員会
台-85	上野忍岡遺跡群管理棟（仮称）地点、東京国立博物館管理棟（仮称）建設工事に伴う埋蔵文化財発掘調査報告書	台東区埋蔵文化財発掘調査報告書75	2018	加藤建設	（独法）国立文化財機構東京国立博物館
墨-1	当賢寺遺跡発掘調査報告書		1987		当賢寺遺跡発掘調査会
墨-2	横網一丁目遺跡発掘調査報告書		1990	墨田区横網一丁目埋蔵文化財調査団	墨田区横網一丁目埋蔵文化財調査会
墨-3	鍋糸町駅北口遺跡 I ー鍋糸町駅北口地区開発に伴う緊急調査報告書		1996	墨田区鍋糸町駅北口遺跡調査団	鍋糸町駅北口地区市街地再開発組合
墨-4	鍋糸町駅北口遺跡 II ー鍋糸町駅北口地区開発に伴う緊急発掘調査報告書		1996	墨田区鍋糸町駅北口遺跡調査団	鍋糸町駅北口地区市街地再開発組合
墨-5	江東橋二丁目遺跡ー生涯能力開発促進センター建設に伴う緊急発掘調査報告書		1997	墨田区江東橋二丁目遺跡調査団	雇用促進事業団
墨-6	横川一丁目遺跡横川一丁目都民住宅（仮称）建設に伴う発掘調査報告書		1999	墨田区横川一丁目遺跡調査会	東京都住宅供給公社

213

V．江戸遺跡発掘調査報告書一覧

区-No.	書名・報告書名	シリーズ名	刊年	編集	発行主体
墨-7	本所御蔵跡・陸軍被服廠跡-NTT G墨田ビル（仮称）建設に伴う横綱一丁目第二地点発掘調査報告書-		2002	墨田区横網一丁目埋蔵文化財調査会	株式会社NTTドコモ・東日本電信電話株式会社・株式会社NTTファシリティーズ
墨-8	江戸橋二丁目遺跡Ⅱ-墨田区公共職業安定所建設・アビリティーガーデン別館（仮称）建設に伴う発掘調査報告書-		2002	墨田区教育委員会	国土交通省関東地方整備局
墨-9	太平四丁目遺跡-旧精工舎跡地における埋蔵文化財発掘調査報告書-		2003	墨田区太平四丁目埋蔵文化財調査会	東京建物株式会社
墨-10	肥前平戸新田藩下屋敷跡-東京簡易裁判所墨田分室埋蔵文化財発掘調査整備に伴う埋蔵文化財発掘調査報告書-		2007	東京簡易裁判所分室埋蔵文化財調査会	最高裁判所
墨-11	陸奥弘前津軽家下屋敷跡-墨田区ユートピア板橋美術館建設計画に伴う埋蔵文化財発掘調査報告書-		2011	墨田区教育委員会文化振興課	墨田区コートハウスサービス株式会社
墨-12	太平町遺跡（仮称）錦糸町プロジェクトに伴う埋蔵文化財発掘調査報告書		2011	大成エンジニアリング株式会社	伊藤忠都市開発株式会社・野村不動産株式会社
墨-13	本所一丁目遺跡-本所地域プラザ建設計画に伴う埋蔵文化財発掘調査報告書-		2014	墨田区教育委員会事務局生涯学習課文化財担当	墨田区区民活動推進部
墨-14	本所一丁目27遺跡-建築工事に伴う埋蔵文化財発掘調査報告書-		2014	墨田区教育委員会	墨田区教育委員会
墨-15	錦糸四丁目遺跡（仮称）錦糸四丁目計画に伴う埋蔵文化財発掘調査報告書		2014	大成エンジニアリング株式会社	株式会社ジョイントコーポレーション
墨-16	本所松坂町遺跡-墨田区千歳三丁目新築工事に伴う埋蔵文化財発掘調査報告書-		2016	伊藤忠都市開発株式会社	株式会社NIPPO
墨-17	江東区三丁目遺跡Ⅲ		2011	墨田区教育委員会	墨田区教育委員会
墨-18	陸奥弘前藩津軽家上屋敷跡Ⅱ-サミット北斎美術館建設計画に伴う埋蔵文化財発掘調査報告書-		2016	墨田区教育委員会事務局生涯学習課文化財担当	墨田区区民活動推進部
墨-19	永晴寺跡（墨田区No.38遺跡）-東京トヨタ墨田店建替計画に伴う発掘調査報告書-		2016	株式会社CEL	東京トヨタ自動車株式会社
墨-20	本庄松平家下屋敷跡-両国公会堂解体工事に伴う埋蔵文化財発掘調査報告書-		2017	大成エンジニアリング株式会社	墨田区都市整備部公園課
墨-21	江東区二丁目遺跡Ⅳ		2018		墨田区都市整備部土木管理課
墨-22	陸奥弘前藩津軽家上屋敷跡		2018	（株）CEL	（株）シティーハウス
江-1	旧八幡訳遺跡調査報告		1987	江東区教育委員会	江東区教育委員会
江-2	中川船番所遺跡発掘調査報告		1995	中川船番所遺跡調査団	江東区教育委員会
江-3	千田遺跡（仮称）江東区千田保育園建設工事に伴う埋蔵文化財発掘調査報告書		1989	江東区教育委員会	江東区教育委員会
江-4	霊光院遺跡-共同住宅建設に伴う埋蔵文化財発掘調査報告書-		2010	大成エンジニアリング株式会社	江東区都市整備部土木管理課
品-1	大井鹿島遺跡		1985	大井鹿島遺跡調査会	品川区教育委員会
品-2	居木橋遺跡（A地区）	品川区埋蔵文化財調査報告書第5集	1989	居木橋遺跡（A地区）調査団	品川区教育委員会
品-3	居木橋遺跡2（B地区）	品川区埋蔵文化財調査報告書第6集	1989	居木橋遺跡（B地区）調査団	品川区教育委員会
品-4	仙台坂遺跡-東京都市計画道路補助第26号線（仙台坂）工事に伴う発掘調査報告書-	品川区埋蔵文化財調査報告書第7集	1990	品川区遺跡調査事務所	東京都第二建設事務所
品-5	池田山北遺跡2	品川区埋蔵文化財調査報告書第10集	1992	池田山北遺跡2調査団	品川区教育委員会

214

V. 江戸遺跡発掘調査報告書一覧

区-No.	書名・報告書名	シリーズ名	刊年	編集	発行主体
品-6	仙台坂遺跡（第3次発掘調査）	品川区遺跡調査会報告書第13集	1992	品川区遺跡調査会	東京第二建設事務所
品-7	大井鹿島遺跡3 ―大井鹿島遺跡第5次発掘調査報告―	品川区埋蔵文化財発掘調査報告書第22集	2002	大井鹿島遺跡第5次発掘調査団（株）四門文化財研究室	品川区教育委員会
品-8	池田山北遺跡7	品川区埋蔵文化財調査報告書第23集	2004	大成エンジニアリング株式会社	品川区教育委員会
品-9	居木橋遺跡（C地区）―居木橋遺跡第12次発掘調査報告―		2013	埋蔵文化財発掘調査支援協同組合	品川区埋蔵文化財研究所
品-10	揖取団三日月藩森家上屋敷跡遺跡―目黒駅前地区第一種市街地再開発事業に伴う埋蔵文化財発掘調査報告書―		2014	株式会社東京文化財研究所	目黒駅前地区市街地再開発組合
目-1	中目黒遺跡		1981	目黒区中目黒遺跡調査団	目黒区教育委員会
目-2	目黒不動遺跡	目黒区埋蔵文化財発掘調査報告書第2集	1983	目黒区中目黒不動遺跡調査団	目黒区教育委員会
目-3	中目黒遺跡B地点 ―東京ガス株式会社社宅建設に伴う調査―	目黒区埋蔵文化財発掘調査報告書第7集	1994	目黒区中目黒B遺跡調査団	目黒区教育委員会
目-4	茶屋坂遺跡 ―防衛庁目黒公務員宿舎建設に伴う調査―	目黒区埋蔵文化財発掘調査報告書第6集	1994	目黒区茶屋坂遺跡調査会	目黒区茶屋坂遺跡調査会
目-5	円融寺南遺跡	目黒区埋蔵文化財発掘調査報告書第8集	1996	目黒区円融寺南遺跡調査会	目黒区円融寺南遺跡調査会
目-6	東光寺裏山遺跡発掘調査報告書		1997	目黒区東光寺裏山遺跡調査団	目黒区東光寺裏山遺跡調査団
目-7	東山南遺跡	目黒区埋蔵文化財発掘調査報告書第13集	1998	目黒区東山南遺跡調査団	目黒区東山南遺跡調査団
目-8	中目黒遺跡C地点	目黒区埋蔵文化財発掘調査報告書第14集	1998	目黒区中目黒遺跡（C地点）調査会	目黒区中目黒遺跡（C地点）調査団
目-9-1	大橋遺跡発掘調査報告書（H地点） 上巻		1999	目黒区大橋遺跡調査会	大蔵省関東財務局
目-9-2	大橋遺跡発掘調査報告書（H地点） 下巻		1999	目黒区大橋遺跡調査会	大蔵省関東財務局
目-10	油面遺跡 ―ワールドテレビ・急発掘調査報告書―		2000	目黒区油面遺跡（F地点）調査会	株式会社ワールドテレビ
目-11	油面遺跡（H地点）―中町二丁目暫定庁舎（仮称）建設に伴う緊急発掘調査（第2次調査）―		2000	目黒区油面遺跡（H地点）調査会	目黒区
目-12	土器塚遺跡（第12次調査）―NTT DATA研修センタ地区集合住宅建設工事に伴う緊急発掘調査報告書―	目黒区埋蔵文化財発掘調査報告書第15集	2001	目黒区土器塚遺跡調査会	株式会社エヌ・ティ・ティ・データ
目-13	目黒区氷川邸立地政策工事 ―目黒区氷川邸立地政策工事報告書―	目黒区埋蔵文化財発掘調査報告書第17集	2005	目黒区大橋北遺跡調査会	土器塚遺跡調査会
目-14	東山貝塚遺跡5（P地点発掘調査報告）―共同住宅建設計画に伴う緊急発掘調査報告―		2007	東山遺跡調査会	目黒区
目-15	大橋遺跡 第4次調査	東京都埋蔵文化財調査報告書第208集	2012	（財）東京都埋蔵文化財センター 東京都教育委員会	望月虎雄
目-16	東京都目黒区 東山貝塚遺跡9―第28次発掘調査報告書―	目黒区埋蔵文化財調査報告書第22集	2012	財団法人 東京都スポーツ文化事業団埋蔵文化財センター 加藤建設株式会社	（財）東京都埋蔵文化財センター（東京都埋蔵文化財センター 加藤建設株式会社）
目-17	氷川遺跡	東京都埋蔵文化財センター調査報告第266集	2012		大和ハウス工業株式会社 東京支社
目-18	氷川遺跡 第2次発掘調査報告書	目黒区埋蔵文化財発掘調査報告書第23集	2005		株式会社長沼組東京本店
目-19	東山貝塚遺跡7（Z地点発掘調査報告）―共同住宅建設計画に伴う緊急発掘調査報告―	目黒区埋蔵文化財発掘調査報告書第19集	2005		目黒区教育委員会
目-20	東山貝塚遺跡8（第27次発掘調査報告）―区立東山公園整備に伴う埋蔵文化財発掘調査報告―	目黒区埋蔵文化財発掘調査報告書第21集	2010	目黒区東山遺跡（X地点）調査会	目黒区教育委員会
目-21	東山貝塚遺跡X地点　（株）鴻池組目黒寮建設に伴う調査	目黒区埋蔵文化財発掘調査報告書第4集	1993		目黒区東山遺跡（X地点）調査会

215

V．江戸遺跡発掘調査報告書一覧

区-No.	書名・報告書名	シリーズ名	刊年	編集	発行主体
目-22	大塚遺跡 —第3次調査—	東京都埋蔵文化センター調査報告第133集	2003	(財)東京都生涯学習文化財団 東京都埋蔵文化財センター	(財)東京都生涯学習文化財団 東京都埋蔵文化財センター
目-23	南部遺跡 —第5次発掘調査報告書—	目黒区埋蔵文化財発掘調査報告書第25集	2013	目黒区教育委員会	目黒区教育委員会
目-24	氷川遺跡	東京都埋蔵文化財センター調査報告 第297集	2014	(財)東京都生涯学習文化財団 東京都埋蔵文化財センター	(財)東京都生涯学習文化財団 東京都埋蔵文化財センター
目-25	東京都目黒区東山貝塚遺跡第32次発掘調査報告	目黒区東山貝塚遺跡発掘調査報告書 第31集	2017		(株)積水ハウス
渋-1	松平出羽守抱屋敷・出雲国松江藩砲台遺跡 初台遺跡		1993	東京都渋谷区初台遺跡調査団	東京都渋谷区初台遺跡調査団
渋-2	恵比寿遺跡 —旧サッポロビール恵比寿工場地区発掘調査報告書—		1993	恵比寿・三田埋蔵文化財調査会	恵比寿・三田埋蔵文化財調査会
渋-3	青山学院構内遺跡（青学会館内改築地点）—伊予西条藩上屋敷—の調査		1994	青山学院構内遺跡調査室	青山学院構内遺跡調査委員会
渋-4	鉢山町Ⅱ —都立第一商業高等学校内埋蔵文化財発掘調査報告書—		1994	都立学校遺跡調査団	都立学校遺跡調査会
渋-5	鉢山町Ⅱ —都立第一商業高等学校内埋蔵文化財発掘調査報告書—		1995	都立学校遺跡調査団	都立学校遺跡調査会
渋-6	北青山遺跡（山城国淀藩稲葉家下屋敷）発掘調査報告書		1997	北青山遺跡調査団	北青山遺跡調査会
渋-7-1	千駄ヶ谷五丁目遺跡 —新宿駅南口RCビル（高島屋タイムズスクエア）の建設事業に伴う緊急発掘調査報告書—本文編・遺構編・文献編		1997	千駄ヶ谷五丁目遺跡調査会	千駄ヶ谷五丁目遺跡調査会
渋-7-2	千駄ヶ谷五丁目遺跡 —新宿駅南口RCビル（高島屋タイムズスクエア）の建設事業に伴う緊急発掘調査報告書—遺物編		1997	千駄ヶ谷五丁目遺跡調査会	千駄ヶ谷五丁目遺跡調査会
渋-8	千駄ヶ谷五丁目遺跡 2次調査報告書—新宿駅貨物跡地再開発に伴う事前調査—		1998	千駄ヶ谷五丁目遺跡調査会	千駄ヶ谷五丁目遺跡調査会
渋-9	猿楽遺跡第3地点発掘調査報告書		2002	渋谷区教育委員会	ITS代官山プロジェクト
渋-10	羽沢貝塚 —日本赤十字医療センター建替え工事に伴う事前調査—		2005	デイライトレード株式会社埋蔵文化財事業部	日本赤十字医療センター
渋-11	神宮前一丁目遺跡（青山学院高等部内埋蔵文化財発掘調査報告書）	東京都埋蔵文化財センター調査報告第179集	2006	(財)東京都教育文化財団 東京都埋蔵文化財センター	(財)東京都教育文化財団 学校法人青山学院
渋-12	円山町遺跡（第2地点）—東京都渋谷区円山町19における円山町計画工事に伴う事前調査—		2006	大成エンジニアリング株式会社	(株)リランクコンサルタント
渋-13	豊沢貝塚第2地点		2008		
渋-14	千駄ヶ谷大谷戸遺跡（環状第5の1号線（千駄ヶ谷）線工事に伴う調査）	東京都埋蔵文化財センター調査報告第225集	2008	(財)東京都教育文化財団 東京都埋蔵文化財センター	(財)東京都教育文化財団 東京都埋蔵文化財センター
渋-15	青山学院構内遺跡 —日本赤十字医療センター建替え工事に伴う事前調査—		2008	大成エンジニアリング株式会社	大成エンジニアリング株式会社
渋-16	神宮前一丁目遺跡（内藤町遺跡）（環状第5の1号線（千駄ヶ谷・新宿御苑）整備事業に伴う調査）	東京都埋蔵文化財センター調査報告第233集	2009	共同発掘株式会社	共同発掘株式会社
渋-17	鶯谷遺跡		2009	大成エンジニアリング埋蔵文化財調査部	大成エンジニアリング埋蔵文化財調査部 ノースウエスト航空株式会社 パートナーズ株式会社
渋-18	鉢山町17番遺跡—渋谷区猿楽町17番地における名店舗集合住宅新築工事に伴う埋蔵文化財発掘調査報告書—		2010	共同発掘株式会社	共同発掘株式会社
渋-19	河内国狭山藩（桜尾氏）宿根遺跡発掘調査報告書		2010	共同発掘株式会社	大和開発株式会社
渋-20	鉢山町第5の1号線（千駄ヶ谷）線—NTTコム鉢山ビル建替に伴う埋蔵文化財発掘調査報告書		2011	共同発掘株式会社	エヌ・ティ・ティコミュニケーションズ株式会社 株式会社NTTファシリティーズ

216

Ⅴ．江戸遺跡発掘調査報告書一覧

区・No.	書名・報告書名	シリーズ名	刊年	編集	発行主体
渋-21	青山学院構内遺跡第4地点 青山学院大学人文棟建設に伴う埋蔵文化財発掘調査報告書		2010	大成エンジニアリング株式会社	学校法人青山学院
渋-22	新築工事に伴う 渋谷区本町一丁目4番14号における事務所初台遺跡第2地点		2011	共和開発株式会社	アースサポート株式会社
渋-23	猿楽17番遺跡調査報告書		2013	猿楽17番遺跡調査団	渋谷区教育委員会
渋-24	青山学院構内遺跡第3地点-青山学院高等部校舎建替工事に伴う埋蔵文化財発掘調査報告書-		2012	大成エンジニアリング株式会社	学校法人青山学院
渋-25	千駄ヶ谷五丁目大同住宅跡地第2地点-渋谷区千駄ヶ谷五丁目30・31番における共同住宅建設工事に伴う事前調査		2013	株式会社	株式会社トーシンパートナーズ・渋谷区教育委員会共同企業体
渋-26	千駄ヶ谷五丁目遺跡3次調査-新宿駅新南口日本旅客鉄道解体・鉄道防護工事他に伴う埋蔵文化財発掘調査報告書-		2013	渋谷区教育委員会	東日本旅客鉄道株式会社・大林・鉄建・大和小田急建設共同企業体
渋-27	猿楽遺跡第5地点-(仮称)スーパープランニング新築工事に伴う事前調査		2015	共和開発株式会社	株式会社スーパープランニング・共和開発株式会社
渋-28	代官山遺跡 第1地点-(仮称)オンワード代官山プロジェクトに伴う事前調査-		2016	渋谷区教育委員会	大成建設株式会社・大成建設オークワードホールディングス
渋-29	猿楽遺跡第3地点-共同住宅建設に伴う事前調査		2016	共和開発株式会社	株式会社オークワードホーポレーション
渋-30	鶯谷ヶ谷戸遺跡第1地点-渋谷区鶯ヶ谷一丁目49番の調査-		2016	共和開発株式会社	渋谷区教育委員会
豊-1	染井Ⅰ-東京都豊島区・染井遺跡(日本郵船社宅地区)発掘調査の記録-		1990	染井遺跡(日本郵船社宅地区)調査会	豊島区教育委員会
豊-2	染井Ⅱ-東京都豊島区・染井遺跡(丹羽家地区)発掘調査の記録-		1991	染井遺跡(丹羽家地区)調査団	豊島区教育委員会
豊-3	染井Ⅲ-東京都豊島区・染井遺跡(加賀美家地区)発掘調査の記録-		1991	染井遺跡(加賀美家地区)調査団	豊島区教育委員会
豊-4	染井Ⅳ-東京都豊島区・染井遺跡(豊園事務所地区)調査の記録-		1991	染井遺跡(豊園事務所地区)調査団	豊島区教育委員会
豊-5	巣鴨町Ⅰ-東京都豊島区巣鴨遺跡つつじ苑地区)発掘調査-	豊島区埋蔵文化財調査報告7	1993		豊島区教育委員会
豊-6	巣鴨町Ⅱ-東京都豊島区巣鴨遺跡中野組(丹羽家地区)発掘調査-	豊島区埋蔵文化財調査報告7	1994		豊島区教育委員会
豊-7	伝中・上蒼山前Ⅰ-東京都豊島区・駒込一丁目遺跡(樹林稲荷地区)発掘調査	豊島区埋蔵文化財調査報告8	1995		豊島区教育委員会
豊-8	池袋本町Ⅰ-東京都豊島区・氷川神社裏貝塚遺跡(ライオンズマンション池袋本町地区)の発掘調査	豊島区埋蔵文化財調査報告7	1996		豊島区教育委員会
豊-9	巣鴨町Ⅲ-東京都豊島区における近隣町場の発掘調査	豊島区遺跡調査報告10	1996		豊島区教育委員会
豊-10	巣鴨Ⅱ-東京都豊島区巣鴨遺跡(警視庁巣鴨警察署巣鴨駅前所地区)発掘調査		1997		豊島区教育委員会
豊-11	伝中・上蒼山前Ⅱ-東京都豊島区・駒込一丁目遺跡(日本住宅公団公社ビル地区)の発掘調査	豊島区埋蔵文化財調査報告11	1998		豊島区教育委員会
豊-12	巣鴨町Ⅲ-東京都豊島区・駒込一丁目遺跡(日本住宅近隣町場の発掘調査	豊島区遺跡調査報告12	1999		豊島区教育委員会
豊-13	染井Ⅴ-東京都豊島区・染井遺跡(三菱製和会地区)の発掘調査	豊島区遺跡調査報告13	1999	染井遺跡(三菱製和地区)発掘調査団	豊島区教育委員会

V. 江戸遺跡発掘調査報告書一覧

区・No.	書名・報告書名	シリーズ名	刊年	編集	発行主体
豊-14	北大塚I-東京都豊島区・北大塚遺跡(セシル山手大塚地区)の発掘調査		2000	北大塚遺跡(仮称大塚分譲マンション地区)調査団	豊島区遺跡調査会
豊-15	雑池遺跡-東京都豊島区・雑池遺跡の発掘調査		2000	豊島区教育委員会	豊島区教育委員会
豊-16	旧感応寺境内遺跡(徳川ミリー西館部分)発掘調査報告		(1995)	旧感応寺境内遺跡発掘調査団	
豊-17	染井VI-東京都豊島区・染井遺跡(三菱重工業染井アパート地区)の発掘調査	豊島区埋蔵文化財調査報告14	2001	染井遺跡(三菱重工業染井アパート地区)調査団	豊島区教育委員会
豊-18	染井VII-東京都豊島区・染井遺跡(プリンスハイツ地区)の発掘調査	豊島区埋蔵文化財調査報告3	2001	染井遺跡(プリンスハイツ地区)調査団	豊島区教育委員会
豊-19	長崎富士塚 国指定重要有形民俗文化財「豊島長崎の富士塚」範囲確認調査報告書	豊島区埋蔵文化財調査報告15	2002		豊島区教育委員会
豊-20	千登世橋I・範囲確認調査 学習院周辺遺跡(千登世橋中学校地区)の発掘調査	豊島区埋蔵文化財調査報告16	2002	学習院周辺遺跡(千登世橋中学校地区)発掘調査団	豊島区遺跡調査会
豊-21	染井遺跡VIII-東京都豊島区染井遺跡(警視庁巣鴨警察署染井駐在所地区)の発掘調査		2002	染井遺跡(警視庁巣鴨警察署染井駐在所地区)調査団	豊島区遺跡調査会
豊-22	巣鴨町IV-の発掘調査	豊島区遺跡調査会調査報告3	2003	巣鴨遺跡(藤和シティーホームズ巣鴨地区)発掘調査団	豊島区遺跡調査会
豊-23	雑司が谷I-東京都豊島区・豊島区立みみずく公園地区の発掘調査	豊島区埋蔵文化財調査報告4	2003	雑司が谷遺跡(豊島区立みみずく公園地区)発掘調査団	豊島区遺跡調査会
豊-24	日出小学校地区環状5-1号線(雑司ヶ谷地区)建設事業に伴う埋蔵文化財発掘調査報告書	東京都埋蔵文化財調査報告第156集	2004	(財)東京都教育文化財団東京都埋蔵文化財センター	(財)東京都教育文化財団
豊-25	伝中・上富士前町II-東京都豊島区(都営三田線巣鴨駅エレベーター)設置事業に伴う発掘調査報告		2004	東京都遺跡調査会(都営三田線巣鴨駅エレベーター地区)調査団	東京都遺跡調査会
豊-26	巣鴨町VI-東京都豊島区・巣鴨遺跡(都立大塚ろう学校仮校舎地区)の発掘調査	豊島区埋蔵文化財調査報告5	2004	巣鴨遺跡(都立大塚ろう学校仮校舎地区)調査団	豊島区遺跡調査会
豊-27	雑司ヶ谷III-東京都豊島区・椎名町遺跡・椎名町遺跡南長崎パークハウス地区の発掘調査	豊島区埋蔵文化財調査報告6	2004	椎名町遺跡・新校舎建設地区調査団	豊島区遺跡調査会
豊-28	南池袋遺跡 南池袋一丁目地区 雑司ヶ谷地区	東京都埋蔵文化財調査報告第170集	2005	(財)東京都教育文化財団東京都埋蔵文化財センター	(財)東京都教育文化財団
豊-29	南池袋遺跡・建設事業その2に伴う埋蔵文化財発掘調査報告	豊島区埋蔵文化財調査報告18	2005	南池袋遺跡(雑司ヶ谷一丁目地区)調査団	豊島区教育委員会
豊-30	上駒込村の弥生集落落及び近世上屋敷の発掘調査	東京都埋蔵文化財調査報告第19集	2005	(財)東京都教育文化財団東京都埋蔵文化財センター	(財)東京都教育文化財団
豊-31	巣鴨町VI-東京都豊島区・巣鴨遺跡(都営三田線巣鴨駅エスカレーター)設置地区		2005	巣鴨遺跡(都営三田線巣鴨駅エスカレーター設置地区)調査団	豊島区遺跡調査会
豊-32	雑司が谷II-東京都豊島区・雑司が谷遺跡(豊島区雑司が谷三丁目水神稲荷工事地区)の発掘調査	豊島区埋蔵文化財調査報告8	2005	雑司が谷遺跡(豊島区雑司が谷三丁目水神稲荷工事地区)発掘調査団	豊島区遺跡調査会
豊-33	雑司ヶ谷IV-東京都豊島区・駒込一丁目遺跡(ブナレストとヒルズ駒込地区)の発掘調査	豊島区埋蔵文化財調査報告9	2006	駒込一丁目遺跡(ブナレストとヒルズ駒込地区)調査団	豊島区遺跡調査会
豊-34	巣鴨町V-東京都豊島区・巣鴨遺跡・駒込一丁目遺跡(ニコニコ豊島区南長崎公社住宅地区)	豊島区埋蔵文化財調査報告12	2006	駒込一丁目遺跡(豊島区住宅供給公社住宅地区)調査団	豊島区遺跡調査会
豊-35	染井XI-東京都豊島区・染井遺跡における近世武家屋敷地の発掘調査	豊島区遺跡調査会調査報告21	2006	染井遺跡(プラウド駒込地区)発掘調査団	豊島区遺跡調査会
豊-36	雑司谷5号線・放射7号線(白山通り)拡幅に伴う発掘調査	東京都埋蔵文化財調査報告第197集	2006	(財)東京都教育文化財団東京都埋蔵文化財センター	(財)東京都教育文化財団
豊-37	高松I-東京都豊島区・高松遺跡(豊南高等学校地区)の発掘調査	豊島区埋蔵文化財調査報告17	2006	高松遺跡(豊南高等学校地区)発掘調査団	豊島区遺跡調査会
豊-38	南池袋遺跡 南池袋三丁目地区 雑司ヶ谷地区	東京都埋蔵文化財調査報告第198集	2007	(財)東京都教育文化財団東京都埋蔵文化財センター	(財)東京都教育文化財団
豊-39	巣鴨遺跡IX-東京都豊島区・巣鴨遺跡建設事業その3に伴う発掘調査報告	豊島区埋蔵文化財調査報告23	2007	巣鴨遺跡建設事業における近世町場の発掘調査	豊島区教育委員会

V. 江戸遺跡発掘調査報告書一覧

区-No.	書名・報告書名	シリーズ名	刊年	編集	発行主体
豊-40	巣鴨町Ⅶ－東京都豊島区・巣鴨遺跡（巣鴨三丁目1111-15地点）発掘調査の記録－			染井遺跡（泰宗寺・藤和駒込ホーム用地）発掘調査団	豊島区遺跡調査会
豊-41	染井Ⅳ－東京都豊島区・染井遺跡（泰宗寺・藤和駒込ホーム用地）の発掘調査		2006		東池袋四丁目地区第一種市街地再開発組合
豊-42	東池袋Ⅱ（東池袋四丁目地区第一種市街地再開発事業地内）		2007	玉川文化財研究所	
豊-43	染井町Ⅺ－東京都豊島区・染井遺跡（野村第二マンション地区）の発掘調査		2008	染井遺跡（野村第二マンション地区）調査団	豊島区遺跡調査会
豊-44	巣鴨町Ⅹ－東京都豊島区・巣鴨遺跡（グレーシャ地区）の発掘調査		2008	巣鴨遺跡（小倉第二マンション地区）発掘調査団	豊島区遺跡調査会
豊-45	長崎神社周辺遺跡Ⅰ－東京都豊島区・長崎神社周辺遺跡（山手通り地区）発掘調査		2006	長崎神社周辺遺跡（山手通り地区）発掘調査団	豊島区遺跡調査会
豊-46	豊島区文化財年報2001年（平成13）年度 第1号		2003		豊島区教育委員会生涯学習課文化財係
豊-47	巣鴨町Ⅺ－東京都豊島区・巣鴨遺跡（ベルハイム巣鴨地区）発掘調査	豊島区遺跡調査会調査報告19	2007	巣鴨遺跡（三和マンション地区）調査団	豊島区遺跡調査会
豊-48-1	巣鴨町Ⅻ－東京都豊島区における近世町場の発掘調査－（第1分冊）	豊島区埋蔵文化財調査報告26	2008		豊島区遺跡調査会
豊-48-2	巣鴨町Ⅻ－東京都豊島区における近世町場の発掘調査－（第2分冊）	豊島区埋蔵文化財調査報告26	2008		豊島区遺跡調査会
豊-49	豊島区埋蔵文化財調査概報3	豊島区埋蔵文化財調査報告25	2008		豊島区遺跡調査会
豊-50	豊島区文化財年報2006年（平成18）年度 第6号		2008		豊島区教育委員会教育総務課文化財係
豊-51	北大塚Ⅱ－東京都豊島区・北大塚遺跡（ESTAGE大塚地区）の発掘調査	豊島区埋蔵文化財調査報告27	2009		豊島区教育委員会教育総務課文化財係
豊-52	豊島区埋蔵文化財調査概報集4-2007年度国庫補助事業－	豊島区埋蔵文化財調査報告28	2009		豊島区教育委員会
豊-53	染井Ⅹ－東京都豊島区・染井遺跡（東京メトロ南北線駒込駅エレベーター設置地区）の発掘調査	としま遺跡利活動法人としま遺跡調査会調査報告1	2010		特定非営利活動法人としま遺跡調査会
豊-54	染井ⅩⅤ－東京都豊島区・染井遺跡（ホテルメッツ駒込地区）の発掘調査	としま遺跡利活動法人としま遺跡調査会調査報告2	2010		特定非営利活動法人としま遺跡調査会
豊-55	長崎並木Ⅱ－東京都豊島区・長崎遺跡（福鳴家地区）の発掘調査	豊島区遺跡調査会調査報告29	2010		豊島区遺跡調査会
豊-56	雑司が谷遺跡Ⅲ－雑司が谷遺跡（東京地下鉄副都心線雑司が谷駅No.19・No.21・No.22地点）の発掘調査	豊島区遺跡調査会調査報告30	2010	雑司が谷遺跡調査団	
豊-57	雑司が谷Ⅳ－東京都豊島区・雑司が谷遺跡（東京地下鉄副都心線雑司が谷駅部）の発掘調査－（雑司が谷Ⅴ－副都市整備事業豊島区遺跡調査団 環状第5の1号線）	豊島区遺跡調査会調査報告23	2010	雑司が谷遺跡調査団	
豊-58	雑司が谷Ⅴ－副都市整備事業豊島区遺跡調査団 環状第5の1号線	豊島区遺跡調査会調査報告24	2010	副都市整備事業豊島区遺跡調査団	
豊-59	染井遺跡2-放射第9号線（Ⅲ期）拡幅事業に伴う調査	東京都埋蔵文化財センター調査報告第242集	2010	（財）東京都埋蔵文化財センター	
豊-60	染井ⅩⅥ－東京都豊島区・染井遺跡（三菱重工巣鴨社宅地区）の発掘調査	豊島区遺跡調査会調査報告31	2010	染井遺跡（三菱重工巣鴨アパート地区）発掘調査団	
豊-61	染井ⅩⅦ－東京都豊島区・染井遺跡（ジェイグラン駒込桜郷地区）の発掘調査	豊島区遺跡調査会調査報告22	2010	染井遺跡（プレシャンティ巣鴨地区）発掘調査団	
豊-62	染井ⅩⅧ－東京都豊島区・染井遺跡（パークハウス駒込染殿地区）の発掘調査	豊島区遺跡調査会調査報告25	2010	染井遺跡（駒込三菱地所マンション地区）調査団	
豊-63	染井ⅩⅨ－東京都豊島区・染井遺跡（エクティ駒込分譲住宅地区）の発掘調査	としま遺跡利活動法人としま遺跡調査会調査報告5	2011		特定非営利活動法人としま遺跡調査会
豊-64	伝中・上富士前Ⅵ－東京都豊島区・駒込六丁目（パークハウス駒込六義園地区）の発掘調査	豊島区遺跡調査会調査報告26	2011	駒込三菱地所マンション地区調査団	
豊-65	染井ⅩⅩ－東京都豊島区・染井遺跡（ルジェント駒込地区、駒込2-5-4地区）の発掘調査	豊島区遺跡調査会調査報告32	2011		豊島区教育委員会

219

V. 江戸遺跡発掘調査報告書一覧

区-No.	書名・報告書名	シリーズ名	刊年	編集	発行主体
豊-66	豊島区文化財調査概報集6-2009年度国庫補助事業-	豊島区埋蔵文化財調査報告33	2011	豊島区教育委員会事務局としま遺跡調査会	豊島区教育委員会
豊-67	豊島区埋蔵文化財年報2009（平成21）年度　第9号		2011	豊島区教育委員会	豊島区教育委員会
豊-68	巣鴨町XⅣ-東京都豊島区・巣鴨遺跡（清戸小学校校庭地）の発掘調査-	豊島区遺跡調査会調査報告34	2011	特定非営利活動法人としま遺跡調査会	豊島区教育委員会
豊-69	巣鴨町Ⅵ-東京都豊島区・巣鴨遺跡（竹前商事店舗との地区）の発掘調査-	としま遺跡調査会調査報告6	2011	特定非営利活動法人としま遺跡調査会	特定非営利活動法人としま遺跡調査会
豊-70	巣鴨町Ⅷ-東京都豊島区・巣鴨遺跡（フランス巣鴨地区）の発掘調査-	としま遺跡調査会調査報告7	2011	特定非営利活動法人としま遺跡調査会	特定非営利活動法人としま遺跡調査会
豊-71	巣鴨遺跡-巣鴨自動車会館工事替工事に伴う調査-	東京都埋蔵文化財センター調査報告第260集	2011	（財）東京都埋蔵文化財団	（財）東京都教育文化財団東京都埋蔵文化財センター
豊-72	染井XX-東京都豊島区・染井遺跡（天理教地区）の発掘調査	豊島区遺跡調査会調査報告29	2011	特定非営利活動法人としま遺跡調査会	特定非営利活動法人としま遺跡調査会
豊-73	巣鴨遺跡2-放射第9号線（Ⅲ期）地域事業（中央聖教会前・学校）地区-	東京都埋蔵文化財センター調査報告第264集	2011	（財）東京都埋蔵文化財団	（財）東京都教育文化財団東京都埋蔵文化財センター
豊-74	染井XXⅡ-東京都豊島区・染井遺跡（旧丹羽家ひろば整備地区）の発掘調査-	染井遺跡（中央区慈教会前）発掘調査団	2012	染井遺跡（中央区慈教会前）発掘調査団	豊島区遺跡調査会
豊-75	染井XXⅢ-東京都豊島区・染井遺跡（M・K・Cビル地区）の発掘調査-	としま遺跡調査会調査報告35	2011	特定非営利活動法人としま遺跡調査会	特定非営利活動法人としま遺跡調査会
豊-76	雑司ヶ谷V遺跡	雑司ヶ谷V遺跡（メトロポリタンビル地区）調査団	2011	雑司ヶ谷V遺跡（メトロポリタンビル地区）調査団	豊島区遺跡調査会
豊-77	谷中・上富士前XⅥ-東京都豊島区・駒込遺跡（セリューク駒込）の発掘調査-	としま遺跡調査会調査報告8	2011	特定非営利活動法人としま遺跡調査会	特定非営利活動法人としま遺跡調査会
豊-78	染井XXV-東京都豊島区・染井遺跡（ダイアパレオーレ駒込）の発掘調査	としま遺跡調査会調査報告9	2011	特定非営利活動法人としま遺跡調査会	特定非営利活動法人としま遺跡調査会
豊-79	染井XXⅠ-東京都豊島区・染井遺跡（STハイム染井）の発掘調査	染井遺跡（旧三菱重工業駒込地区）発掘調査団	2012	染井遺跡（旧三菱重工業駒込地区）発掘調査団	豊島区遺跡調査会
豊-80	学習院大学関辺遺跡（学習院大学自然科学棟地区）	学習院大学関辺遺跡（学習院大学自然科学棟）調査団	2010	学習院大学関辺遺跡（学習院大学自然科学棟）調査団	特定非営利活動法人としま遺跡調査会
豊-81	巣鴨遺跡IV-東京都豊島区・巣鴨遺跡（イリュータ巣鴨ビル地区）の発掘調査-	巣鴨遺跡（フランス巣鴨ビル地区）調査団	2012	巣鴨遺跡（フランス巣鴨ビル地区）調査団	豊島区遺跡調査会
豊-83	染井XXⅢ-東京都豊島区・染井遺跡（三菱巣和会館地区）の発掘調査	豊島区遺跡調査会調査報告14	2012	染井遺跡（三菱巣和会館地区）調査センター武蔵発掘調査団	特定非営利活動法人としま遺跡調査会
豊-84	豊島区埋蔵文化財調査概報集7	豊島区遺跡調査会調査報告15	2012	特定非営利活動法人としま遺跡調査会	特定非営利活動法人としま遺跡調査会
豊-85	染井XXⅣ-東京都豊島区・染井遺跡（ソシエス駒込第二地区）の発掘調査	豊島区遺跡調査会調査報告38	2012	特定非営利活動法人としま遺跡調査会	特定非営利活動法人としま遺跡調査会
豊-86	染井XXⅦ-東京都豊島区・染井遺跡（新日本製鐵マンション地区）	豊島区遺跡調査会調査報告36	2012	特定非営利活動法人としま遺跡調査会	特定非営利活動法人としま遺跡調査会
豊-87	旧慶応寺Ⅰ-東京都豊島区・旧慶応寺境内遺跡（新日鐵マンション地区）-発掘調査	豊島区遺跡調査会調査報告37	2012	旧慶応寺境内遺跡（新日鐵マンション地区）発掘調査団	特定非営利活動法人としま遺跡調査会
豊-88	豊島区遺跡調査会文化財調査概報集5	豊島区遺跡調査会調査報告30	2010	豊島区教育委員会	豊島区教育委員会教育総務部文化財保護
豊-89	染井XXⅥ-東京都豊島区・染井遺跡（クロス駒込四丁目地区）の発掘調査-	としま遺跡調査会調査報告10	2012	特定非営利活動法人としま遺跡調査会	特定非営利活動法人としま遺跡調査会
豊-90	染井XXⅦ-東京都豊島区・染井遺跡（パーカハウス駒込染井地区）の発掘調査	としま遺跡調査会調査報告11	2012	特定非営利活動法人としま遺跡調査会	特定非営利活動法人としま遺跡調査会
豊-91	染井XXⅧ-東京都豊島区・染井遺跡（レーベンプリヴァーレアトレジデンス駒込地区）の発掘調査	としま遺跡調査会調査報告12	2013	特定非営利活動法人としま遺跡調査会	特定非営利活動法人としま遺跡調査会
豊-92	染井XXⅨ-東京都豊島区豊島区・巣鴨遺跡（ルーブル染井地区）の発掘調査	としま遺跡調査会調査報告13	2013	特定非営利活動法人としま遺跡調査会	特定非営利活動法人としま遺跡調査会

Ⅴ．江戸遺跡発掘調査報告書一覧

区・No.	書名・報告書名	シリーズ名	刊年	編集	発行主体
豊-93	雑司が谷遺跡 豊島区地域別調査報告・雑司が谷遺跡における発掘調査	豊島区埋蔵文化財調査報告40	2013	特定非営利活動法人 としま遺跡調査会	豊島区教育委員会
豊-94	豊島町XV―東京都豊島区・巣鴨遺跡における近世町場の発掘調査―	豊島区埋蔵文化財調査報告39	2013	豊島区教育委員会	豊島区教育委員会
豊-95	豊島区埋蔵文化財調査概報集8-2011年度国庫補助事業	豊島区埋蔵文化財調査報告41	2013	豊島区教育委員会（新目黒駒込四丁目マンション地区）調査団	豊島区教育委員会
豊-96	豊島区文化財年報 2011（平成23）年度 第11号		2013	特定非営利活動法人 としま遺跡調査会	豊島区教育委員会
豊-97	染井遺跡XIX―東京都豊島区・染井遺跡（フェアロージュ駒込地区）の発掘調査―	豊島区埋蔵文化財調査報告31	2013	特定非営利活動法人 とし ま遺跡調査会	豊島区教育委員会
豊-98	染井遺跡XX―東京都豊島区・染井遺跡（グランシック染井地区）の発掘調査―	とし ま遺跡調査会調査報告15	2014	特定非営利活動法人 とし ま遺跡調査会	特定非営利活動法人 とし ま遺跡調査会
豊-99	巣鴨町XXI―東京都豊島区・巣鴨遺跡（JIZO地区（メゾン・ド・カメリア地区））の発掘調査―	豊島区埋蔵文化財調査報告47	2015	特定非営利活動法人 とし ま遺跡調査会	特定非営利活動法人 とし ま遺跡調査会
豊-100	巣鴨遺跡3―豊島自動車営業所庁舎建て替え第二期工事に伴う調査―	東京都埋蔵文化財センター調査報告 第298集	2015	東京都埋蔵文化財センター	公益財団法人東京都スポーツ文化事業団
豊-101	巣鴨町XVII―東京都豊島区・巣鴨遺跡（バルコード トイレ小地区）の発掘調査―	豊島区埋蔵文化財調査報告42	2014	豊島区教育委員会	豊島区教育委員会
豊-102	巣鴨町XVIII―東京都豊島区・巣鴨遺跡の発掘調査―	豊島区埋蔵文化財調査報告43	2014	特定非営利活動法人 とし ま遺跡調査会	特定非営利活動法人 とし ま遺跡調査会
豊-103	巣鴨町XX―東京都豊島区・巣鴨遺跡（巣鴨第二保育園分園地区）の発掘調査	豊島区埋蔵文化財調査報告44	2014	特定非営利活動法人 とし ま遺跡調査会	特定非営利活動法人 とし ま遺跡調査会
豊-104	豊島区文化財年報 2014（平成26）年度 第14号		2016	特定非営利活動法人 とし ま遺跡調査会	豊島区教育委員会
豊-105	巣鴨町XIII 東京都豊島区・巣鴨遺跡（メゾンブランシュ地区）ライジングプレイス巣鴨地区）の発掘調査	とし ま遺跡調査会調査報告16	2015	特定非営利活動法人 とし ま遺跡調査会グループ	特定非営利活動法人 とし ま遺跡調査会
豊-106	伝中・上富士前町―東京都豊島区・駒込一丁目遺跡における発掘調査―	豊島区埋蔵文化財調査報告49	2016	豊島区教育委員会	豊島区教育委員会
豊-107	雑司が谷VII―東京都豊島区 環状第5の1号線（飯田豆店前地区）・電停裏地区）整備事業に伴う発掘調査―		2012	都道整備開連豊島区遺跡調査団	都道整備事業関連豊島区遺跡調査団
豊-108	染井遺跡XXI 東京都豊島区・染井遺跡（レジデンスジェイ デイ地区）の発掘調査	豊島区遺跡調査会調査報告22	2012	豊島区遺跡調査会	豊島区遺跡調査会
豊-109	豊島町XXI―東京都豊島区 Brill la駒込込豊島7丁目（ゼーフォール2巣鴨地区）発掘調査報告	豊島区埋蔵文化財調査報告46	2015	豊島区教育委員会	豊島区教育委員会
豊-110	巣鴨遺跡2 ―2004年度国庫補助事業1	豊島区遺跡調査概報集1	2006	豊島区教育委員会教育総務課文化財保護地区	豊島区教育委員会
豊-111	豊島区遺跡調査概報集9 ―2012年度国庫補助事業	豊島区埋蔵文化財調査報告20	2014	特定非営利活動法人 とし ま遺跡調査会	豊島区教育委員会
豊-112	豊島区遺跡調査概報集10 ―2013年度国庫補助事業	豊島区埋蔵文化財調査報告45	2015	特定非営利活動法人 とし ま遺跡調査会	豊島区教育委員会
豊-113	豊島区遺跡調査概報集11 ―2014年度国庫補助事業	豊島区埋蔵文化財調査報告48	2016	特定非営利活動法人 とし ま遺跡調査会	豊島区教育委員会
豊-114	豊島区文化財年報2015（平成27）年度（付・雑司が谷自警数前館外壁その他改修工事監理報告書（平成27年度））	第15号	2015	豊島区教育委員会	豊島区教育委員会
豊島区	長崎町XII―東京都豊島区地域別調査報告・長崎一丁目周辺遺跡における発掘調査―	豊島区埋蔵文化財調査報告17	2017	特定非営利活動法人 とし ま遺跡調査会	豊島区教育委員会
豊島区	染井遺跡4 放弃第9号線（Ⅲ木）整備事業に伴う埋蔵文化財調査	豊島区埋蔵文化財調査報告51	2018	（公財）東京都スポーツ文化事業団 東京都埋蔵文化財センター	（公財）東京都スポーツ文化事業団 東京都埋蔵文化財センター

Ⅴ．江戸遺跡発掘調査報告書一覧

区	No.	書名・報告書名	シリーズ名	刊年	編集	発行主体
荒	1	道灌山遺跡A地点		1989	荒川区道灌山遺跡調査団	荒川区教育委員会
荒	2	道灌山遺跡B地点		1999	荒川区道灌山遺跡調査会	荒川区教育委員会
荒	3	菅谷遺跡－東京都荒川区千住製絨所跡　都立荒川工業高校地点－		2000	都立学校遺跡調査会	都立学校遺跡調査会
荒	4	町屋四丁目実揚遺跡C地点		2008	共和開発株式会社	社会福祉法人　上智社会事業団
荒	5	町屋四丁目実揚遺跡B地点発掘調査報告書－町屋四丁目16番13号地点－		2008	荒川区教育委員会	荒川区教育委員会
荒	6	日暮里延命院貝塚−B地点における埋蔵文化財発掘調査報告書−		2008	(株)武蔵文化財研究所	株式会社ＫＳコーポレーション
荒	7	東京都荒川区四丁目実揚遺跡D地点発掘調査報告書－町屋四丁目13番9号地点−		2009	荒川区教育委員会	荒川区教育委員会
荒	8	町屋四丁目実揚遺跡G地点発掘調査報告書－町屋四丁目17番8号地点−		2010	共和開発株式会社	株式会社シティートータルプラン
荒	9	町屋四丁目実揚遺跡F地点発掘調査報告書		2006	大成エンジニアリング株式会社	芹澤昭・マツヤハウジング株式会社
荒	10	諏訪台一丁目・日暮里延命院貝塚遺跡発掘調査報告書－西日暮里一丁目2番地点−		2012	荒川区教育委員会	荒川区教育委員会
荒	11	町屋四丁目実揚遺跡H地点発掘調査報告書－町屋四丁目15番10号地点−		2016	荒川区教育委員会	荒川区教育委員会

Ⅵ. 索引

VI. 索引

索　引

語句　　　　　　太字：主要記載ページ

あ

油皿‥‥‥‥‥‥‥‥‥‥ 97, 98, 100
アンカ‥‥‥‥‥‥ 48, 55, 56, 144, 149

い

板作り成形‥‥‥‥ 48, 52, 73, 82, 86
井戸枠‥‥‥‥‥‥‥‥‥‥‥‥ 8, 10
糸切痕‥‥‥‥‥‥‥‥‥ 21, 76, 103
今戸‥‥‥‥‥‥‥‥ 13, 17, 57, 59, 60, 68, 71, 108, 109, 113, 121, 126-130, 133, 142, 143, 145, 151
入谷土器‥‥‥‥‥‥ 17, 107, 145, **151**
囲炉裏‥‥‥‥‥‥‥‥‥‥ 35, 42, 56

う

植木鉢‥‥‥‥‥‥‥‥ 2, 8, 10, 11, 15, 16, 18, 71, **102-108**, 133, 137, 141, 142, 143,145, 146, 151
受皿‥‥‥‥‥‥‥‥‥‥ 93-96, 99, 151

え

江戸在地系土器‥‥‥‥ 1, 2, 8, 13, 18, 21, 59, 61-63, 67, 68, 70, 93, 99, 102, 126, 134, 139, 140, 143, 144, 151
江戸式‥‥‥‥‥‥‥ 17, 18, 21-23, 30
江戸タイプ‥‥‥‥‥‥‥‥‥‥‥ 21
胞衣(えな)‥‥‥‥‥‥‥‥ 27, 28, 43, 140

お

大沼焼‥‥‥‥‥‥‥‥‥‥‥‥ 143
オプション‥‥‥‥‥‥ 66, 67, 69, 70
温石(おんじゃく)‥‥‥‥‥‥‥‥‥‥‥‥‥‥ 45

か

絵画‥‥‥‥‥‥‥‥ 11, 55, 57, 58, 60, 92, 99, **126-133**
加工‥‥‥‥‥‥‥‥ 10, 16, 46, 91, 108, 123, 134, 135, 137, 138, 231
瓦質‥‥‥‥‥‥‥‥ 12, 13, 39, 48, 51, 53, 55, 59, 62, 66, 82, 102, 103, 105, 106, 114, 121, 145, 146, 149
型押し‥‥‥‥‥ 27, 29, 30, 105, 121, 149
瓦灯‥‥‥‥‥‥‥ 61, 92, 97, 98, 99, 121
カナワ‥‥‥‥‥‥‥‥‥‥‥‥‥ 55
河辺焼(かべやき)‥‥‥‥‥‥‥‥‥‥‥‥‥‥ 150
窯‥‥‥‥‥‥‥ 8, 13, 17, 68, 71, 105, 106, 111, 127-130, 133, 135, 142-144, 150, 151, 231
カマド（竈）‥‥‥‥ 35, 42, 121, 122
「亀」在印資料‥‥‥‥‥‥ 111, **118**
蚊遣り‥‥‥‥‥‥‥‥‥‥‥‥ 145
瓦漏(がろう)‥‥‥‥‥‥‥‥‥‥‥‥‥‥ **71**
瓦‥‥‥‥‥‥‥ 8, 12, 15, 16, 18, 45, 77, 108, 110, 111, 114, 126-129, 133, 143, 145, 231

224

VI. 索引

カワラケ･･････ 2, 8, 10, 16-18, **20-31**, 44, 50, 70, 137, 139, 140, 145, 146
玩具･････････ 15, 16, 110, 113, 119
関西系･･････････････････ 68, 70
カンテラ･････ 8, 10, 96, 130-132, 151

き

規格性･･････････････ 38-40, 42, 76
器種･･････ 1, 2, 8, 10, 11, 12, 16, 32, 44, 50, 68, 102, 106, 107, 140, 231
キセル窯･････････････ 129, 130, 133
器台･･･････････････ 66, 69, 137
近代･･････ 2, 27, 43, 61, 63, 66, 70, 86, 92, 105-107, 133, 135, 137, **142-150**

け

形式･･････････････････ 15, 25, 50
型式･･････････････････ 15, 18, 102
兼用･･････････････････ 62, 98, 137

こ

小泉焼････････････････････ 35
硬質瓦質････ 9, 18, 50, 51, 53-55, 68, 102, 146, 149
刻印･･････ 9, 18, 35, 38, 40, 57, 71-73, 76-80, 82-84, 86, 88-91, 101, 110, 111, 116, 118, 121, 123, 149, 231
刻書･･････････････････ 89, 91, 137
腰折れ状痕･･････････････････ 21
呼称･･････････ 11, 20, 34, 56, 57,

66, 72, 92, 96, 100, 119, 231
コタツ･･････････ 48, 55, 56, 61, 149
五徳･･････････････ 10, 55, 61, 66, 141
焜炉･････ 2, 9, 10, 15, 16, 32, 35, 42, 50, 51, 55, **61-70**, 121, 137, 144, 146, 149, 231, 232

さ

再生･････････････････ 134, 137, 138
採暖･･････････････････ 47, 50, 55
雑器･････････････ 8, 61, 62, 68, 140, 231
茶道具･････････ 9, 43, 56, 61, 62, 66, 68, 145
サナ･･････････････････ 18, 146
三州焜炉････････････････ 61, 66, 68
三足････････････････ 47, 51, 53, 62, 106

し

仕切盤････････････････ 120, 122
敷輪････････････････････ 146
シチリン･････････ 61, 63, 69, 70, 121, 123, 137
地鎮･････････････････ 26, 27, 140
十能･･････････････ 10, 16, 55, 121
使用･････ 8, 11, 12, 16, 17, 25-27, 30, 32, 38, 41, 42, 45, 47, 48, 50, 54-56, 59, 60, 66, 69, 72, 82, 86, 89, 91-95, 97-100, 124, 126, 127, 131, **134-141**, 144, 145, 149, 231
上製カワラケ･･･････････････ 18

消費‥‥‥‥‥‥‥2, 8, 9, 32, 42, 43, 70, 89, 106, 107, 135, 140, 231
照明‥‥‥‥‥‥‥‥26, 92-94, 96, 100
史料‥‥‥‥‥‥‥‥‥3, 72, 80, 82-84, 86, 88, 89, 91, 107, 138, 145

す

素焼き‥‥‥‥‥‥12, 13, 20, 34, 102, 105, 110, 113

せ

成形技法‥‥‥‥‥22, 40, 45, 50, 72, 73, 75, 76, 80, 82, 86, 88, 89, 91, 101, 103, 105-107, 109, 110, 114, 119, 118, 121, 142, 151
生産‥‥‥‥‥‥2, 8, 9, 13, 17, 21, 29, 30, 32, 42-45, 47, 61-63, 66, 67, 70, 72, 77, 80, 82, 83, 89, 90, 91, 93, 105-111, 113, 115, 117, 118, 121, 122, 126, 128, 134, 135, 140, **142-150**, 151, 231
精製カワラケ‥‥‥‥‥‥‥‥‥‥23
赤色系‥‥‥‥‥‥‥‥‥‥‥‥‥22
炻器(せっき)‥‥‥‥‥‥‥‥‥‥‥12, 13, 121
穿孔‥‥‥‥‥‥10, 11, 15, 16, 91, 95, 97, 98, 102, 103, 105-108, 109, 115, 137
煎茶焜炉‥‥‥‥‥15, 16, 61-63, 66, 68

た

胎質‥‥‥‥‥‥12, 13, 18, 50, 51, 53, 62, 63, 68, 102, 106, 110, 118, 121
胎土‥‥‥‥‥‥‥13, 21, 22, 29, 33,

36, 39-41, 45, 47, 72, 84, 89, 101, 109, 110, 118, 121, 146
胎土分析‥‥‥‥‥‥‥‥17, 82, 110
タタラ‥‥‥‥‥‥‥‥‥13, 18, 52, 73
玉川焼‥‥‥‥‥‥‥‥‥‥‥‥‥150
ダルマ窯‥‥‥‥‥‥‥‥128-130, 133
暖房‥‥‥‥‥‥‥‥16, 50, 62, 66, 68, 149
中世‥‥‥‥‥‥‥‥8, 10, 20-22, 25, 26, 30, 35, 43, 44, 72, 84, 92, 99, 142, 146
調理‥‥‥‥‥‥10, 16, 34, 43, 47, 55, 61, 62, 66, 69

つ

壺‥‥‥‥‥‥15, 16, 20, 32, 63, 73, 100, 120, 122
壺塩屋‥‥‥‥‥‥‥‥80, 82-84, 86, 88
壺屋‥‥‥‥‥‥‥‥‥‥‥‥‥82-84
壺焼塩‥‥‥‥‥‥‥‥‥72, 82, 83, 91

て

テアブリ‥‥‥‥‥‥‥‥‥54, 121, 145
手づくね‥‥‥‥‥‥17, 18, 21, 22, 101, 109, 121
転用‥‥‥‥‥‥‥‥8, 10, 11, 59, **134-141**

と

東海系‥‥‥‥‥‥‥‥‥‥63, 68, 70
灯火具‥‥‥‥‥‥‥‥‥2, 8, 10, 16, 18, **92-100**, 101
灯火皿‥‥‥‥‥‥‥‥26, 94, 95, 99, 100
灯盞(とうさん)‥‥‥‥‥‥‥‥‥‥‥‥‥92, 94

VI. 索引

陶磁器……… 8-10, 12, 90, 92, 102, 105-107, 139, 231
灯台……………………… 92, 96, 98
透明釉……… 10, 12, 13, 18, 47, 94, 95, 97, 99, 101, 105, 110, 113, 151
灯籠………… 92, 97, 98, 120-123
土管………………………………… 8
土製品……… 8, 12, 15, 45, 48, 55, 66, 70, 137, 141
把手…… 40, 45, 53, 121, 146, 149, 151
土鍋……………… 34, 61, 62, 68
土人形…… 110, 111, 113, 115-119, 126, 127, 130
トビガンナ………………… 53, 54
泥面子………………… 16, 123, 124

な

内耳………… 34-36, 38, 39, 41-45, 121
苗鉢…………………… 130, 145
鉛釉……………… 12, 13, 102, 151
軟質瓦質………… 9, 18, 50, 51, 53, 102, 146

に

人形……… 2, 10, 15, 16, 47, 105, **109-117**, 118-120, 126, 127, 130, 143, 231

ね

ネコアンカ………………… 61, 149
粘土……… 8, 10, 12, 13, 18, 32, 36, 38, 39, 45, 46, 48, 51, 52, 62, 63, 73, 76, 82, 105, 110, 111, 114, 118, 124

は

廃棄……… 2, 8, 26, 32, 89, 106, **134-141**, 151, 231
灰器………………………… 46, 47
灰落とし……………… 11, 16, 135
ハイナラシ………………………… 55
羽釜………………… 111, 122, 149
白色系……… 22, 109, 110, 118, 121
羽口……………………………… 146
箱形製品………… 61, 66, 69, 137
箱庭（道具）…… 16, 109, 120, 122
ハコヒバチ……………………… 55
土師器…………………………… 20
土師質……… 9, 12, 13, 17, 18, 20, 21, 36, 39, 40, 48, 50, 51, 53-55, 62, 66, 67, 72, 102, 103, 106, 121, 146, 149, 232
ハタヒバチ…………… 61, 149, 150
半田焙烙………………… **47**, 145
搬入系……………………………… 47
飯能焼…………………………… 150

ひ

火容……… 10, 11, 16, 55, 144
火打箱………………… **48-49**, 55
火消し壺…… 16, 48, 55, 141, 144, 149
左回転……………………… 21, 22
ヒバシ……………………… 55, 135

227

VI. 索引

火鉢･･････････････ 2, 9-11, 16, 18, 32, 47, 48, **50-56**, 57-59, 61, 62, 68, 70, 72, 90, 102, 111, 113, 123, 135, 137, 142, 144, 146, 149-151, 231
ヒバチヤ････････････････････ 144, 146
ヒモロイ･････････････････････････ 55
ヒョウソク･･････ 8, 10, 16, 94, 95, 99
平底･･････････････ 32, 34, 35, 38, 39, 42, 45, 71, 146

ふ

鞴････････････････････････････ 146
風口･････････ 18, 61, 66, 137, 141, 149
風炉･･････････ 16, 61, 63, 66-68, 120, 145, 151
蓋････････････48, 54, 55, 59, 60, 72-74, 76, 77, 79, 80, 83, 89, 91, 95, 97, 101, 121, 122, 132, 137, 141, 149, 151
蓋形土器･･････････ 48, 55, 66, 137
舟カマド･･･････････････ 61, 63, 67
ぶら人形･･･････････ 109, 116, **119**
ブランド･･････････････ 47, 72, 127
文献資料･････････ 57, 127, 129, 138, 140
分類･･････････ 1, 2, 11, **12-18**, 21-24, 31, 34, 44, 45, 51, 52, 62-66, 72-75, 77, 80, 82, 92-94, 100, 102-104, 109, 110, 120, 127

ほ

ボウズ･････････････ **57-58**, 61, 149
法量･････････ 10, 11, 48, 50, 55, 73, 89

ホウロク･･････････ 2, 10, 12, 16, 18, 32, **34-46**, 50, 61, 68, 70, 72, 121, 122, 130, 137, 141, 142, 146, 149
墨書･･････････････ 17, 26, 89, 91, 137

ま

前カワラケ･･････････････････ 16, 61
飯事(ままごと)･･････････････ 120, 122
丸底･･････････････････ 34, 35, 39-44
真綿伸ばし･･････････････････ 57, 58

み

ミガキ･････････････････ 13, 54, 101
右回転････････････････････････ 22
水甕･････････････････････････ 10
ミニチュア･･････ 2, 10, 66, 105, 115, 118, **120-123**
民具･･････････ 16, 17, 48, 50, 54, 55, 57-60, 69, 72, 92-94, 96-98, 100, 132, 135, 137, 144, 145
民俗･･････････ 12, 16, 17, 27, 66, 69, 91, 93, 145

む

蒸竈･･････････････････････････ 149

め

目皿･････････････････････ 61, 66, 69
面打(めんうち)･･････････････････ 124

228

や

焼塩壺……………… 2, 8-10, 15, 16, 18, 47, 67, 72-91, 139, 231

よ

養蚕…… 55, 61, 69, 70, 137, 149, 150
様式……………………………… 18, 142
用途…………… 1, 2, **10-11**, 12, 15-17, 21, 26, 34, 43, 44, 46, 47, 58, 59, 62, 66, 68, 93, 94, 97, 99, 100, 102, 109, 126, 127, 130, 131, 133, 137, 144

ら

ライフサイクル… 134-137, 140, 231
楽焼………………………… 145, 151

り

流通……………… 2, 8, 9, 50, 61, 72, 77, 82, 89, 91, 105, 106, 115, 231
涼炉………………… 68, 120, 145

れ

練炭おこし………………… 149

ろ

蝋燭………………… 92, 97, 98, 137
蝋燭形ヒョウ燭……………… **101**
ロクロ成形………8, 9, 13, 15, 17, 18, 21, 22, 30, 36, 44, 45, 51, 54, 60, 76, 80, 86, 88, 91, 101, 103, 107, 121

ローラー

ローラー……………………… 18, 146

わ

輪積み成形………… 18, 36, 38, 39, 41, 51, 54, 73, 82, 86

おわりに　―展望と課題―

　本書で対象とした「江戸の土器」は，低火度で焼成されるため，陶磁器とは異なり，比較的小規模な施設や装置で生産されていたと考えられる。また安価であるが割れやすい性質があり，さらに火鉢や焜炉のように大形で重量のあるものも多く，長距離の輸送には適さない製品である。
　このため，江戸市中やその周縁部，近郊で焼成されたと考えられるところから，一大消費地である江戸の出土遺物のリスト中では数少ない在地産の製品である。もちろん焼塩壺や人形のように江戸以外の産地が想定される製品が多くを占める器種も存在するが，それらの中には江戸での消費を前提として生産されたと考えられる製品もある。
　したがって，江戸の土器の大半は江戸という消費地を前提に存在した製品であるところから，その消長や動向から江戸時代の都市における生産，流通，消費の一側面をうかがうことのできる遺物群であると考えられる。
　さらに，長期間の使用を前提としない火や土に関わる日常雑器が大半を占め，基本的に生産から消費までのライフサイクルが単純で短いことが想定されるところから，年代を敏感に反映する資料として，廃棄された遺構の年代や，これに共伴する他の遺物の年代の時間的な物差しとして有用であることが想定される。
　今後それぞれの器種に関してさらに編年が精緻化していけば，その目盛りを一層細かくすることができることが期待され，近世の物質文化研究に資するところが大きいものと考えられる。
　一方で，残念ながら江戸以外の地域での江戸時代の土器に関する研究は限定的であるように思われる。資料や調査事例の多寡にもよるが，今後は大坂や京都，名古屋といった都市や江戸周辺の城下町をはじめとする地域での土器研究が進められ面的な比較研究が行えるようになることを期待したい。
　また，先に生産地遺物としての側面をもつと述べたが，小規模なだけに遺構の形での把握が難しいという限界がある中で，かつては存在した生産者に対する聞き取り調査や映像記録，他地域に残存する生産者への調査などによって，窯構造や原料の調達，加工の過程などの実態に迫り，遺物研究へのフィードバックが一層期待される。
　さらに，これまで個々の器種についての検討は深められてきたが，土器全

体を俯瞰するような研究は乏しい。瓦のような隣接する器種との比較研究はほぼ皆無であるが，例えば焼塩壺の刻印の中には「瓦師」などの文字が見られるものもあり，土器生産をより広い視点から捉え直す試みも必要であろう。

　本書がその一助となることを期待したい。

＊　＊　＊

　冒頭でも述べたように，陶磁器に比べて多様なあり方を示す江戸の土器について，もとよりこのコンパクトな1冊でその全てを網羅することは不可能であるが，江戸遺跡で目にすることの多い主な土器の概要について，馴染みのない方々に紹介するという所期の目的は，なんとか達成することができたものと考えている。

　しかし，一人で執筆するのではなく，それぞれの器種について深く考察を行ったことのある執筆陣によって「江戸の土器」を概観する，という形で本書を編むことで，これまでさほど意識されていなかった様々な問題を改めて浮き彫りにすることとなったこともまた事実である。

　例えば，「かわらけ」にしても，カタカナで表記するべきか，ひらがなで表記するべきか，あるいは江戸以外の多くの地域で行われているのと同様「土師質皿」とすべきではないか，といった呼称や表記の問題がそれぞれの器種で生じることとなった。また火鉢と焜炉の境界をどこに設けるべきか，火消壺を火鉢に含めるか否か，それぞれの立場で久々に議論が交わされた。

　主要器種から洩れたものの一部については，コラムの形で触れていただいたが，主要器種との記述内容の齟齬も完全に解消するまでには至らなかったことは，偏に編集担当の非力によるものであり，執筆や例会での討論に参加された方，また本書を手に取られた方におわび申し上げる。

　末筆であるが，東京大学埋蔵文化財調査室，東京都埋蔵文化財センターには口絵や表紙用写真の利用に御便宜を図っていただいた。また，江戸遺跡研究会のメンバーをはじめ江戸時代〜近・現代を研究対象とされる多くの方々に，ご教示，ご協力賜わった。記して御礼申し上げる。

〔編者略歴〕
小川　望（おがわのぞむ）
1957 年 東京生まれ
埼玉大学教養学部文化人類学コース、東京大学大学院修士課程考古学専攻、國學院大學文学部史学科後期博士課程 修了、博士（歴史学）、東京大学遺跡調査室助手を経て、1990 年より小平市地域振興部文化スポーツ課

考古調査ハンドブック⑲
江戸の土器
―付・江戸遺跡発掘調査報告書一覧―
2019 年 12 月 15 日 初版発行
〈図版の転載を禁ず〉

当社は、その理由の如何に係わらず、本書掲載の記事（図版・写真等を含む）について、当社の許諾なしにコピー機による複写、他の印刷物への転載等、複写・転載に係わる一切の行為、並びに翻訳、デジタルデータ化等を行うことを禁じます。無断でこれらの行為を行いますと損害賠償の対象となります。
　また、本書のコピー、スキャン、デジタル化等の無断複製は著作権法上での例外を除き禁じられています。本書を代行業者等の第三者に依頼してスキャンやデジタル化することは、たとえ個人や家庭内での利用であっても一切認められておりません。

連絡先：ニューサイエンス社 著作・出版権管理室
Tel. 03(5720)1164

JCOPY〈(社)出版者著作権管理機構 委託出版物〉
　本書の無断複写は著作権法上での例外を除き禁じられています。複写される場合は、そのつど事前に、(社)出版者著作権管理機構（電話：03-3513-6969,FAX:03-3513-6979,e-mail：info@jcopy.or.jp）の許諾を得てください。

編集　小　川　　　望
発行者　福　田　久　子
発行所　株式会社 ニューサイエンス社
〒153-0051　東京都目黒区上目黒3-17-8
電話03(5720)1163　振替00150-0-550439
http://www.hokuryukan-ns.co.jp/
e-mail : hk-ns2@hokuryukan-ns.co.jp
印刷・製本　倉敷印刷株式会社

© 2019 New Science Co.
ISBN978-4-8216-0531-6 C3021